VIETNAM'S ECONOMY

이제는
필수과목
베트남

베트남의
경제와
금융 지도

윤상기 지음

法文社

　자고 일어나보니 갑자기 한국의 이웃이 된 국가가 있었으니 바로 베트남이다. 한국의 전통적 이웃 국가는 인접국가인 중국과 일본이다. 이들 국가는 수천년 동안 우리와 영향을 주고받았다. 지금도 교역액(수출＋수입), 결혼이민자수, 국내 체류자수, 거주 한국국적자수, 연간 방문자수에서 상위권이다. 당연하다. 바로 옆에 있으니까. 그런데 베트남은 교역액이 일본보다 많은 3위이고, 누적 결혼이민자와 국내 체류자는 중국 다음인 2위이고, 거주 한국국적자는 미국, 일본, 중국에 이은 4위이다. 그리고 한국－베트남 간 하루 비행기 편수는 약 130편이 있고 연간 약 4백만명의 한국인이 베트남을 방문한다. 이런 베트남이 이웃 국가가 아니라면 어떤 국가가 이웃 국가일까?

　경제협력과 인적교류의 심화, 교통과 통신의 발달로 예전의 월남이 어느 순간 우리 이웃 베트남으로 다가왔으나 우리는 베트남에 대해 얼마나 알고 있을까? 중국과 일본은 수천년간 우리의 이웃이었기에 노력하지 않아도 역사적 사건, 문학작품, 영화, 드라마를 통해 자연스럽게 기본적인 지식은 터득하게 된다. 그런데 베트남은 머나먼 국가로 한국과 역사적, 문화적 접점이 없고 그나마 베트남전 종전～1992년 수교까지 교류도 단절되었다. 베트남에 대해 잘 모르는 것이 당연하다.

　2021년 신설된 주베트남대사관의 재정경제금융관 공모에 지원서를 제출하고 필자는 광화문 교보문고에 가서 '베트남', '경제', '금융'을 키워드로 검색해서 나온 모든 책을 훑어보았다. 좋은 책도 여러 권 있었으나 아쉽게도 베트남의 경제와 금융에 관해 필자가 원하는 정보를 담은 책은 없었다. 정보를 책으로 구할 수 없으니 여기서부터 시험 준비는 '맨 땅에 헤딩하기'로 변했다. 기재부, 금융위, 산업부, 국세청, 관세청, 국토부 등 경제부처의 10년치 보도자료, 금융연구원, 대외경제정책연구원(KIEP), 조세재정연구원 등 연구원 자료, 외교부 및 코트라의 개황 자료, 인터넷 검색 등을 통해 기본 자료를 축적하고 베트남 주재관 경험이 있는 공무원에게 지식 구걸에 나섰다.

어떻게 운이 좋아서 초대 재정경제금융관이 된 후에도 지식, 정보, 자료의 부족은 늘 고민거리였다. 어떤 자리이든 초대는 업무를 개척하고, 네트워크를 구축하고, 통계/정보/뉴스/법령 수집 파이프라인을 뚫어 놔야 한다. 베트남에서도 정보가 어딘가에 숨어 있어서 대항해시대에 해도를 처음 그리는 심정으로 미지의 바다를 헤매고 다녔다. 1년차, 2년차에 접어들면서 안정화 단계에 접어들었고 업무를 하다 보니 필자만의 관점이 생기고 정보가 쌓이게 되었다. 한국에서 온 손님들이 필자의 작은 견해와 정보를 재미있게 듣는 것도 여러 번 보았다. 그리고 마지막 3년 차에 접어들어 귀국이 눈에 보이게 되자 이렇게 쌓아 올린 모든 것을 그냥 날려 버리기엔 아깝다는 생각이 불현듯 들었다.

그래서 필자가 아는 베트남 경제, 금융, 역사, 사회, 정치, 외교에 대한 모든 정보를 모아 보기로 했다. 금융회사 직원, 기업 주재원, 교민, 기업인, 공무원, 연구원, 일반인 등 이런 베트남 정보가 필요한 사람은 분명히 있을 것이다. 그리고 현재도 정보가 산재되어 찾기가 어렵다. 책을 쓰려고 결심하니 베트남의 경제와 금융에 대해 더욱 공부하게 되었고 기업인, 금융인, 교민 등과 많은 토론도 하게 되었다. 책을 쓰게 된 것이 재정경제금융관 업무에 더 도움이 된 것 같다.

토론을 하다 보니 기업인, 금융인, 교민들이 얼마나 베트남에서 치열하게 살아가고 있는지 잘 알게 되었다. 이 책을 쓰면서 수없이 이분들을 떠 올렸다. 삼성, LG, 현대, 효성, 포스코, 롯데, 한화, 대우건설 등 9,000여개의 한국 기업과 신한, 우리, 하나, 국민, 농협, 한화, 미래에셋, 한국투자, DB

손보, JB증권, 산업은행, 기업은행, 부산은행, 대구은행, 나이스평가, 신용보증기금, 롯데카드 등 46개 금융회사가 베트남에서 지금보다 더 성공하기를 기원한다.

이제 곧 3년의 외교관 업무를 무탈하게 끝내고 한국으로 복귀하게 된다. 외교관 업무는 필자가 그동안 해왔던 업무와는 조금 상이했다. 필자는 25년차 공무원이지만 외교관으로서는 초보였다. 이 초보 외교관은 운 좋게도 세 분의 정통 직업 외교관 – 외교부 차관보를 역임하신 최영삼 현 대사님, 외교부 2차관을 거쳐 중소벤처기업부 장관이 되신 오영주 전 대사님, 자타공인 베트남 전문가인 박노완 전전 대사님 – 을 대사님 겸 스승님으로 모시고 가르침을 받았다. 그리고 3년 동안 같이 지냈던 베트남 대사관 식구들도 모난 곳이 없는 유능한 분들이었다. 필자가 무탈하게 초대 재정경제금융관 업무를 수행하고 책까지 쓰게 된 것은 모두 이 분들 덕이다.

책을 완성하는 데 6개월이 걸렸다. 6개월 동안 주말마다 대사관으로 사라진 아이 아빠를 추노(推奴)하지도 못하고 본인 업무를 하면서 독박 육아도 함께 했던 아내 김연주에게 고마움을 표시한다. 아울러 필자의 사랑이요 자랑인 용훈이와 혜정이가 먼 훗날 성장한 후 행복하게 살면서 아빠의 책을 한 번 읽어 봤으면 좋겠다.

2024년 5월 하노이에서 필자 씀

제1장 베트남에 대한 기본 지식 탑재

제2장 **한국과 베트남**

제4장 베트남의 거시경제

제5장 베트남의 금융과 한국 금융회사의 진출

제6장　금융회사의 해외 진출 전략 방안

부록   베트남어 학습에 관한 조언

※ 적용 환율: 본문 내 다른 언급이 없으면 베트남 동화(VND)와 한국 원화(KRW)의
환율은 1000동＝55원을 적용하여 원화로 환산 계산하였다.

베트남의 주요도시

중국

랑선

하이퐁

하노이

하이난섬

라오스

후에

다낭

태국

남중국해
(동해)

캄보디아

냐짱

푸꾸옥

호치민

껀터

까마우

제 1 장

베트남에 대한 기본 지식 탑재

▲ 하노이 문묘–국자감 내부의 문

Vietnam

베트남의 경제와 금융을 알기 전에 먼저 역사, 사회, 정치 등 배경 지식을 탑재할 필요가 있다. 그래야 왜 그런 현상이 발생하는지를 더 쉽게 이해할 수 있기 때문이다. 2장 한국과 베트남부터 읽어도 되나 가급적 1장부터 읽고 넘어가기를 권한다.

1. 베트남의 역사

(1) 베트남의 4대 왕조와 성씨

1천년간의 중국 지배 후 독립

베트남은 한국과 역사적으로 비슷한 점도 많지만 가장 큰 차이점은 1천년 이상 중국 왕조들의 지배를 받았다는 것이다. 중국인(조타(趙佗))이 베트남 지역에 세운 남월(南越)이라는 나라가 한나라에 멸망당하고 한9군(漢九郡)이 설치된 BC 111년부터 응오꾸옌(Ngo Quyen, 吳權)이 최초의 베트남인 왕조를 세운 AD 938년까지 베트남은 한나라, 수나라, 당나라 등의 통치 아래 있었다. 즉 우리나라 삼국시대와 통일신라시대에 베트남은 중국의 영토였다.

독립 후 4개의 장기 왕조

베트남이 오대십국 시대라는 중국의 대혼란기를 틈타 가까스로 독립한 후 여러 단기 왕조가 난립했던 약간의 혼란기를 거쳤다. 이후 리(李이)씨 왕조 → 쩐(陳진)씨 왕조 → 레(黎려)씨 왕조 → 응우옌(阮완)씨 왕조 순으로 4개의 장기 왕조가 등장한다. 베트남은 리, 쩐, 레 왕조의 국호가 동일하게 대월 (大越)이었기에 성씨로 왕조를 구분한다. 대략 고려시대에 리 왕조와 쩐 왕조가 있었고 조선시대에 레 왕조와 응우옌 왕조가 있었다고 기억하면 된다.

베트남의 국호: 다이비엣(大越, 대월)과 비엣남(越南, 월남)

중국이나 한국이나 보통 왕조가 바뀌면 국호가 변경된다. 신라(김씨 왕조), 고려(왕씨 왕조), 조선(이씨 왕조) 순으로 왕조교체에 따라 국호도 변경하였다. 그런데 흥미롭게도 베트남은 왕조가 교체되어도 국호를 변경하지 않았다. 리, 쩐, 레 왕조는 다이비엣(大越, 대월)을 사용했고 응우옌 왕조만이 비엣남(越南, 월남)으로 변경했을 뿐이다.

이 마지막 왕조가 사용하던 국호 비엣남이 현재 베트남의 국호인 Viet Nam이 되었다. 그러면 왜 우리나라는 '비엣남'이 아닌 '베트남'이라고 부를까? 애석하게도 비엣남이라는 국호는 우리에게는 일본을 통해서 전해 왔다. 일본어가 발음기호가 부족하여 일본인은 베토나무(ベトナム)라고 표기했고 그 발음을 들은 한국인은 베트남이라고 부르게 된 것이다.

베트남의 성씨

여러분이 베트남에 살게 되면 하노이 홍강(紅江)의 모래알처럼 많고 많은 응우옌(Nguyen)씨들을 만나게 될 것이다. 그 다음으로 쩐(Tran)씨와 레(Le)씨를 많이 만나게 된다. 그도 그럴 것이 베트남 성씨의 약 38%가 응우옌, 11%가 쩐, 9.5%가 레이다. 이들이 모두 왕족의 성씨였다는 것은 우연이 아닐 것이다.

리(Ly)씨는 어떻게 되었냐고? 이들은 0.5%밖에 안 된다. 다음 왕조인 쩐 왕조가 씨를 말렸기 때문이다. 이때 간신히 해상으로 탈출한 왕자 하나가 고려에 정착했으니 이분이 화산(花山) 이씨의 선조가 된다. 그 옛날에도 보트 피플과 난민과 망명이 있었다.

이렇게 특정 성씨가 대다수이면 호칭을 어떻게 부를까? 회사에 응우옌 성을 가진 대리가 전체 대리 직급의 38%라면 '응우옌 대리'라고 불러서는 구별이 안 된다. 그래서 이들은 이름의 마지막 자로 부른다. 베트남인들도 한국인처럼 이름이 한자로 세 글자이다. 예를 들어 응우옌 푸 쫑(Nguyen Phu Trong) 공산당 서기장은 '쫑' 서기장이라고 부른다. 김영삼 대통령을 '삼' 대통령이라고 부르는 격이다.

(2) 한국과 베트남의 역사적, 문화적 공통점

공통의 역사적 사건: 중국이 원인

지구상에서 베트남보다 한국과 역사가 비슷한 국가는 없다. 친근감을 강조하기 위해 'ㅇㅇ국가는 외세의 침입이 잦았던 한국과 비슷하다'는 식으로 소개하나, 베트남의 경우 차원이 다르다. 비슷한 역사적 사건들이 동 시기에 일어났으니 이건 각기 다른 집에서 자란 일란성 쌍둥이 같다. 한9군, 안남도호부, 청불전쟁, 17도선 분할 등등 한국사 책에서 많이 본 단어들의 변형이 베트남 역사책에서 쏟아진다.

초한(楚漢) 쟁패기~한나라 초기에 한반도에는 연(燕)나라 사람 위만이 위만조선(기원전 194~108)을 세웠고, 베트남에는 진(秦)나라 출신 장군인 조타가 남월(기원전 204~111)을 세웠다. 그리고 둘 다 비슷한 시기에 한나라 무제에게 멸망당했다. 그 후 위만조선에는 한4군이, 남월에는 한9군이 설치되었다. 당나라 때는 고구려를 멸망시키고 안동(安東)도호부를 설치하였고, 베트남 지역에는 안남(安南)도호부가 있었다. 중국으로부터 과거제도를 고려는 958년, 리 왕조는 1075년 도입하였고, 교육기관인 국자감(國子監)을 고려는 992년, 리 왕조는 1076년 설립하였다. 청나라의 영향력을 끊기 위해 일본은 1894년 청일전쟁을 일으켰고, 프랑스는 1884년 청불전쟁을 일으켰다. 남한과 북한은 38도선을 경계로 분단되었고, 북베트남과 남베트남은 17도

문묘-국자감[1] 전경

선을 경계로 분단되었다.

한국과 베트남 역사적 공통점

	중국인 왕조	漢나라	唐나라	과거실시	국자감 설립	淸나라	남북분할
한국	위만조선	한4군	安東도호부	958년	992년	청일전쟁	38도선
베트남	남월	한9군	安南도호부	1075년	1076년	청불전쟁	17도선

한국과 베트남은 왜 이렇게 역사적 공통 사건들이 많을까? 자세히 살펴보면 이러한 사건들의 원인을 공유하고 있기 때문이다. 20세기의 남북분할을 제외하고 대부분의 원인은 중국에서부터 왔다. 그런데 중국의 영향을 받았지만 두 나라 모두 독립국으로서 독자 문화권을 형성하고 있는 것도 공통점이다.

---

1 공자와 유교 성현, 베트남 유학자와 유학을 장려한 베트남 왕을 배향하는 문묘(文廟)와 교육기관인 국자감(國子監)으로 하노이에 있다.

진사제명비[2]　　　　　　　　　　진사제명비 전각

(3) 한국과 베트남의 역사적 상이점

한국과 베트남이 역사적으로 공통점이 많지만 조금 더 들여다보면 다른 점도 보인다. 그리고 그 다른 점이 한국과는 다른 현대 베트남의 특징을 만들었다.

더 오랜 중국의 지배와 더 많은 중국의 침공

베트남은 중국으로부터 1천년 넘게 지배를 받았다고 전술한 바 있다. 그래서 그런지 아마도 그 후의 중국의 왕조들은 베트남이 자신들의 고유 영토 또는 영향력 아래 두어야 할 지역이라고 생각한 것 같다. 베트남은 독립 이후 등장한 모든 중국 왕조들로부터 침공을 받았다. 송, 원, 명, 청이 침공했고 심지어 명나라 침공 때는 잠시 국가가 멸망하여 명의 지배를 21년간 받

2　진사제명비(進士題名碑): 과거를 실시한 후 합격자의 이름을 새긴 비석으로 하노이 문묘에는 세 번째 장기 왕조인 레 왕조 시대의 진사제명비 82개가 보존되어 있다.

았다. 현대 중국도 중월전쟁(1979)으로 베트남을 침공했으니 이의 연장선으로 봐야 할까?

이런 연유로 베트남 사람들은 현재까지도 중국에 대해 뿌리 깊은 경계심을 가지고 있다. 호치민 주석의 말을 들어 보자. 일본제국 패망 후 베트남의 남부에는 영국군이, 북부에는 중국 국민당군이 주둔하였다. 이후 호치민은 20만명의 국민당군이 철수하는 대신 1만 5천명의 프랑스 군대가 주둔한다는 연합군의 협상안에 동의했다. 식민지 종주국인 프랑스 군대가 다시 진주한다는 소식에 사람들이 반발하자 호치민은 그들을 호되게 꾸짖으며 이렇게 말했다.

"당신들은 왜 이렇게 어리석은가. 중국군이 주둔한다는 것이 무엇을 뜻하는지 모른단 말인가. 당신들은 역사도 모른단 말인가. 그들은 이 나라를 1,000년 동안 지배했다. 프랑스인들은 외국인이다 그리고 허약하다. 식민주의는 사라지고 있다. 베트남 독립에 대한 세계적인 지지는 아무도 막을 수가 없다!"(베트남 10,000일의 전쟁, 2002.8.10., 마이클 매클리어 지음, 을유문화사, 48면).

베트남은 중국의 지배를 1천년 동안 받았고 우리나라보다 더 많은 중국의 침공을 받았다. 베트남 사람들은 외국인인 나에게 중국에 대한 감정을 명확히 말하지는 않지만 베트남 사람들의 중국에 대한 평균적인 감정은 좋은 편은 아니다. 최근 중국의 남중국해 영유권 주장에 베트남 사람들은 아주 분개하고 있어 2014년 중국이 남중국해에서 석유시추를 강행하자 베트남 내 대규모 반중시위가 발생하여 중국기업의 공장이 불타고 중국인이 사망하기도 했다. 2022 카타르 월드컵 아시아 최종 예선에서 박항서 감독님의 베트남이 중국을 사상 최초로 3-1로 이겼다. 베트남이 득점할 때마다 관중석의 팜 밍 찡 총리(행정부의 최고 수장인 측면에서 한국으로 치면 대통령격이다)를 비쳤는데 그 때 찡 총리의 감격하는 표정을 잊을 수가 없다. 너무 감격스러운 나머지 경기 직후 바로 선수 대기실로 내려가 금일봉을 뿌렸다고 한다.

강대국 승전 전문 국가

우리는 베트남을 베트남 전쟁(1960~1975)에서 미국을 이긴 국가로만 기억한다. 그런데, 직전 베트남 독립전쟁(1946~1954)에서 프랑스를 이겼고, 직후 중월전쟁(1979)에서 중국을 이겼다. 20세기 후반기에 유엔안보리 상임이사국이라는 당대의 슈퍼파워 국가 5개 중 3개를 전쟁에서 연달아 이겼다. 옛날의 전적을 보면 송, 원, 명, 청 중국 역대 왕조의 침입을 매번 좌절시켰다. 특히 몽골과 전성기 원의 육상 침입을 물리친 전 세계적으로 희귀한 국가이다. 베트남 사람들에게는 초강대국을 이기는 DNA라도 있나 보다. 물론 후세 사람들은 승리한 최종 결과만 기억하지만 각론에 들어가면 정말 눈물겹게 겨우 겨우 이겼고 베트남 측의 피해도 참담했다.

몽골과 원은 베트남을 1차(1257), 2차(1284~1285), 3차(1287~1288) 등 세번 침공하였다. 세 번 모두 베트남의 이순신인 쩐흥다오(陳興道)가 게릴라 전술과 청야전술로 막아냈지만 두 번이나 수도인 탕롱(昇龍, 지금의 하노이)이 함락됐고, 온 국토가 전장이 되어 민간의 피해도 컸다. 베트남의 독립전쟁부터 베트남 전쟁까지의 시기에는 1946년부터 1975년까지 근 30년간 전쟁에 시달렸다. 1979년 중월전쟁 때는 잠시 점령당한 북부 국경지역 랑선과 라오까이에서 중국군이 철수하면서 건물의 대부분을 부수고 약탈해 갔다. 즉, 베트남은 초강대국으로부터 오랜 기간 엄청난 피해를 입어 가면서 끝까지 버텨서 힘겹게 승리를 얻어냈다.

이런 승전의 결과로 베트남 사람들은 국가적 자부심이 대단하고 주변 국가들도 베트남을 함부로 대하지 못한다. 그리고 여론 조사에 따르면 전쟁이 났을 때 총을 들겠다는 비율이 베트남은 아주 높다. 물론 경제발전이 미흡한 동남아 국가답게 현재 베트남의 객관적인 군사력이 강한 것은 아니다. 그러나 러시아-우크라이나 전쟁에서 보듯이 국민들의 높은 항전의지는 충분히 강대국을 늪으로 빠뜨릴 수 있고, 이것이 초강대국을 상대로 승리한 역사와 맞물려 국가를 방어하는 군사적으로 무시 못할 자산이다.

정복 전쟁으로 영토 확장

베트남이 한국과 결정적으로 다른 점은 베트남은 정복국가였다는 점이다. 우리는 베트남이 강대국으로부터 침공 받은 역사만 안다. 그러나 인도차이나 반도에서는 태국과 더불어 전통의 양강(兩强)이었으며 수백년 동안 다른 나라를 침공하여 영토를 넓히는 정복전쟁을 하였다.

현재 베트남은 하노이를 중심으로 한 북부지방, 다낭을 중심으로 한 중부지방, 호치민을 중심으로 한 남부지방으로 구분할 수 있다. 베트남의 독립 초기, 그러니까 11세기~13세기 리 왕조시기의 영토는 북부지방만 베트남의 영토였다. 즉 남쪽 국경은 하노이와 다낭의 중간지점까지였다. 남쪽 국경너머, 지금의 중남부 지방에는 3세기부터 힌두교-이슬람교를 믿는 말레이계인 참파왕국이 있었는데, 베트남은 수도 탕롱이 함락당한 적도 있었지만 숙적 참파와의 오랜 전쟁 끝에 14세기부터 우위를 점하고 계속 남쪽으로 진출하여 18세기에는 종속국으로 만들고 19세기(1832년)에는 아예 흡수합병하여 정복을 완료하였다. 그래서 베트남의 중남부 지역의 여러 도시들은 원래 참파의 도시였기 때문에 인드라푸라(다낭), 비자야(꿔년), 카우타라(냐짱) 같은 다른 이름을 가지고 있었다. 그리고 18세기경 크메르(캄보디아)를 축출하고 호치민, 껀터, 푸꾸옥 등 남부로 영토를 확장했다. 곡창지대인 메콩 델타 지역은 이 때 베트남의 영토가 되었다.

한편 태국과 베트남 사이에 끼어서 영토를 점차 빼앗기며 참파왕국과 같이 사라질 운명에 처했던 캄보디아는 프랑스의 보호령(식민지)이 되는 결단을 내린다. 비록 그 때 식민지는 되었지만 결과적으로 그 덕분에 지금 캄보디아는 독립국을 유지하고 있다. 1979년 중월전쟁도 따지고 보면 1978년 베트남이 중국의 경고를 무시하고 캄보디아를 침공해서 발발했다. 지금 캄보디아가 친중(親中)국가인 것도 수백년간 태국과 베트남 사이에 끼어서 이들에게 영토를 빼앗긴 역사를 생각하면 이해할 수 있다.

다민족 국가

이렇게 수백년 동안 정복활동으로 영토를 넓혔기 때문에 베트남은 54개 민족을 보유하게 되었다. 즉 베트남은 한국과 다른 다민족 국가이다. 베트남의 주류 민족은 85.7%를 차지하는 Kinh(京)족이고, 참족, 므엉족, 크메르족 등 기타 소수 민족이 있다.

단일 민족인 우리로서는 생소하지만 다민족 국가인 베트남은 국가 통합에 늘 신경 쓴다. 한국 대사관 주변에 여러 민족들의 생활상을 소개하고 전통 가옥들을 전시하는 민족학 박물관이 있다. 처음에는 15%밖에 안 되는 자잘한 소수민족의 생활상을 자세히 소개하는 박물관이 왜 필요한지 잘 몰랐으나, 54개 민족을 베트남이라는 국가 아래에서 통합하는 것이 중요하다는 것을 이제는 이해한다.

호치민 주석도 소수민족의 통합에 신경 썼다. 호치민 영묘 옆에 호치민이 1958~1969년까지 거주하면서 집무도 했던 2층짜리 작은집이 있는데 외양이 좀 특이하다. 1층은 기둥밖에 없고 2층에 집무실 1칸, 침실 1칸이 있다.

5개 어족(語族)으로 구분한 베트남 54개 민족의 사진

호치민 주석 집무실 전경   호치민 주석 집무실(1층)

마치 벌레를 피하기 위해 바닥에서 높이 띄어 놓은 밀림 속의 집 같았다. 알고 보니 프랑스와의 전쟁 때 본인이 거주했던 소수민족의 집을 본 떠서 집무실 겸 집을 건설해 달라는 호치민 주석의 부탁으로 지어진 집이라고 한다. 그래서 베트남어 이름도 Nha San(소수민족의 집)이다.

소수민족의 전통 공동주택

한자를 전혀 사용하지 않음

앞서 베트남은 우리와 동일하게 유교를 도입했고 과거도 시행했다고 말했다. 하노이의 여러 사원 건물에는 한자가 사방에 새겨져 있다. 그런데 일반 국민들은 한자를 전혀 모른다. 일이삼사오도 모른다. 학교에서 한자를 가르치지 않고 일상생활에서 전혀 사용하지 않기 때문이다. 베트남 사람들의 일반적인 이름은 한국처럼 세 글자의 한자로 구성되고 그들도 자기 이름 한자의 뜻이 무엇인지는 안다. 그러나 거기까지다. 진짜 일이삼사오도 한자로 쓸 줄 모른다.

이들도 우리처럼 한자로 문서를 기록하고 책을 읽으며 편지를 썼다. 유교를 받아들인 한자문화권이니 당연하다. 그런데 한자는 너무너무 배우기가 어려워 일반 국민들의 교육수준을 높일 수가 없었다. 새삼 우리의 세종대왕님에게 감사하는 바이다. 베트남에 세종대왕님은 없었지만 로드(Alexandre De Rhode, 1591~1660)라는 프랑스 선교사가 있었다. 그는 천주교에게 기회의 땅인 베트남에 포교하러 온 선교사였는데 포교를 위해 로마자 알파벳을 기본으로 특이 발음과 여섯 가지 성조를 표시할 수 있는 부호를 첨가해서 오늘날의 베트남어 로마자 알파벳 표기법을 고안해 냈다. 프랑스가 19세기에 이 표기법을 적극적으로 권장하여 널리 쓰이게 되었다. 베트남어의 많은 단어가 한자어이므로 이 표기법은 마치 중국사람이 알파벳으로 표기한 한어병음 부호만으로 중국어를 표기하는 것과 비슷하다.

평소 주위의 베트남 사람들에게 물어 보니 한자가 없어도 일상생활에 전혀 지장이 없단다. 하긴 우리도 한글전용으로 글을 작성해도 일상생활에는 별 문제 없다.

(4) 베트남 역사에 대해 잘못 알려진 사항

베트남(越南)은 오월동주(吳越同舟)의 越나라이다? → No!

베트남은 월남(越南)이라는 한자를 베트남어로 읽은 발음, 비엣남의 한국식 표기이다. 여기에 월(越)이라는 춘추전국시대 나라 이름이 들어가는지라 오월동주(吳越同舟)라는 한자성어에 익숙한 한국인은 베트남을 이 월나라의 후신으로 알고 있는 사람도 있다. 결론부터 말하면 베트남은 월나라와 아무 관련이 없다.

월나라는 오늘날 대만 섬보다 위에 위치한 저장성(浙江省) 일대에 위치했다고 한다. 베트남의 조상들은 오늘날의 하이난 섬 맞은 편 지역에 살았다. 위치적으로 아무 관련이 없다. 그러면 베트남에는 왜 월(越)이라는 한자가 들어갔을까? 월(越)은 월나라만이 아니라 장강 이남에 살던 여러 민족들을 지칭하던 말이었기 때문이다. 예를 들면 양월(揚越), 낙월(駱越), 산월(山越) 등 여러 민족이 있었다.

그러면 남(南)이라는 한자는 왜 들어갔을까? 베트남의 4번째 장기왕조이자 마지막 왕조인 응우옌 왕조는 국호를 대월(大越)에서 남월(南越)로 고치려 하였다. 그러나 초한쟁패기의 혼란을 틈타 반란을 일으키고 중국 남부지역을 차지한 남월(南越) 왕조를 생각나게 한다고 청나라가 이를 뒤집은 월남(越南)이라는 국호를 제안했다. 응우옌 왕조가 이를 받아들여 오늘날의 국호, 월남(비엣남)이 만들어지게 되었다.

호치민은 정약용의 목민심서(牧民心書) 애독자였다? → No!

여러분들 일부는 호치민 주석이 공직자의 도리를 기록한 정약용의 목민심서를 침대 옆에 두고 계속 읽었다거나 공무원들에게 일독을 권했다거나 하여간 목민심서의 애독자였다는 얘기를 들은 적이 있을 것이다. 결론부터 말하면 호치민은 목민심서를 읽어 본 적이 없다. 아마 목민심서라는 책이 있었는지도 몰랐을 것이다.

아무리 아버지가 유학자였고 어머니가 서당 훈장의 딸이었던 호치민이 한문 교사를 할 정도로 한문에 능숙했다 하더라도 바로 옆 나라도 아닌 저 먼 조선 땅의 유학자의 저서를 알 리도 없고 구할 수도 없었을 것이다. 게다가 목민심서는 당대의 석학급이나 해독이 가능할 정도로 한문 난이도가 높은 책으로 한글로 번역하는 데 16명의 학자가 참여하여 10년이나 걸렸다고 한다. 호치민 주석이 해독했을 리가 없다.

1992년 소설 목민심서의 머리말에 "작고한 베트남의 호치민은 일생 동안 머리맡에 목민심서를 두고 교훈으로 삼았다고 한다"라고 쓰여 있었고 이것이 신문기사에 실리고 다시 유포된 것이 이 전설의 유래다. 이 전설은 심지어 1929년 박헌영이 모스크바 유학을 갔을 때 호치민에게 목민심서를 선물했고 이 책이 하노이 호치민 박물관에 보관되어 있으며 호치민은 정약용의 기일까지 알아내서 제사를 지냈다는 것으로 진화됐다. 교차검증이 불가능한 시대였으니 이해는 간다. 하지만 아이스 브레이킹 용도로 베트남분들에게 호치민과 목민심서 이야기를 꺼내지 않는 것이 좋겠다. 사실이 아니니까.

베트남은 삼국지에 나오는 칠종칠금(七縱七擒)의 남만(南蠻)이다?
→ No!

제갈공명이 맹획(孟獲)을 일곱 번 잡고 일곱 번 풀어 주었다는 '칠종칠금(七縱七擒)' 고사에 나오는 남만이 지금의 베트남 땅이라는 설도 있다. 그런데 촉나라는 지금의 쓰촨성(四川省, 사천성)에 위치해 있었고 쓰촨성의 바로 남쪽 윈난성(云南省, 운남성)이 칠종칠금의 배경이라는 것이 정설이다. 윈난성 남쪽이 현재 베트남 북부 지방이다

베트남인 입장에서 들으면 맹획의 칠종칠금은 좋은 이야기도 아니니 베트남인의 조상이 맹획이라고 생각하지 않는 것이 좋겠다.

한국의 많은 기업이 베트남을 생산기지로 선택한 큰 이유 중 하나는 베트남에서는 저렴한 임금에 양질의 인력을 대량으로 공급 받을 수 있다는 것이다. 왜 그런지 이유를 알아보자.

(1) 높은 교육열

과거제도가 시행되었던 유교 국가답게 베트남은 교육열이 높다. 즉 공부를 열심히 하면 입신양명(立身揚名)이 가능하다는 생각을 가지고 있다. 한국의 과도한 교육열에 비할 바는 아니지만 여기도 자식에게 보다 나은 미래를 주기 위해 교육비로 만만치 않은 돈을 지출하고 있다. 2022년 미국 유학생 순위를 보면 1위 중국(31%), 2위 인도(21%), 3위 한국(4%), 4위 캐나다(3%), 5위 베트남(2%)이다. 중국과 인도는 워낙 인구가 거대하니까, 캐나다는 미국의 접경국이니까, 한국은 교육열이 높으니까 이해가 간다. 그런데 1인당 GDP가 한국의 7~8분의 1인 베트남이 유학생은 한국의 절반을 보낼 정도로 국민들이 자식들 교육에 진심이다. 베트남에서 미국 유학을 보낼 수 있을 정도면 상류층일 것이다. 상류층이 돈을 자식들 유학비에 많이 쓴다니 다른 개발도상국과는 다른 행태이다.

(2) 베트남 성장의 원동력, 인구

인구구조가 경제에 미치는 영향은 아무리 강조해도 지나치지 않다. 인구구조는 마치 거대한 파도와 같아서 다른 경제변수들을 휩쓸어 버리는 것 같다. 모든 개발도상국이 초기에 그렇듯 베트남도 현재 젊은 층이 많은 인구 보너스를 톡톡히 누리고 있다. 베트남의 인구는 2024년 약 1억 30만명으로 세계 16위의 인구 대국이다. 이중 생산가능인구(15세~64세)의 인구 비중은 67.37%(2022년)이다.

어둠을 배경으로 하면 빛은 더욱 밝아 보인다. 출산계의 어둠의 전설인 한국과 비교하면 2022년 29세 이하 인구비중은 베트남 44.89%, 한국은 28.4%이고, 19세 이하 인구비중은 31.04% vs 16.0%이다. 2021년 평균연령은 베트남 33세, 한국 43세이고, 연간출생자수는 154만명 vs 27만명, 초산연령은 24세 vs 32세이다. 베트남이 부럽다 못해 자괴감까지 든다.

베트남의 출산율은 2001년 2.25명에서 2023년 1.96명으로 하락하는 추세이다. 그런데 재미있는 것은 출산율은 낮아지는 추세이지만 현 인구수준을 유지할 수 있는 대체출산율 2.1 언저리는 장기간 유지하고 있었다는 점이다. 즉 하락 추세가 완만했다. 베트남은 2006년에야 합계출산율이 2.09를 기록했지만 이후 큰 변화 없이 2명 수준대를 장기간 유지하고 있다가 2023년에 최초로 1.96명으로 2명 아래로 내려갔다.[3]

그러면 앞으로 어떻게 될까? 필자가 인구전문가는 아니지만 언젠가는 베트남도 교육열 높은 유교국가답게 경제가 발전하면서 출산율이 일본, 중국, 대만, 한국 등 동북아 유교국가 수준으로 떨어질 것 같다. 그런데 그 "언젠가"가 한국처럼 급격하게 올 것 같지는 않다. 한국은 1977년 출산율이 3 아래(2.99)로 떨어지고 1983년 대체출산율인 2.1 아래(2.06)로 떨어지고, 1984년 1명대(1.74)로 떨어지고, 2018년에는 0명대(0.977명)로 진입하는 등 하락 속도가 추락에 가까웠다. 그런데 베트남은 위에서 언급했듯이 하락속도가 완만하다. 그리고 앞으로도 완만할 것이다.

가장 큰 이유는 농촌이 도시보다 출산율이 높은데 아직은 베트남인들이

---

3 (2007) 2.07 → (2009) 2.03 → (2011) 1.99 → (2013) 2.1, → (2015) 2.1 → (2017) 2.04 → (2019) 2.09, → (2021) 2.11, → (2022) 2.01 → (2023) 1.96.

농촌에 많이 살기 때문이다. 2022년 기준 베트남인의 62%가 농촌에 거주하고 38%가 도시에 거주한다. 또한 주위를 봐도 베트남 여성들과 남성들은 결혼과 출산을 당연한 것으로 여긴다. 그리고 결혼하면 보통 2명의 아이를 갖기 때문에 외동을 보기가 어렵다. 특히 후술할 베트남 여성의 강인함이 출산율을 뒷받침해 준다.

총인구 수준과는 별개로 도시로의 근로자 공급은 문제가 없을 것이다. 농촌 인구 비중이 도시의 두 배에 육박하므로 향후 많은 농촌인구가 도시 근로자로 전환될 것이다. 농촌의 소득보다 공장 근로자 소득이 높기 때문에 농촌을 떠나 도시로 갈 수밖에 없는 구조이다.

종합하면 베트남이 현재 맞이하고 있는 인구 골든타임이 상당기간 지속될 것이다.

(3) 베트남의 해외 인터넷 차단: 없음

2022년 중국에 있는 지인이 안부전화를 하는 중 나에게 좋은 VPN(Virtual Private Network, 가상 사설망)이 있으면 추천해달라고 물어 봤다. 나의 대답은 "VPN이 뭐예요?"였다. 사람들은 베트남이 중국처럼 해외 인터넷을 차단할 것이라고 생각한다. 전혀 아니다. 유튜브, 페이스북, 구글, 네이버, 카카오톡, 넷플릭스 등 한국에서 사용하고 있던 모든 인터넷 서비스를 사용할 수 있다. 디즈니＋처럼 베트남에 론칭하지 않은 서비스를 제외하고는 모두 가능하다. 그래서 중국에서는 불가능한 일도 일어난다. 고위 관료가 물의를 일으키는 동영상도 유튜브에 올라와서 국민들이 분노하고 사회적 파장이 커지기도 한다. 동영상 옆에는 비난하는 댓글들도 주욱 달려 있다. 그래도 베트남 정부는 유튜브를 막지 않는다.

중국과 달리 베트남이 해외 인터넷을 차단하지 않는 이유는 무엇일까? 베트남은 디지털경제를 GDP의 30%까지 확대하겠다고 발표하고 전 분야에서 디지털을 추진하고 있다. 베트남은 2023년 8월 8일 애플페이 서비스를 공식 시작하여 말레이시아, 싱가포르에 이어 동남아시아에서 이를 허용한 세 번째 국가가 되었다. 이런 베트남이 정작 대중들에게 해외 디지털정보 통로를 차단하면 장기적으로 손해라는 것을 알아서 그러는 것일까? 하여간 베트남에 오면 여러분들은 한국을 포함하여 해외 인터넷을 자유롭게 이용할 수 있다.

(4) 정부의 지시에 순응도가 높음

코로나 방역봉쇄시 국민의 정책 순응도

정부가 정책을 발표하면 오만가지 비판이 나오는 서방 민주국가와 달리 공산주의 국가라 그런지 베트남 사람들은 공산당과 정부의 지시에 순응도가 높다. 국민들이 정부의 조치를 잘 따른다는 것은 개발도상국에게는 무시 못할 장점이다. 2021년~2022년 초 베트남 정부의 코로나 봉쇄 조치는 강력했다. 식당, 술집, 미용실 등 대면 업종이 전면 폐쇄되어 생업이 중단되었다. 택시, 버스 운행이 중단되었고 사적 목적의 이동이 금지되었다(비대면으로 일하거나 퇴근하지 말라는 얘기다). 그래도 공장은 가동해야 했기에 직원들은 공장을 벗어날 수 없고 공장에서 ① 자고, ② 먹고, ③ 일해야 했다. 한국에서 이런 조치를 시행할 수 있었을까? 그런데 베트남 국민들은 속으로 불만은 있었겠지만 초반부에는 조치를 순순히 받아들였다. 물론 중후반부에 가면 아무리 월급 더 줘도 싫다고 공장을 떠나는 경우가 속출했다.

여담인데 공장 직원들은 괴로웠겠지만 베트남에서는 생산 중단이 적어서 해외 바이어들의 호평을 받았다는 후문이다. 삼성도 한국에서 파견된 임원, 주재원, 현지 직원이 공장에서 간이텐트를 치고 비상업무체제에 돌입하여 '생산라인 가동 중단'을 막아냈고 삼성은 오히려 2021년 매출과 수출이

2020년보다 늘어났다.

그리고 정부는 그렇게 고집하던 철통 방역봉쇄를, 변화된 환경을 신속하게 반영하여 어느 날 갑자기 해제해버렸다. 2022년 초 베트남 정부가 하도 철통 코로나 방역으로 사람을 옥죄어서 언제나 긍정적이었던 필자의 멘털에도 금이 가기 시작하고 언제 봉쇄가 끝나나 바다에 표류하던 심정이었다. 그때 외국으로부터 백신을 원조 받아 하노이/호치민 시민에게 백신을 다 접종하고 난 후 갑자기 1~2주 사이에 철통 봉쇄를 확 풀어 버렸다. 중국에서처럼 백지시위가 발생하고 나서 방역을 완화한 것이 아니었다. 일단 하늘에서 빵이 떨어지니 감사한 마음으로 받아먹기는 했는데 갑작스러운 180도 방향 전환에 어리둥절했다.

정부가 기존의 철통 방역으로도 새로이 등장한 오미크론의 확산을 막을 수 없다는 것을 인정하고 대도시 주민 대부분에게 외국 원조 백신을 접종해 항체를 약간이라도 형성한 후 바로 방역을 풀어 버린 것이었다. '여기는 위기상황에서는 정부가 자기가 시행한 기존 정책에 발목 잡히지 않고 정책을 수정한다'는 생각이 들었다.

꽁안

코로나 시기 이러한 강력한 봉쇄 조치를 이행시키기 위해 사방에 꽁안(公安)이 깔렸다. 막강한 꽁안은 베트남 국민들의 순응도가 높은 이유 중 하나이다. 중국처럼 베트남에도 꽁안이 있다. 서방 민주주의 국가에는 없는 개념이므로 처음에는 개념잡기가 어려웠다. 간략하게 설명하면 국가의 총 무력에서 대외무력인 군대를 뺀 것이 공안이다. 한국과 비교하자면 베트남 공안부의 기능은 경찰청＋국정원＋대통령 경호실＋소방방재청＋출입국 관리국＋교도소이다. 공안부의 위상은 하노이의 공안부 건물을 보면 실감할 수 있다. 구글맵에 한글로 공안부를 입력해도 볼 수 있는데 차를 타고 가다가 커다란 건물이 몇 겹 씩 뒤에 줄 지어 있는 것을 보면 그 규모에 약간 질린다.

그렇다고 공산당과 정부가 인민을 두려워하지 않고 자기 하고 싶은 대로 하는 것은 절대로 아니다. 이들도 인민을 두려워하고 불만을 다독이려고 노력한다는 것을 느꼈다. 예를 들면 물가 안정을 위해 상당히 노력하고 일자리를 공급하려 외국 기업 유치에 적극적이다. 그리고 엄중한 코로나 시기에 진단키트와 특별 귀국비행기로 폭리를 취한 기업인, 부패 공무원(심지어 장관까지)을 감옥으로 보냈다. 코로나시기의 엄격한 방역 봉쇄도 따지고 보면 베트남의 열악한 의료체계상 엄청난 수의 사망자가 발생할 것을 알기에 경제에 미치는 악영향을 알지만 강행한 것이다.

(5) 베트남 여성의 강인함

어느 나라나 그렇지만 여성들이 남성보다 우수하고 강인하다. 그런데 베트남에서는 여성들이 특히 강인하다. 필자는 부잣집 마나님을 빼고는 직업이 없는 베트남 여성을 본 적이 없다. 대부분의 베트남 여성은 직업이 있다. 직업도 가리지 않는다. 20대 여성이 쓰레기 청소부, 공사장 막일, 택시 운전수로 일하는 것도 보았다.

그렇다고 육아, 가정을 소홀히 하지도 않는다. 한국 대사관 앞의 유치원에는 아침마다 오토바이 타고 아이를 맡기러 오는 엄마들로 북적인다. 이들은 다시 오토바이 타고 직장으로 일하러 가고 퇴근해서는 부지런히 집안일을 한다.

이런 베트남 여성이지만 자존심이 강하여 남편이 외도를 하면 바로 이혼한다고 한다. 그래서 이혼율이 높고 이혼녀도 많다. 그래도 이혼한 여성들은 아이를 포기하지 않고 무슨 일을 해서라도 먹여 살린다.

이런 베트남 여성들을 위로하기 위해서일까? 다른 국가에서는 1년에 한 번 있는 여성의 날이 베트남에서는 두 번 있다. 3월 8일 국제 여성의 날과

10월 20일 베트남 여성의 날이다. 베트남에서 활동하실 분은 달력에 굵은 빨간 동그라미로 표시해 놓자. 잊어버리면 큰일 난다. 필자는 여성의 날이 무엇인지 잘 몰랐다. 아니 간접 경험으로는 잘 감이 안 온다. 여성의 날이 다가오면 그 전날부터 거리에는 꽃다발, 꽃바구니 판매 노점상들로 가득 찬 다. 여성의 날이 되면 여성들은 가장 예쁜 옷과 full 메이크업으로 완전 무장 하고 출근한다. 남성들은 기타치고 노래를 부르며 여성의 날을 축하하고 여 성들은 남성 동료, 상사들로부터 받은 꽃, 화장품 등 선물에 파묻힌다. 회사 차원에서 꽃다발을 자동차 수십 대에 가득 채워서 나르는 것도 보았다. 마 치 누가 직장 동료 여성을 감동시키는지 경쟁하는 것 같았다. 물론 그날은 여성들은 오전만 근무하고 오후에는 바로 퇴근이다. 한국 대사관은 한국 근 무규정을 지켜야 하기에 오후 퇴근은 못 시켰지만, 대사님이 출근하는 여성 들에게 일일이 꽃을 주셨던 기억이 난다. 남성-여성 모두 유쾌했던 날이었 다. 그런데 베트남에 남성의 날은 없냐고? 11월 19일로 국제 남성의 날이 있기는 있지만 워낙 존재감이 없어 그냥 지나간다.

(6) 베트남의 대기 오염

베트남의 대도시 공기는 좋지 않다. 특히 필자가 살았던 하노이의 공기는 특히 안 좋았다. 하노이에 밤에 도착해서 야경밖에 못 봤다고 아쉬워하는 손님들에게 우리 주재관들은 이렇게 말했다. "글쎄요. 안 보는 게 나을 걸 요." 급격한 산업화로 공장들이 배출하는 매연, 몽골인의 말처럼 베트남인 들의 분신인 오토바이들이 내뿜는 매연이 주원인이다. 공장을 안 돌릴 수도 없고 오토바이를 안 탈 수도 없으니 이 두 개는 감내해야 한다. 그런데 걸프 전쟁에서 사담 후세인이 불 지른 유정(油井)처럼 지평선 곳곳에서 보이는 쓰 레기 태우는 연기 기둥들은 정말 뒷목 잡게 한다. 여기 꽁안들은 왜 가뜩이 나 공기 안 좋은 곳에서 쓰레기를 태우도록 내버려 두는지 이해가 안 간다.

하노이의 분지 지형은 이 상황을 한층 더 악화시킨다. 해가 쨍쨍하게 뜨는 여름철은 그나마 괜찮다. 최악은 12월부터 2월까지의 겨울철이다. 추워봤자 영상 10도를 오르내려 한국인에게는 겨울 같지도 않다. 다만 해가 논스톱으로 안 뜨는 것은 견디기 어렵다. 이유는 모르겠으나 해가 구름에 가려져 있는 것이 상황을 더 악화시키는 것 같다. 겨울에 필자는 교과서에서나 보던 스모그(smog)를 진짜로 경험했다. 대사관 퇴근 후 밖에 나와 보니 가시거리 100미터인 안개가 끼었는데 자세히 보니 안개가 아니고 공기에 퍼진 오염 물질이었다. 이런 겨울철에 데인 필자는 여름철에 하노이에 입성해서 견딜 만하다던 하노이 후배에게 시크하게 말하곤 했다. "Winter is coming"

불행히도 공기오염은 개발도상국인 베트남에서는 감내해야 하는 외부 변수이다. 베트남은 선진국 수준의 환경정책을 시행할 경제적 여유가 아직 없다. 호치민은 좀 낫지만 하노이에 오는 분은 미리 마음의 준비를 하는 것이 좋다.

3. 베트남의 정치체계

(1) 집단 지도체제: Big Four

베트남에서는 공산당이 유일한 합법 정당으로 공산당이 행정부, 입법부, 사법부 등 다른 어떠한 국가기관보다 우세하다. 그런데 공산당 서기장의 1인 지배체제는 아니고 집단 지도체제이다. 베트남은 Big Four로 불리는 4명의 국가원수급 리더 — 공산당 서기장, 행정부의 수장인 총리, 국회의장, 국가주석 — 가 최고권력을 분점하고 국정을 운영한다. 물론 이 4명이 25%씩 균일하게 분점하지는 않는다. 공산당 서기장이 서열 1위로 가장 강력하고 그 다음이 나머지 3명의 리더이다. 이들 3명은 모두 공산당원으로 미래의 공산당 서기장 후보군 중 하나이고 임기를 마친 후 다른 Big Four 자리로 옮겨가기도 한다.

Big Four는 실제로 해외에서 국가원수급 의전을 받는다. 마치 국가원수가 분신술을 써서 4명으로 늘어난 느낌을 받는데 이건 국가원수가 얼마나 바쁜지를 생각하면 국가운영 상 대단한 장점이다. 예를 들면 해외 순방을 갈 때 여러 명의 국가원수가 동시에 여러 국가를 방문할 수 있다. 2021년 연말 응우옌 쑤언 푹 국가주석이 한국을 방문할 때 팜 밍 찡 총리가 일본을 방문하였다.

공산당 서기장은 베트남의 서열 1위로 명실상부한 베트남의 1인자이다. 약 530만명에 달하는 당원을 관리하여 전당대회, 중앙집행위원회, 정치국, 서기국 등 당 조직을 총괄한다.

총리는 행정부의 수장으로 국무회의를 주재하고 각 부처의 장관을 임명한다. 우리나라의 총리를 생각하고 행정부의 2인자라고 생각하면 안 된다. 행정부의 수반이라는 점에서는 오히려 한국의 대통령과 비슷하다. 한국의 국무총리는 행정부 수장을 보좌하고 각 부처를 통합한다는 점에서 베트남

총리 밑에 있는 4명의 부총리를 합친 것과 비슷하다. 이들 4명의 부총리는 한국의 부총리와 다르게 특정 부처의 장관이 아니고 여러 명의 장관을 관리한다.

국가주석은 헌법상 국가원수로서 대내외적으로 베트남을 대표한다. 대사를 임명하고 외국 대사로부터 신임장을 받고 조약에 서명한다. 국회 결의에 근거하여 전쟁상태를 선포하고 사면권을 행사할 수 있다. 인민군을 통수하고 국방안보위원회의 당연직 의장이다.

국회의장은 베트남 국회의 대표로서 입법부의 수장이다.

종합하면 공산당은 서기장이, 행정은 총리가, 국가를 대표하는 일은 주석이, 입법은 국회의장이 맡는 구조이다.

베트남에 근 20년 사신 한국분에게 Big Four의 상대적 서열에 대해 문의해 보았다. 공산당 서기장이 언제나 서열 1위이지만, 서기장이 다른 3명보다 얼마나 더 강력한지, 다른 3명의 영향력이 어느 정도인지는 Big Four 자리에 앉는 인물들에 따라 달라진다고 한다. 지금 공산당 서기장은 2연임까지라는 관례를 깨고 3연임을 하고 있는 응우옌 푸 쫑 서기장이므로 다른 3명보다 강력해 보인다.

이 Big Four 시스템은 나름 합리적이고 효율적으로 보인다. 국가의 원수급 4명이 경험을 쌓아 가면서 다른 자리로 이동할 수 있고 한 명이 변고가 생겨도 다른 3명이 건재해 국가 시스템이 불안정해지지 않는다. 2018년 쩐 다이 꽝 국가주석이 사망하자 응우옌 푸 쫑 공산당 서기장이 국가주석을 겸임하기도 했다.

(2) 공산당의 리더 선출 과정

베트남 공산당은 5년마다 열리는 전당대회에서 중앙집행위원회 위원을 선출하고 이들이 5년 동안 당과 국가를 이끌 지도부를 선출한다. 예를 들면

베트남 공산당의 조직 및 구조

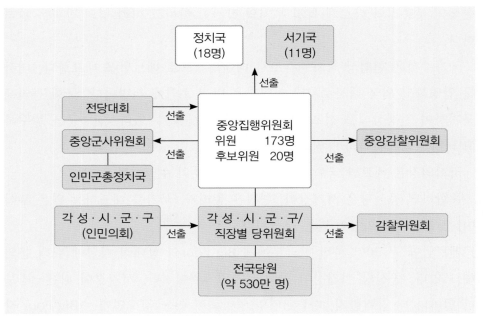

* 2023년 5월 기준, 베트남 개황(외교부 발간, 2023.6.), 24면.

2021~2025년 지도부를 선출하기 위해 2021년 전당대회를 개최한다. 지방 성과 시에서 선출된 1,600여명의 대의원이 전당대회에 참석하여 약 200여 명의 중앙집행위원회 위원을 선출한다. 이 중앙집행위원회 위원들은 다시 정치국원, 서기국원, Big Four를 선출한다.

이 과정은 여느 민주국가 전당대회의 절차와 같다. 단지 전당대회에서 당 대표뿐만 아니라 총리, 국가주석, 국회의장 같은 국가원수급도 내정한다는 것이 다를 뿐이다.

(3) 공산당 의사결정의 핵심: 정치국

필자는 소련(蘇聯)을 배경으로 한 소설인 《붉은 10월》, 《붉은 폭풍》에서 정치국(Politburo)이란 단어를 수도 없이 들었다. 뭔가 권력의 핵심을 이야기하는 것 같고, 정치국원들이 모든 것을 결정하는 것 같았다. 정치국원? 왜 정치를 하는 일개 국 단위가 모든 의사결정의 핵심인지, 도대체 무슨 일을 하고 있는지, 소속이 어디인지 짐작이 안 갔다. 이해를 못 했던 이유는 이런 기구가 서방 민주주의 국가에는 없고 공산주의 국가에만 있기 때문이다. 수뇌부들이 모여서 의사를 결정한다는 점에서는 국무회의(Cabinet meeting)와 비슷하다. 그런데 국무회의는 행정부의 수뇌부만 모인 것이고 여당, 입법부, 사법부는 빠졌다.

베트남 공산당의 정치국은 공산당, 정부, 국회, 사법부, 지방권력, 국가 무력을 총망라한 각 분야의 리더들이 참여하는 기구이다. 이들은 "공산당 정치국원"이므로 당연히 모두 공산당원이다. 보통 16~18인이므로 어떤 사람이 정치국원이라는 것은 베트남의 모든 사람을 통틀어 권력서열 16~18위 이내임을 의미한다(2024년 5월 기준, 사임 등으로 인해 일시적으로 베트남의 정치국원은 16명이다). 만약 한국에서 전 국민을 통틀어 16~18인을 뽑는다면 웬만한 장관들은 명함도 못 내밀 것이다.

특정 직위가 당연히 정치국원이 된다는 규정은 없다. 그러나 어떤 직위는 권력 구조상 반드시 들어가게 된다. 현 정치국원의 구성원을 분석해 보자. 현 베트남 정치국원에는 공산당 서기장, 국가주석, 총리, 국회의장 등 이른바 Big Four가 당연히 들어간다. 지방권력을 대표해서 하노이 시와 호치민 시의 당서기가 들어간다. 대외 무력을 담당하는 국방부 장관, 대내 무력을 담당하는 공안부 장관도 들어간다. 공산당 관료 중 당 중앙이론위원장과 당 경제위원장이 들어간다. 재미있는 것은 우리로 치면 대법원장격인 최고인민법원장이 들어간다는 점이다. 이상적인 정치체제로 귀에 못이 박히게 들었던 삼권분립과는 완전히 반대되는 상황 — 대법원장이 집권 여당의 최고 결정기구에 멤버로 들어가는 상황 — 을 보게 되니 정말 신기했다. 국가 리더들은 모두 공산당원이라는 것을 생각하면 신기할 것도 없지만.

정치국원의 면면을 보면 정치국에 들어갈 만하다고 고개가 끄떡여진다.

그리고 국가의 수뇌부 모두가 모여서 중요사항을 결정하니 그 결정이 가지는 무게감은 대단하다.

공산당이 다른 국가기관보다 위에 있는 당 우위 체계와 정치국의 개념을 잘 모르는 한국 분은 정치국원인 당 관료를 만날 때 이 분의 위치를 잘 가늠하지 못할 수 있다. 예를 들면 공산당 중앙경제위원장을 우리로 치면 여당의 경제위원장으로 인식하는 경우가 있다. 이 분은 정치국원이므로 그렇지 못한 국회부의장이나 부총리보다 상위 레벨이고 권력서열 16~18위 이내에 든다. 혹시 베트남에서 활동할 분들은 아버지나 친척이 전/현직 정치국원인 사람을 만나게 되면 대단한 명문가 집안이란 것을 인식하고 만나면 좋겠다.

제13대 베트남 공산당 정치국원(2024.5)

	이름	직위	근무지
1	응우옌 푸 쫑 Nguyễn Phú Trọng	공산당 서기장	공산당 중앙당
2	또럼 Tô Lâm	국가주석	주석궁
3	팜 밍 찡 Phạm Minh Chính	총리	정부
4	쩐 타잉 먼 Trần Thanh Mẫn	국회의장	국회
5	레 밍 흥 Lê Minh Hưng	당 중앙조직위원장	공산당 중앙당
6	응우옌 반 넨 Nguyễn Văn Nên	호치민시 당서기	호치민 시
7	딩 띠엔 중 Đinh Tiến Dũng	하노이시 당서기	하노이 시
8	판 딩 짝 Phan Đình Trạc	당 중앙내정위원장	공산당 중앙당
9	쩐 껌 뚜 Trần Cẩm Tú	당 중앙감찰위원장	공산당 중앙당

10	판 반 장 Phan Văn Giang	국방부 장관	국방부
11	르엉 끄엉 Lương Cường	서기국 상임서기	중앙당 서기국
12	응우옌 화 빙 Nguyễn Hòa Bình	최고인민법원장	최고인민법원
13	응우옌 쑤언 탕 Nguyễn Xuân Thắng	호치민정치아카데미 원장 겸 당 중앙이론위원장	호치민정치아카데미
14	응웬 쯩 응이아 Nguyễn Trọng Nghĩa	베트남 중앙선전위원장	중앙선전위원회
15	도 반 찌엔 Đỗ Văn Chiến	베트남 조국전선위원장	조국전선위원회
16	부이 티 밍 화이 Bùi Thị Minh Hoài	베트남 중앙국민운동위원장	중앙국민운동위원회
		공안부 장관	공안부
		당 중앙경제위원장	공산당 중앙당

※ 공안부 장관, 당 중앙경제위원장은 보통 정치국원에 포함되는 직위이나 2024년 5월 기준 공석이므로 정치국원 명단에 없음.
※ 베트남 공산당은 권력서열을 발표하지 않는다. 그러므로 위의 표의 숫자가 권력서열을 의미하지 않음.

(4) 베트남의 파워엘리트: 공산당, 정부, 지방 공산당&정부(인민위원회)

베트남에서는 기업인 등 사적 영역(private sector)에서 성공하려면 반드시 공산당원이 될 필요는 없다. 그러나 공무원, 국회의원, 지방공무원, 군인 등 공적 영역(public sector)에서 성공하려면 반드시 공산당원이어야 한다. 정치국원은 모두 공산당원이지만 16명~18명의 정치국원 중 공산당 중앙당 관료가 많다는 점에서 공산당의 위상을 알 수 있다.

베트남의 파워엘리트들을 보면 지방 공산당&정부(인민위원회), 정부, 공산당, 국회를 메뚜기처럼 넘나들면서 커리어를 키워나간다. 대개 지방 공산당&정부에서 인정받고 중앙으로 진출하는 경로를 밟는다. 예를 들면 호 득

퍽 재무부 장관은 응에안 성 부당서기, 당서기, 부인민위장, 인민위원장을 역임하고 감찰원장을 역임했다. 응우옌 홍 지엔 산업부 장관은 타잉빙성 부 당서기, 당서기, 인민위원장을 역임하였다. 팜 밍 찡 총리는 루마니아 대사 관 1등 서기관, 공안부 차관, 꽝닌성 당 서기, 당 조직위원장을 역임했다. 정부(심지어 외교관), 지방정부, 공산당을 넘나드는 경력이다. 물론 또 럼 전 공안부 장관, 응우옌 티 홍 중앙은행 총재처럼 계속 특정 기관에서 근무해 서 장관 직위까지 올라가는 인사들도 더러 있지만 대부분의 장관이 지방성 근무 경력이 있다.

파워엘리트는 어느 사회에나 존재하지만 베트남의 파워엘리트들은 좀 독 특하다. 학벌, 지연, 업연, 이념 등 이들을 관통하는 표면적인 공통점을 찾 기 어렵다. 다만 파워엘리트라고 불릴 만한 사람들은 업무 능력이 출중하거 나 집안이 좋거나 뭔가 특장점이 있다. 파워엘리트가 되면 지방정부, 정부, 공산당, 국회를 넘나들며 빠르게 성장한다. 분명 부처마다 일반인들의 승진 트랙과는 다른 그룹의 사람들이 있다. 이들은 나이에 상관없이 빠르게 승진 한다. 어떤 부처는 차관-국장-부국장의 나이가 거꾸로인 경우도 봤다.

베트남의 파워엘리트 개개인에 대해 더 알고 싶은 분은 KOTRA가 발간한 "2021 베트남의 파워엘리트"를 참조하기 바란다. 베트남 관련 업무를 하시 는 분들에게 외교부가 발간한 "베트남 개황"과 함께 늘 기본으로 추천하는 아주 유용한 책자이다. 두 책자 모두 공개 자료이며 구글에서 키워드를 검 색하면 링크를 통해 다운로드 받을 수 있다.

(5) 긴밀한 의사소통 및 협력

베트남은 여느 국가처럼 정부, 의회, 당 등 여러 기관이 권력을 분점하고 국가를 이끌어 간다. 그런데 이들간의 의사소통 및 협력은 다른 국가보다 긴밀하다. 이들 모두가 공산당원이기 때문이다. 이들 모두를 아우르는 최고

바딩 광장의 호치민 영묘

주석궁

국회

의사결정기구인 정치국이 있다는 사실이 이를 방증한다.

또 하나의 지리적 증거는 이들 기관이 모두 한 곳에 모여 있다는 것이다. 모스크바의 붉은 광장격인 하노이의 "바딩 광장"을 구글맵에서 검색해보자. (웬만한 베트남 지명은 구글맵에서 한글 검색이 가능하다.) 바딩 광장을 중심으로 12시 방향에는 호치민 영묘가 인접해 있다. 호치민 묘소 오른편인 1시 방향에 주석궁이 있고, 주석궁 오른편에 총리실이 있다. 광장의 3시 방향에는 공산당 중앙당사가 있고 6시 방향에는 국회가 있다. 즉 공산당 서기장, 총리, 국회의장, 국가주석 등 핵심 의사결정 리더들이 바딩 광장 반경 1km 내에 다 모여 있다. 공산당 정치국 회의를 소집해도 바로 모일 수 있는 위치이다.

국가의 핵심 기관과 리더들이 지리적으로 근접하여 자주 만날 수 있고 언제라도 회의를 가질 수 있다는 것은 국가 운영의 큰 장점이라고 생각한다.

(6) 5년의 정치 싸이클

한국은 대선 후 총리와 장관이 바뀌고, 총선 후 국회의장과 국회의원이 바뀐다. 베트남은 리더들이 언제 변경될까? 베트남은 5년에 한 번씩 공산당 전당대회라는 정치 이벤트가 있다. Big Four를 선출하고 장관들을 내정한다. 그리고 전당대회 수개월 전 지방 당서기를 선출하고 전당대회 수개월 후 국회의원 선거와 지방 인민의회 의원 선거를 실시한다. 그러니까 베트남은 여당 당 대표선거, 대선, 총선, 지방선거를 한꺼번에 치루는 것이다. 공산당, 정부, 국회가 한 몸이라는 방증이다. 이렇게 선출된 리더들의 임기는 기본적으로 다음 전당대회까지인 5년이다. 물론 중간에 사망하거나, 해임되거나, 교체되는 여러 가지 경우가 있지만 임기는 기본 5년이다. 즉 리더들이 장기간 재임한다. 한국처럼 장관 임기가 짧지 않다.

4. 베트남의 대외관계: 외교의 달인-대나무 외교

베트남은 지리적으로 중국의 남쪽 접경국이자 인도차이나 반도의 동쪽 긴 해안선을 차지한 지역 강대국이다. 이런 지정학적 위치로 인해 베트남은 천 년 동안 중국의 침입에 맞서 인도차이나 반도의 방파제 역할을 해 왔다. 그런데 문명이 발달해 원양항해가 가능해지자 이번에는 서양 세력의 침략에 고스란히 노출되었다. 20세기 후반 프랑스, 미국, 중국이란 세 강대국과의 연이은 전쟁도 이러한 지정학적 위치의 결과일 것이다.

베트남은 자국의 지정학적 위치의 중요성을 잘 알고 있어 강대국들간의 갈등에 휘말리지 않고 언제나 강대국과 등거리 관계를 유지한다. 그래서 베트남의 외교를 한쪽으로 기울지 않고, 휘어질망정 부러지진 않는다는 의미에서 '대나무 외교(bamboo diplomacy)'라고 한다. 현재 베트남은 외교의 달인으로 예술의 경지에 올랐다. 외교 올림픽이 있으면 베트남은 언제나 상위권일 것이다.

베트남에서 살면서 특정 강대국에 경도되지 않고 모든 강대국들과 등거리를 '티나게' 유지하면서 그들 모두로부터 원하는 것을 모두 받아내는 모습을 보며 놀랐던 것이 한두 번이 아니다.

(1) 미국과 중국 정상의 back to back 방문

경제적 측면에서 베트남은 미국에게 글로벌 공급망 파트너 중 하나이다. 미국은 중국에 치우친 글로벌 공급망을 멕시코, 인도, 베트남 등 다른 국가로 분산시키려 하고 있다. 그 결과 미국은 베트남에게 무역흑자 1위국이 되었고 베트남은 미국에게 무역적자 3위국(1위 중국, 2위 멕시코)이 되었다. 뿐만 아니라 베트남의 우수하고 저렴한 노동력을 활용하기 위해 애플, 구글,

보잉, 인텔, 델, HP, 앰코 등 미국기업들이 공장을 설립했거나 설립할 계획이다.

안보 측면에서 중국과 남중국해 영유권 분쟁을 겪고 있는 베트남은 미국이 생각하기에 전략적 파트너이다. 해안선이 엄청나게 긴 베트남은 우리가 일본해를 동해로 부르는 것처럼 남중국해를 동해로 부르고 중국의 영유권 주장을 일축하며 이 문제에 관한 한 중국에 날카로운 대립각을 세우고 있다. 남중국해 문제에 관한 한 베트남은 미국이 믿을 수 있는 파트너이다.

2023년 9월 10~11일, 미국 바이든 대통령이 하노이를 방문했다. 베트남은 바이든 대통령을 환영하면서 미국과 베트남의 관계를 2013년 포괄적 동반자 관계에서 '포괄적 전략적 동반자적 관계(Comprehensive Strategic Partnership)⁴'로 두 단계 격상하였다. 포괄적 전략적 동반자적 관계는 베트남의 양자 외교에서 가장 높은 단계로 그 전까지는 중국, 러시아, 인도, 한국(2022년 격상) 4개국뿐이었다. 즉 경제적, 안보적 필요로 베트남은 50년 전 전쟁을 벌였던 미국을 자국의 5대 협력국가로 공식 발표한 것이다(2023년 11월 베트남은 일본과도, 2024년 3월 호주와도 포괄적 전략적 동반자 관례를 수립하여 이 등급의 국가는 7개국이 되었다).

바이든 대통령이 방문한 지 100일도 안 되어서 2023년 12월 12~13일 중국 시진핑 주석이 하노이를 국빈 방문했다. 베트남 측은 시진핑 주석의 이번 방문이 2022년 10월 응우옌 푸 쫑 당서기장의 베이징 방문의 답방 차원이라고 했지만 누구나 미국 견제 차원의 방문이라는 것을 알 수 있었다. 이미 15년 전에 베트남과 포괄적 전략적 동반자 관계를 맺은 바 있는 중국은 미국이 자신과 같은 등급이 된 것이 신경 쓰였는지 베트남에게 양국 공동성

---

4 베트남이 특정 국가와의 관계를 나타내는 용어는 포괄적 동반자(Comprehensive Partnership) → 전략적 동반적(Strategic Partnership) → 포괄적 전략적 동반자(Comprehensive Strategic Partnership) 순으로 격상된다. 국가간의 친밀한 관계를 표현할 때 흔히 사용하는 외교용어인데 베트남은 국가간의 관계를 등급을 나누듯이 분류하고 용어도 엄격하게 구분하여 사용한다.

명문에 운명공동체라고 쓰자고 요청하였다. 그 결과 중국어 공동성명문에는 '운명공동체', 베트남어 공동성명문에는 '미래 공유'의 의미를 가지는 베트남어가 쓰였다. 미중 간에서 실리적인 균형외교를 위해 중국을 배려하는 베트남의 외교술이 돋보였다.

베트남에게 중국은 농산물 수출시장이자 수출상품을 위한 중간재 수입국이다. 그 결과 중국은 베트남의 2위 수출대상국이자 1위 수입국이다. 이처럼 무역에서 중국과 베트남은 필수불가결한 사이이다. 또한 중국은 미중 갈등을 우회하기 위해 중국에서 베트남으로 급격히 공장을 이전하고 있다. 2023년 베트남 FDI(외국인 직접투자) 3위가 홍콩, 4위가 중국이다. 게다가 지리적으로 베트남은 중국의 남쪽 이웃이자 아세안국가로 가는 길목에 있다. 적이 되었을 경우 골치 아픈 위치이다. 그 베트남을 요즘 미국이 적극적으로 구애하고 있다. 중국이 가만히 있을 수는 없다.

G2 국가인 미국과 중국의 정상이 연이어서 방문하는 국가가 현재 지구상에 베트남 말고 또 있을까?

(2) 러시아와 전통적 우호 관계

베트남과 러시아의 관계는 아주 좋다. 어떤 두 국가와의 관계는 적이 되기도 하고 친구가 되기도 한다. 그러나 러시아는 늘 베트남의 친구였다. 호치민이 프랑스를 상대로 독립 운동을 할 때 소련 공산당으로부터 지원을 받았고 미국과의 전쟁 때는 중국과 함께 무기를 공급해줬다. 천 년 동안 수없이 베트남을 침공한 중국과 접경한 베트남은 원교근공(遠交近攻) 원칙을 충실히 따랐다. 역시 접경국인 중국과 소련의 사이가 적대적으로 변하자 베트남은 중남부 지방의 깜 라잉(Cam Ranh, 미국 발음 캄란)만을 소련 해군기지로 제공하며 중국을 견제하고자 했다. 소련도 베트남전 당시 미국 해군기지였던 천혜의 군항 깜 라잉만을 거점으로 남중국해 건너편의 필리핀 수빅

(Subic)만에 있는 미국 해군기지를 견제할 수 있었다. 그리고 지금도 러시아는 베트남의 주요 무기공급처이다. 베트남이 남중국해 분쟁을 겪고 있는 중국으로부터 편한 마음으로 무기를 수입할 수 있을까? 아니면 서방 세계 맹주인 미국으로부터 편한 마음으로 무기를 수입할 수 있을까? 베트남은 러시아 무기를 많이 구매할 수밖에 없다. (그런데 러시아-우크라이나 전쟁 이후 러시아산 무기에 대한 평판이 떨어져서 앞으로도 이 추세가 지속될지는 모르겠다.)

이런 베트남이니 러시아-우크라이나 전쟁 관련 러시아에 적대적인 UN 결의안 표결에서 언제나 기권이고 찬성표를 던지지 않는다. 많은 국가가 러시아를 비난하고 동참을 호소하지만 베트남은 그런 것은 신경쓰지 않는다. 베트남을 위해 과거의 러시아와의 우호 관계와 미래의 우호 관계가 더 중요하다.

그리고 반대도 아닌 기권을 하며 중립을 유지하는 이유는 대나무 외교답게 베트남은 러시아하고 친하게 지냈지만 역시 같은 구소련 국가인 우크라이나하고도 친하게 지냈기 때문이다. '3장 베트남의 산업 및 기업 개관'에서 소개할 빈그룹과 썬그룹의 창업자가 모두 소련에서 유학하고 우크라이나에서 공동창업한 라면회사를 매각해 베트남 사업을 위한 종잣돈을 모은 것은 우연이 아니다. 또한 국가 베트남의 입장과 별개로 지정학적으로 항상 중국을 의식할 수밖에 없는 베트남인은 우크라이나인에게 동병상련(同病相憐)의 느낌을 가지고 있다.

여담으로 유명 휴양지 냐짱(Nha Trang, 미국 발음 나트랑)의 호텔에는 휴가를 보내러 온 러시아인이 많다. 호텔 곳곳에는 러시아어 안내문이 붙어 있다. 소련 해군과 러시아 해군이 깜 라잉만에 주둔하던 시절 많은 소련, 러시아인이 인근 냐짱에서 여름 휴가를 보내서 좋은 기억을 가지고 있고 관련 인프라도 구축되어 있다. 그래서 소련, 러시아 해군이 이제는 완전히 철수했지만 지금도 많은 러시아인들이 냐짱에 놀러 온다.

(3) 프랑스, 미국, 일본에 악감정이 없음

  프랑스는 베트남을 60년이 훨씬 넘는 기간 동안 식민지배[5]했고, 일본은 2차 세계대전 당시 베트남을 가혹하게 수탈했고, 미국은 베트남전의 전쟁 상대방이다. 그런데 신기하게 베트남인들은 현재 이들 국가에 대한 악감정이 전혀 없다. 필자는 보통 베트남인들에게 이들 국가에 대한 감정을 물어보곤 했는데 전혀 구원(舊怨)이나 나쁜 감정이 없다고 대답했다. 베트남인들이 아픈 역사를 안 가르치는 것은 아니다. 베트남인들도 호아로 수용소[6] 등에서 식민지 시대의 만행을 보존하고 생생하게 교육시킨다.

호아로 수용소의 족쇄찬 수용자들

---

5 프랑스는 지금의 베트남, 라오스, 캄보디아 지역에 라오스 보호령, 캄보디아 보호령, 코친차이나, 안남 보호령, 통킹보호령 등 5개 보호령으로 구성된 인도차이나 연방을 세워 식민통치하였다. 지금의 베트남 지역은 코친차이나(베트남 남부, 1862~1949), 안남보호령(베트남 중부, 1883~ 1948), 통킹보호령(베트남 북부, 1883~1948)으로 나누어 통치하였다.

6 한국으로 치면 서대문 형무소로 프랑스가 베트남인 정치범을 투옥하여 고문하고 처형하던 교도소. 베트남 전쟁 때는 미군 포로수용소로 사용되었고 미군들은 하노이 힐튼이라고 불렀다.

식민지시대에 사용된 호아로 수용소의
단두대

혹자는 베트남이 프랑스, 미국을 전쟁에서 이긴 승전국이기 때문이라고 한다. 이긴 상대에게 악감정을 품을 필요가 없다는 것이다. 그것도 이유이겠지만 프랑스, 미국, 일본은 인접 국가가 아니고 현재 안보상 위협이 되지 않는다. 위협이 되지 않는 상대에게 구원(舊怨)을 품고 멀리하는 것보다는 현재 상황에 맞게 실용적으로 접근하여 서로가 원하는 것을 교환하는 것이 베트남의 외교방향이다.

베트남 사람들이 불안하게 느끼는 국가는 국경을 접하고 현재도 남중국해 문제로 다툼이 있는 중국뿐이다. 그렇지만 중국에 대해서도 우호적인 관계를 유지하고 국익을 위해 줄 것은 주고 받을 것은 최대한 받아낸다.

(4) 일본의 예산 직접 원조

2023년 5월 히로시마 G7 정상회의 확대회의에 참석하려 팜 밍 찡 총리가 일본을 방문하였다. 찡 총리와 기시다 총리가 참석한 가운데 베트남, 일본 정부는 610억엔 규모의 ODA(Official Development Assistance, 공적원조)에 관한 3개 협약을 체결하였다. 이 610억엔 중 500억엔은 차관 형태로 '포스트 코로나 사회경제 회복 및 개발을 위한 차세대 ODA 예산 지원 프로그램'에 사용된다.

ODA는 무상원조(無償援助)와 유상원조(有償援助)가 있다. 무상원조는 선진국이 개도국에 무료로 학교나 고아원 등을 지어 주는 원조이고, 유상원조는 선진국이 엄청난 장기 및 저리로 차관을 빌려주고 개도국은 도로나 교량 등을 건설하고 차관을 상환하는 방식의 원조이다. 선진국이 개도국을 원조해야 한다는 당위성에서 출발하였지만 그 이면에는 그와 관련된 공사를 그 선진국 기업에게 맡긴다는 해외진출지원 목적도 있다. 유상원조의 경우 개도국은 그 선진국의 기업에게만 공사를 맡겨야 한다는 구속성 조건을 붙이기도 한다. 이를 비판하는 목소리도 있지만 원조의 재원은 세금이기 때문에 당연하다고 본다. 그리고 일본은 ODA를 자국기업의 해외진출 수단으로 적극적으로 활용하는 것으로 정평이 나 있다.

필자는 대사관에서 ODA 중 유상원조(Economic Development Cooperation Fund, 대외경제협력기금)를 담당하고 있었기에 '차세대 ODA 예산지원 프로그램'이란 단어가 눈에 들어 왔다. 차세대와 예산지원이라는 문구가 잘 이해되지 않았다. 무엇보다 이 ODA에는 도로 건설, 교량 건설 같은 목적 사업이 없었다. 알아보니 베트남 정부가 여러 부분에서 예산 부족이 생겨서 일본에 도움을 요청했고 일본 정부가 장기, 저리로 차관을 융자하여 이를 메꿔 준 것이다. 장기 저리의 ODA 차관은 양허율이 보통 60~80%에 달하기 때문에 경제적으로 보면 300억엔에서 400억엔의 자금을 그냥 공여한 것과 같다.

ODA를 자국기업 해외진출에 꼼꼼히 이용하던 일본이 그냥 자금을 내주었다? 세상에 공짜 점심은 없다. 유형이든지 무형이든지 장기든지 단기든지 무언가 일본이 베트남에게 원하던 것이 있었고 베트남은 그 반대급부를 착실하게 챙겨 갔을 것으로 추측된다.

(5) 각국에서 원조 받은 코로나 백신

코로나 백신이 이제 막 나오던 초창기에 백신이 부족해 고생했던 기억이 우리에게도 생생하다. 필자가 베트남으로 부임하기 직전인 2021년 상반기에는 우리나라에도 백신이 부족했다. 외교관은 해외로 부임하기에 우선 접종대상이었지만 부임 준비기간이 너무 짧아서 그 기간 내에 행정이 처리되기 어려워 자칫하면 접종도 못하고 부임할 뻔했다. 그런데 부임해 보니 베트남 대사관 직원들은 베트남 정부가 백신을 확보하여 외교관 대상으로 접종을 실시했기에 백신을 접종받은 상태였다. 이후 차차 충분한 백신을 확보하여 전 국민 대상으로 비교적 단기간에 접종을 완료하였다. 전량 백신을 수입해야 하는 개발도상국 베트남이 어떻게 가능했을까?

2022년 1월 13일 베트남 보건부에 따르면, 2021년 3월 8일 접종을 시작한 이후 2022년 1월 12일까지 코로나 백신 접종 횟수는 1억 6,350만회분을 넘었다. 이 중 1차 접종은 7,840만 도스, 2차 접종은 7,150만 도스, 3차 접종은 1,360만 도스 이상이다. 성인인구 대비 접종률은 1차 100%, 2차 93%, 3차 11.5% 수준이다. 베트남 정부에 따르면, 전국 63개 성·시 가운데 51개는 접종률이 90%를 넘는다.

가장 중요했던 것은 백신 확보였다. 전 세계적으로 품귀였던 시기에 베트남은 서양 백신 위주로 대량의 백신을 확보했다. 2022년 1월 13일까지 베트남은 2억 600만회분의 백신을 들여왔다. 이 중 아스트라제네카(AZ)가 6,000만 도스, 화이자 및 모더나 8,800만도스, 시노팜 5,100만 도스, 쿠바 압달라(Abdala) 500만 도스, 스푸트니크V 150만도스 등이다. 이 중 정부 예산으로 구매한 백신이 1억 300만회분이고 나머지는 코백스(Covax)와 한국, 미국, 일본, 중국, 유럽, 호주 등 다른 국가 및 기업들의 무상지원분이다.

백신 물량의 약 절반을 다른 국가가 공여했다는 것에 주목할 필요가 있다. 물론 그 당시 베트남 고위급 인사가 총동원되어 타국 고위급과 면담할 때마다 백신을 간절히 계속해서 요청했던 것은 사실이다. 다른 개도국도 그랬지만 충분한 양을 확보하기 어려웠을 것이다. 그런데 베트남만은 강대국과 선진국들로부터 충분한 백신을 확보할 수 있었다. 지정학적으로 미국, 중국, 한국, 일본, 유럽에게 중요하다보니 모든 국가가 좋게 말하면 우호관계를 수립하고 싶고 나쁘게 말하면 영향력을 행사하고 싶었다. 그래서 '○

○국이 백신을 기부했네? 우리나라가 안 주면 대(對)베트남 관계는 어떻게 되는 거지?" 하는 식의 도미노 반응으로 백신을 기부 받았다. 베트남은 강대국과 선진국이 자국을 필요로 하는 국제정세를 잘 인지하고 있었고 어떤 국가에도 경도되지 않았기에 이들 모두로부터 백신을 얻어 낼 수 있었다. 한국도 태국과 함께 베트남에게 아스트라제네카 백신을 처음으로 해외에 원조한 바 있다.

5. 베트남 공무원

(1) 대관(對官) 네트워크의 필요성

베트남에서 소규모 사업을 하는 분들은 일선 행정 공무원만 신경쓰면 된다. (물론 일선 행정 공무원하고의 관계 정립도 그리 쉬운 일은 아니다.) 그러나 대규모 사업을 하는 분들은 정책 공무원까지 생각해야 한다. 여기서 정책 공무원은 공산당, 정부, 지방 공산당&정부, 국회에서 일하는 모든 사람을 의미한다.

베트남의 한국 기업인들은 정부 정책과 관련해서 어려움에 맞닥뜨릴 수 있다. 제2장 한국과 베트남에서 자세히 설명하겠지만, 갑자기 불리한 규제나 정책이 만들어질 수도 있고 국가정책이 느리게 확정될 수도 있다. 물론 한국 대사관이 이를 총합하여 베트남 정부와 대응을 하지만 당사자인 해당 기업 차원에서의 대응도 필요하다.

1천억원 이상을 투자하는 기업은 반드시 베트남 정책 공무원과의 안정적인 대관(對官) 네트워크를 확립하라고 조언하고 싶다. 문제가 생겼을 때 말이라도 들어 줄 공무원 채널은 가지고 있어야 하지 않는가?

대관 네트워크로 전혀 안 되는 것을 되게 하라는 것이 아니다. 돼야 하는 게 당연한데 뭔가 걸려서 안 될 때를 대비해서 말이라도 들어줄 대관 네트워크가 필요하다. 이를 위해 같은 아시아권 유교 기반 국가이지만 한국과는 조금은 다른 베트남 공무원만의 특징을 알아 두면 좋다.

(2) 베트남 공무원의 특징

일종의 집단합의체제

공무원들과 접촉할 때 공산주의 국가이니 상명하복일것이라 생각하고 맨 위의 의사결정권자와만 접촉해서는 안 된다. 베트남은 집단합의체제라고 할까? 실무자들에게도 결정권한(일종의 거부권)이 있다. 실무자부터 의사결정권자까지 거치는 모든 단계의 사람들이 거부권이 있다고 생각하면 된다. 누구 하나라도 부정적인 의견을 내면 일이 진행이 안 된다. 그래서 어느 누구도 쉽게 생각하면 안 되며 말단부터 최고 결정권자까지 모든 단계의 공무원에게 나의 사정을 설명하고 설득해야 한다.

장기적 네트워크 형성이 필요

베트남에서 대관 네트워크를 형성하려면 다음과 같은 이유에서 장기적인 관점에서 충분한 시간을 들여서 구축해야 한다.

첫째, 베트남 공무원들과 친해지기까지 장기간이 소요된다. 곁을 잘 안 준다고 할까? 아마 1~2년 정도 자주 만나야 네트워크가 형성되기 시작할 것이다. 이 기간이 내가 믿을 만한 사람임을 그들에게 증명하는 시간이다.

둘째, 한 번 네트워크가 형성이 되면 장기간 유효하다. 베트남 공무원은 보직이 자주 변경되지 않기 때문이다. 국장이 같은 자리를 7~8년 정도 하고 10년 넘은 국장도 봤다. 과장, 실무자들도 4~5년 이상으로 보직 기간이 길다. 그리고 베트남은 한국과 달리 은퇴한 원로도 어느 정도 영향력이 있다. 공산당이 유일한 정당으로 정권이 바뀌지 않는 사회이기 때문일까? 그래서 형성된 네트워크는 은퇴 이후에도 유효하다.

종합하면 베트남에서 기왕 대관 네트워크를 형성할 것이면 이 사람하고 장기간 관계를 갖는다는 자세로 접근하자.

명함 인심이 박하다: 경계한다

한국 기업인들이 공무원들과 미팅을 하게 되면 명함 교환을 한다. 베트남 측 대표의 명함은 받을 수 있을 것이다. 그런데 그 밑의 직급은 명함을 안 가지고 나온 경우가 많아서 본인의 명함만 주게 될 것이다. 명함을 못 받은 어떤 기업인이 무례하다고 인식하셔서 필자가 잘 설명한 기억이 있다. 외교관인 필자에게는 기업인보다 명함 인심이 후했지만 중하위직급이 명함을 안 가지고 나오는 것은 마찬가지였다. 처음에는 명함을 일부러 안 가지고 나왔다고 생각했는데 명함을 안 가지고 나오는 것이 습관 및 직장문화가 되어 무의식적으로 안 가지고 나오는 것이었다.

공무원들이 왜 명함을 잘 안 주려고 할까? 그리고 명함을 받아도 유선번호만 있을 뿐 핸드폰 번호는 없다. 아마도 본인들이 무심코 건넨 명함을 상대방이 자기의 이익을 위해 사용하지 않을까 경계하는 것 같다. 즉 처음 만나는 민간인을 상당히 경계한다.

제 2 장

한국과 베트남

▲ 주베트남 대한민국 대사관

Vietnam

(1) 수출, 수입, 무역수지

한국 → 베트남 수출: 3위

2023년 한국 입장에서 베트남은 중국, 미국, 다음의 3위의 수출국이다. 한국의 수출국 중 한국 → 베트남 수출 순위는 정말이지 급격하게 상승했다. 2007년 베트남의 WTO 가입과 한-아세안 FTA 발효, 2015년 한-베 FTA 발효에 힘입어 2009년 10위에서 불과 8년 만인 2017년 3위로 등극했다.[1] 지금의 미중 갈등을 예견하신 것은 아니겠지만 10여년 전에 베트남으로 생산기지를 옮기신 기업인 분들의 혜안을 존경하지 않을 수 없다. 1위 중국과 2위 미국이 워낙 거대한 수출시장이라 베트남이 2위로 등극할 확률은 없지만 베트남 수출은 2위 미국 수출 대비 2021년에는 59.1%, 2022년에는 55.5%, 2023년에는 46.1%로 세계 각국과 힘겨운 수출경쟁을 하고 있는 한국 입장에서 중요한 수출국이 되었다.

2021년~2023년 한국의 수출국 순위(무역협회)

연도	1위	2위	3위	4위	5위
2021년	중국 (1629억불)	미국 (959억불)	**베트남 (567억불)**	홍콩 (374억불)	일본 (300억불)
2022년	중국 (1,557억불)	미국 (1,097억불)	**베트남 (609억불)**	일본 (306억불)	홍콩 (276억불)
2023년	중국 (1,248억불)	미국 (1,156억불)	**베트남 (534억불)**	일본 (290억불)	홍콩 (251억불)

---

1 한국의 수출국 중 베트남으로의 수출 순위(관세청): 10위(2009) → 9위(2010) → 8위(2011) → 6위(2012) → 6위(2013) → 6위(2014) → 4위(2015) → 4위(2016) → 3위(2017).

수출시장으로서 미국과 베트남은 성격이 다르다. 베트남 수출의 상당 부분은 베트남인의 소비재가 아니라 9,000여 개나 진출한 한국 기업 공장의 중간재이다.

2023년 한국의 베트남 10대 주요 수출 품목(한국무역협회 통계)이 전체 수출액의 약 70%를 차지하는데 ① 반도체(23.8%), ② 평판 디스플레이 및 센서(23.1%), ③ 석유제품(6.2%), ④ 무선통신기기(4.1%), ⑤ 합성수지(3.7%), ⑥ 기구 부품(3.5%), ⑦ 플라스틱 제품(1.9%), ⑧ 철강판(1.7%), ⑨ 계측제어분석기(1.5%), ⑩ 자동차 부품(1.4%)이다. 품목명을 보아도 중간재가 많음을 알 수 있다. 특히 ① 반도체, ② 평판 디스플레이 및 센서, ④ 무선통신기기 등 전기/전자산업 관련 품목이 51%를 차지하고 있다. 삼성, LG 등이 베트남에서 가동하고 있는 대규모 공장 덕분이다.

2023년 한국의 대(對)베트남 주요 수출품목

(단위: US$ 백만, %)

순위	품목명	수출액	전년 동기 대비 증감률	비중
1	반도체	12,730	−21.6	23.8
2	평판 디스플레이 및 센서	12,350	−1.4	23.1
3	석유제품	3,320	−11.0	6.2
4	무선통신기기	2,166	−8.1	4.1
5	합성수지	1,998	−22.6	3.7
6	기구 부품	1,862	−15.1	3.5
7	플라스틱 제품	1,021	−4.2	1.9
8	철강판	888	−17.0	1.7
9	계측제어분석기	801	1.0	1.5
10	자동차 부품	760	−35.0	1.4
	기 타	15,584	−	29.1
	합 계	53,480	−12.3	100

자료: 한국무역협회 무역통계(MTI 3단위 기준).

한국 기업의 베트남 공장은 이 중간재를 가공하여 완제품을 만들어 세계 각국으로 다시 수출한다. 그러므로 베트남으로의 수출은 한국 기업의 전 세계 수출이라는 관점에서 보면 더블 이펙트(double effect)를 갖는다. 베트남은 단순한 수치로 보이는 3위 수출국 이상으로 한국 경제에게 중요한 국가이다.

한국 ← 베트남 수입: 6~7위

2021~2023년 베트남은 한국의 수입국 순위에서 6~7위이다. 수출과 달리 5위권 밖이다. 이러한 베트남 수출과 수입의 차이로 인해 한국은 베트남으로부터 많은 무역흑자가 발생하고 있다.

2021년~2023년 한국의 수입국 순위(무역협회)

연도	1위	2위	3위	4위	5위	6위	7위
2021년	중국 (1,386억불)	미국 (732억불)	일본 (546억불)	호주 (329억불)	사우디 (242억불)	**베트남 (239억불)**	대만 (234억불)
2022년	중국 (1,545억불)	미국 (817억불)	일본 (547억불)	호주 (449억불)	사우디 (416억불)	대만 (282억불)	**베트남 (267억불)**
2023년	중국 (1,428억불)	미국 (712억불)	일본 (476억불)	호주 (328억불)	사우디 (327억불)	**베트남 (259억불)**	대만 (243억불)

한국은 베트남으로부터 무선통신기기, 의류, 컴퓨터, 반도체 등을 수입한다. 베트남은 제2의 중국으로 불릴 만큼 전 세계 기업이 공장을 가동하고 있기에 이 공장에서 생산되는 다양한 제품들이 한국에 수입된다. 여러분도 다양한 Made in Vietnam 제품을 실생활에서 이미 접하고 있을 것이다.

2023년 한국의 베트남 10대 주요 수입 품목(한국무역협회 통계)이 전체 수입액의 약 70%를 차지하는데 ① 무선통신기기(17.5%), ② 의류(13.7%), ③ 컴퓨터(8.0%), ④ 반도체(7.9%), ⑤ 산업용 전기기기(5.4%), ⑥ 신변잡화(4.8%), ⑦ 목재류(2.8%), ⑧ 평판 디스플레이 및 센서(2.5%), ⑨ 기구 부품(2.2%), ⑩ 기타 섬유제품(1.6%)이다.

첨단 제품인 반도체가 눈에 띄는데 웨이퍼에 회로를 새기는 전(前)공정이 아니라 패키징, 테스트 등 후(後)공정 위주로 인텔, 엠코(Amkor),[2] 하나마이크론이 공장을 가동하고 있다. 남부에서는 인텔이 2006년부터 호치민 공장을 가동하였고 북부에서는 하나마이크론이 2022년, 2023년 박장성 제1, 2공장을, 엠코가 2023년 박닝성 공장을 가동하기 시작했다.

'23년 한국의 대(對)베트남 주요 수입품목

(단위: US$ 백만, %)

순위	품목명	수입액	전년 동기 대비 증감률	비중
1	무선통신기기	4,544	−24.1	17.5
2	의류	3,545	−7.7	13.7
3	컴퓨터	2,076	6.6	8.0
4	반도체	2,053	160.9	7.9
5	산업용 전기기기	1,396	44.0	5.4
6	신변잡화	1,252	0.2	4.8
7	목재류	723	−23.3	2.8
8	평판 디스플레이 및 센서	658	−15.9	2.5
9	기구 부품	571	−12.7	2.2
10	기타 섬유제품	410	−7.2	1.6
	기 타	8,714	−	33.6
	합 계	25,942	−2.9	100

자료: 한국무역협회 무역통계(MTI 3단위 기준).

---

2 Amkor Technology의 기원은 한국의 아남반도체로 거슬러 올라가지만 현재는 Arizona에 본사를 둔 미국기업임.

무역흑자: 1∼2위

위에서 보았듯이 2021∼2023년 베트남은 한국의 3위 수출국이자 6∼7위 수입국이다. 이 격차로 인해 베트남은 한국의 1∼2위 흑자국이 되었다. 중국으로부터 발생하던 막대한 무역흑자가 사라진 상황에서 베트남은 3위 수출국이자 1∼2위 흑자국으로 한국에게 중요한 국가가 되었다.

2021년∼2023년 한국 무역 수지 흑자국 순위(무역협회)

연도	1위	2위	3위	4위	5위
2021년	홍콩 (352억불)	**베트남 (327억불)**	중국 (327억불)	미국 (242억불)	인도 (226억불)
2022년	**베트남 (342억불)**	미국 (279억불)	홍콩 (257억불)	인도 (99억불)	싱가폴 (98억불)
2023년	미국 (444억불)	**베트남 (275억불)**	홍콩 (233억불)	인도 (112억불)	폴란드 (79억불)

한국 입장에서 막대한 무역흑자는 베트남 입장에서는 막대한 무역적자를 의미한다. 물론 많은 베트남인을 고용하는 한국 기업의 공장으로 가는 중간재 수출이 많아서 발생하는, 베트남 경제에 긍정적인 무역적자이지만 베트남인이 보기에 적자는 적자이다. 그래서 고위급 회의가 열리면 베트남 측은 항상 무역적자를 축소하기 위한 기술이전, 베트남 농축산물 수입을 요청한다. 기왕 농축산물 수입을 허용할 것이라면 베트남 농축산물 수입을 허용하는 것이 어떨까 생각한다.

교역액(＝수출＋수입): 3∼4위

무역흑자를 중시하는 우리는 수출국만 보이기 쉬운데 원자재, 중간재, 소비재 등을 수입하는 수입국도 중요하다. 요소수 파동에서 보았듯이 우리는 수입국에 대해서 갑이 아니다. 그러므로 어떤 국가와의 종합적인 경제 관계는 수출과 수입을 더한 교역액으로 측정해야 하는데 2021~2023년 베트남은 한국의 3~4위 교역국이다. 베트남과 한국은 그만큼 긴밀한 경제적 관계이다. 2021년 요소수 대란시 한국은 요소를 러시아, 호주, 베트남에서 긴급 수입했다. 그리고 희토류 협력 등 공급망 안정을 위한 협력 사업에 베트남은 빠짐없이 등장한다.

2023년 한국−베트남의 교액액 목표는 사실 1,000억 달러 이상이었다. 2022년 876억 달러였으니 눈에 보였던 목표였으나 2023년 세계 경제가 안 좋았던 이유로 달성하지 못하였다. 세계 경제가 회복되면 조만간 달성할 것이라 본다.

2021년~2023년 한국의 국가별 교역액 순위(무역협회)

연도	1위	2위	3위	4위	5위
2021년	중국 (3,015억불)	미국 (1,691억불)	일본 (847억불)	**베트남 (806억불)**	대만 (477억불)
2022년	중국 (3,103억불)	미국 (1,915억불)	**베트남 (876억불)**	일본 (853억불)	호주 (636억불)
2023년	중국 (2,676억불)	미국 (1,869억불)	**베트남 (794억불)**	일본 (766억불)	호주 (506억불)

베트남 입장에서 본 한국과의 무역 관계: 수출 5위, 수입 2위, 교역액 3위

베트남 입장에서도 한국은 중요한 무역 상대국이다. 수출은 5위, 수입은 2위, 교역액은 3위다. 무역에서 중국, 미국 다음으로 중요한 국가이다. 아마 베트남은 한국이 ASEAN 국가 중 일본보다 경제적 관계가 앞서는 몇 안 되는 국가일 것이다. 아래 표의 수치가 앞에서 본 한국 통계와 다른 것은 베트남 통계라서 수출/수입 기준이 다르기 때문이다.

2023년 베트남의 국가별 수출, 수입 순위

(베트남 관세청)

	1위	2위	3위	4위	5위	6위
수출	미국 (969.8억불)	중국 (607.1억불)	EU (435.8억불)	아세안 (321.7억불)	**한국 (234.6억불)**	일본 (232.9억불)
수입	중국 (1,106.3억 불)	**한국 (524.7억불)**	아세안 (409억불)	일본 (216.3억불)	대만 (184.2억불)	EU (149.3억불)
교역액	중국 (1,719억불)	미국 (1,108억불)	**한국 (760억불)**	일본 (450억불)	대만 (232억불)	태국 (190억불)

이렇게 무역통계를 분석해 보니 한-베의 깊은 경제협력관계가 수치적으로 보인다. 그런데 강조하고 싶은 것은 한국은 베트남에게, 베트남은 한국에게 경제적으로 서로 필요한 관계라는 것이다. 원래 수입, 수출, 공장 해외 이전 등 경제협력은 서로가 이익을 얻으려고 하는 것이다. 굳이 리카르도(David Ricardo)의 비교우위론을 들지 않더라도 무역은 수출하는 쪽이나 수입하는 쪽이나 상호 이익이 되는 행위이고 우수하고 저렴한 노동력이 필요해 우리가 베트남에 공장을 설립한 것이다. 온라인에서 한국이 베트남에게 공장을 지어 일자리를 주고 있고 그래서 감사하라는 유치한 시혜적인 댓글이 보이는데 양자가 필요해서 공장을 짓고 수출하고 수입하는 경제 협력관계를 맺고 있을 뿐이다. 제발 한국이 베트남보다 우위에 있다는 관점에서 접근하지 말자. 그들에게 우리가 필요하듯 우리도 그들이 필요하다. 그리고 4장 베트남의 거시경제 6. FDI에서 설명하겠지만 베트남의 우수하고 저렴한 노동력을 활용하고 미중 갈등을 피하기 위해 중국, 대만, 홍콩 등이 공장을 들고 몰려오고 있다. 이제는 대(對)베트남 FDI 누적(1988년~2023년) 순위 1위라는 침대에서 일어나 중국, 대만, 홍콩과의 경쟁 속에서 우리가 그들에게 얼마나 매력적인 경제협력 파트너로 보일지 고민할 때가 아닐까?

2. 한-베 간의 인적 교류

국가간의 경제 교류를 나타내는 한국과의 국가별 교역액 Top 5는 현재 중국, 미국, 베트남, 일본, 그리고 대만 또는 호주이다. 그런데 베트남은 미국, 일본, 대만, 호주와 다르게 한국과의 인적 교류도 대단하다. 마치 동네 유명 맛집이 단골가게였는데 거기서 알바도 하고, 비법도 전수 받고, 사돈도 맺는 관계라고 할까? 중국이 예전에 베트남과 비슷한 인적 교류 양상을 보였으나 지금은 베트남에게 수치적으로 따라 잡히고 있다.

(1) 한국 내의 베트남인

한국 내 체류 베트남인: 256,750명

한국 내 체류 외국인은 2023년 4월 기준 총 235만 4,083명인데 이 중 베트남인은 256,750명(11%)으로 중국인 886,405명(38%)에 이어 2위이다. 그런데 한국계 중국인 608,882명을 빼면 중국인은 277,523명이다. 한국말 구사가 잘 안 되는 외국인이라는 기준으로 분류하면 인구 1억의 베트남인이 인구 14억의 중국인과 비슷한 규모로 한국에 체류하고 있는 것이다.

한국 내 베트남인은 관광객, 유학생, 결혼이민자, 합법 근로자, 불법 체류자 등 다양한 형태로 체류하고 있다.

체류 베트남인(법무부 통계월보, 23.4.)

체류외국인 전체	중국	베트남	태국	미국	우즈벡
2,354,083명	886,405명 (38%)	**256,750명 (11%)**	207,169명 (9%)	169,653명 (7%)	81,972명 (3%)

* 중국은 한국계 608,882명을 포함한 인원.

한국 내 베트남 합법 근로자: 53,433명

한국 체류 외국인 중 취업이 가능한 외국인은 475,718명이다. 이 중 베트남인은 53,433명으로 중국의 102,066명에 이어 2위이다. 즉 한국에서 베트남 근로자 53,433명이 합법적으로 일하고 있다. 이들은 공장, 공사현장, 조선소, 농촌, 어촌 등 인력난을 겪는 다양한 곳에서 한국의 부족한 노동력을 채워주고 있다. 한국 노동력의 한 축을 담당하여 이들이 없으면 한국의 기업이 곤란해진다.

2022년 4사분기 한국으로 올 예정이던 베트남 용접공 1,150여명의 입국 절차가 무기한 지연된 적이 있다. 원인은 인력송출업체가 학력, 경력을 속이고 베트남 노동부 승인도 안 받은 것이 발각되어 베트남에서 전원 재심사에 들어갔기 때문이다. 사상 최대규모의 수주를 올려서 환호했던 한국 조선업계는 납기지연의 위험에 패닉이 되었고 해결을 위해 산업부, 법무부, 대사관이 분주했다. 어떻게 해결은 됐지만 베트남 인력이 국내 산업계의 인력공급에 이미 큰 비중을 차지하고 있음을 각인시킨 사건이었다.

취업자격 체류 베트남인(법무부 통계월보, 23.4.)

취업자격 전체	중국	베트남	캄보디아	네팔	인도네시아
475,718명	102,066명 (21.5%)	**53,433명 (11.2%)**	15,448명 (3.2%)	12,384명 (2.6%)	7,981명 (1.7%)

결혼 이민자: 87,305명

베트남인이 해마다 약 5,000명이나 한국인과 결혼한다는 사실을 처음 접했을 때 필자는 좀 믿기 어려웠다. 그런데 사실이다. 2011~2020년 한국 남성과 베트남 여성 사이의 결혼은 누적 56,313쌍, 한국 여성과 베트남 남성 사이의 결혼[3]은 4,145쌍이다. 그 결과로 2023년 4월 기준 베트남인 결혼 이민자와 귀화자는 87,305명이나 된다. 1위는 한국계 중국인이므로 순수 외국인으로서는 사실상 1위이다.

국적별 결혼이민자 및 귀화자 현황

(단위: 명)

합계	중국 (한국계)	베트남	중국	필리핀	일본	미국	캄보 디아	태국	몽골	기타
385,512	124,213	**87,305**	73,244	21,187	14,170	9,525	9,163	7,316	4,165	44,749

출처: 2023.4.26. 여성가족부 다문화가족정책 기본계획 보도자료 참고.

국제결혼에서 많은 한국인이 베트남인과 결혼하는 데 몇 가지 이유가 있다. 첫째, 우선 문화적으로 비슷하다. 베트남은 유교를 바탕으로 불교와 도교가 혼합된 문화이다. 가족을 중시하고 연장자를 공경하고 교육열이 높다. 둘째, 인종적으로 비슷하다. 중국, 일본 정도는 아니지만 ASEAN 국가 중 싱가포르를 제외하고 우리와 제일 비슷하다. 셋째 한국 남성과 베트남 여성이 의외로 잘 맞는다. 억척스럽고 강인한 베트남 여성과 아버지 세대보다 가정적으로 순화된 한국 남성들의 케미가 좋은 것 같다.

한-베 결혼에 대해 알려드리고 싶은 것이 있다. 여러분들은 한-베 결혼이라면 나이 차이가 많은 한국 남성과 베트남 여성과의 결혼을 떠 올릴 것이다. 물론 이 유형의 결혼은 지금도 있다. 그런데 요즘에는 트렌드가 변하고 있다. 한-베 경제교류가 심화되어 자연스럽게 많은 한국인이 베트남에 와서 일하게 되었다. 그래서 요즘에는 베트남 현지에서 결혼 적령기의 한국 남성과 베트남 여성이 좋은 인연을 만나 결혼하는 경우가 늘고 있다. 주위에서 이런 커플들이 많이 있었고 행복하게 잘 살고 있었다.

국제결혼은 국내결혼보다 이혼율이 높다고 한다. 문화와 언어가 다르기 때문에 당연하다. 그래도 한국-베트남 커플은 이혼율이 낮은 그룹에 속한

---

3 한국 여성과 베트남 남성과의 결혼은 상당수가 한국인으로 귀화한 베트남 여성과 베트남 남성 간의 결혼임.

다고 한다. 아무래도 문화가 비슷하기 때문일 것이다. 필자는 이런 점에서 한국-베트남 결혼에 긍정적이다. 저출산으로 인해 국가 운명이 위태로운 지경에 한국인이 아니더라도 좋은 인연을 만나 가정을 꾸리고 한국 국적의 아이를 낳는다. 장려해야 할 일이 아닌가?

이렇게 해서 한-베 결혼에서 태어난 자녀가 2023년 4월 기준 벌써 약 58,136명이 국내 초등, 중등, 고등학교 등에 재학 중이다. 한국에서 교육을 받고 있으니 한국어는 완벽할 것이다. 저출산 재난시대에 한-베 가정의 자녀들은 일종의 인구 선물이다.

국내 베트남 다문화학생(2023.4.1. 기준, 2023 교육부 교육통계연보)

구분	계	국제결혼자녀	중도입학	외국인	비고
계	58,136	54,595	2,083	1,458	다문화학생(181,178명)의 32.1%
초등학교	37,783	35,652	1,050	1,081	다문화학생(115,639명)의 32.7%
중학교	14,546	13,721	604	221	다문화학생(43,698명)의 33.3%
고등학교	5,654	5,183	333	138	다문화학생(21,190명)의 26.7%
각종학교	153	39	96	18	다문화학생(651명)의 23.5%

불법체류자: 70,411명

아쉽게도 한국에는 베트남 불법체류자도 많다. 2021년 기준 70,411명이 나 되고 전체 불법체류자의 18.1%가 베트남인이다. 베트남의 전 지역에서 불법체류자가 균등하게 발생하는 것은 아니다. 베트남의 소득 수준이 지역별로 천차만별이라서 소득이 낮은 지방성 출신은 불법체류가 많다. 그래서 베트남인에게 비자를 발급할 때 각국 대사관/영사관은 출신지 정보를 참고한다.

베트남인 불법체류자는 일본, 대만, 영국, 프랑스, 독일, 미국 등 전 세계에서 발생한다. 2022년 7월 베트남이 새로 도입한 신(新)여권에 출신지 정보가 삭제되자 독일 정부가 출신지를 정확히 확인할 수 없다는 이유로 비자 발급을 거부하기도 하였다.

한국 내 국가별 불법체류자 및 비율(2021, 통계청)

국가별	불법체류자 (명)	비율(%)
계	388,700	100.0
태국	142,677	36.7
중국	63,113	16.2
베트남	**70,411**	**18.1**
몽골	15,969	4.1
필리핀	13,613	3.5
러시아	9,486	2.4
카자흐스탄	9,768	2.5
인도네시아	9,142	2.4
우즈베키스탄	9,167	2.4
캄보디아	8,751	2.3
기타	36,603	9.4

베트남인 불법체류가 많이 발생하는 이유는 현지 소득이 낮아 선진국에서 더 높은 소득을 올릴 수 있기 때문이다. 베트남의 최저임금은 지역에 따라 다른데 2024년 1~4지역[4] 최저시급은 893원~1,280원이다. 반면 한국의 최저시급은 9,860원이다. 하노이/호치민/하이퐁의 일부지역 등 1지역 시급으로 보아도 한국이 약 7.7배 높다. 물론 이건 최저 월급/시급이고 그 구성요소도 한국과 다르기에 한국 사람들이 베트남 사람들에게 실제 지불해야 하는 임금은 저것보다 높다. 예를 들면 FDI 공장 노동자들의 월급은

---

4 최저임금의 1지역 ~ 4지역 분류는 복잡하여 표를 보고 일일이 확인해야 하는데 단일 행정구역이 1지역/2지역으로 쪼개져 있기도 하다.
　1지역: 하노이/호치민/하이퐁/붕따우시/하롱시/동나이성/빈즈엉성 일부 지역 등
　2지역: 하노이/호치민시 나머지 지역, 박닝성/타이응웬성/다낭시 일부 지역 등

700~800만동(37.6~43만원)이다. 즉 실제 임금 차이는 7.7배보다는 훨씬 작다. 그래도 한국에 오면 같은 노동을 하고 몇 배 많은 월급을 받아 갈 수 있어 불법체류의 유인이 존재한다.

2024년 베트남-한국 최저임금 비교

	베트남				한국
	최저월급		최저시급		최저시급
	동화	원화 환산	동화	원화 환산	
1지역	4,960,000동	266,848원	23,800동	1,280원	
2지역	4,410,000동	237,258원	21,200동	1,140원	
3지역	3,860,000동	207,668원	18,600동	1,000원	9,860원
4지역	3,450,000동	185,610원	16,600동	893원	

※ 환율(100동=5.38원) / 베트남은 2024.7.1.부터 적용, 한국은 2024.1.1.부터 적용.

한국 내 베트남인 유학생

2023년 기준 한국 대학에서 공부하고 있는 베트남인 유학생은 43,361명으로 전체의 23.8%를 차지한다. 2013년 3.4%였으니 약 10년 만에 베트남인 유학생이 급격히 증가했음을 알 수 있다. 대개 유학이 그렇듯이 이들은 한국어를 구사할 수 있는 예비 친한파(親韓派)로 베트남에 돌아가면 우리의 우군이 될 것이다. 주위에서 열심히 공부하고 있는 베트남 유학생을 보면 친절하게 대해 주자. 또한 이들은 저출산 재앙으로 문 닫고 있는 대학들에게 재정적 도움이 되고 있다. 다만, 씁쓸한 점은 유학비자로 산출한 통계는 약 5만여명으로 43,361명보다 더 많은데 이것은 유학비자로 입국 후 학교에는 가지 않고 돈만 벌고 있는 불법 체류자도 있기 때문이다.

베트남인 한국 대학 유학생 추이(2023 교육통계, 대학교 이상에 재학중인 학생)

구분	2013	2015	2017	2019	2021	2022	2023
전체	85,923	91,332	123,858	160,165	152,281	166,892	181,842
베트남	2,998	4,451	14,614	37,426	35,843	37,940	43,361
%	3.4	4.8	12.0	23.3	23.5	22.7	23.8

(2) 베트남 내 한국 교민

2022년 말 기준, 약 17만 6천여명의 우리 국민이 베트남에 거주하는 것으로 추정된다. 하노이를 중심으로 하는 북부에 약 7만6천여명, 다낭을 중심으로 하는 중부 1만2천여명, 호치민을 중심으로 하는 남부에 약 8만7천여명이 살고 있는 것으로 추정된다.

베트남 교민의 역사는 남부의 경공업을 중심으로 시작되었기 때문에 아직까지는 남부 지역의 교민이 많다. 그런데 삼성전자가 박닝성(2008년), 타이응웬성(2014년)에 진출하고, LG전자가 하이퐁(2013년)에 진출하는 등 대기업과 협력사들이 북부에 진출하면서 북부 지역 교민의 수가 증가 추세이다. 지금도 효성VINA가 중국의 ATM 공장을 박닝성으로 이전하여 2022년부터 가동한 것처럼 중국 공장을 북부로 이전하는 제조업이 많다. 그래서 북부의 교민 수가 조만간 남부의 교민 수를 역전할 것으로 예측한다.

장기 체류하는 교민이 아니라 단기라도 베트남에 있는 한국인까지 범위를 넓히면 엄청나게 많은 수의 한국인이 베트남에 있다. 사업 목적의 단기 출장으로 많이 오고 "경기도 다낭시"라는 말이 있을 정도로 해마다 많은 한국인이 베트남에 관광 온다. 2023년 연간 약 400만명이 방문하고, 하루에 130편의 비행기가 운행될 정도로 많은 한국인이 베트남에 있다.

이렇게 많은 한국인이 베트남에 있으니 이런저런 연유로 사망하는 경우도 자주 발생한다. 베트남에서 하노이 대사관, 다낭 총영사관, 호치민 총영사관이 북부/중부/남부의 영사조력업무를 포함한 영사업무를 분담한다. 많은 한국인들이 베트남에 있기에 공관마다 해외 안전팀(구 사건사고 전담팀)이 있다. 우리 국민이 베트남에서 불의의 사고를 당해 황망할 때 조력을 지원하는, 어렵지만 꼭 필요한 업무를 하는 분들이다. 재(在)베트남 한국인은 급증하지만 공무원인지라 인력증원은 따라가지 못 해 늘 격무에 시달린다. 뉴스에서 사망사고를 자주 들어 해외 안전팀에 문의해 보니 베트남 전체에서 연간 약 50여명의 한국인이 사망한다고 한다. 한 주에 한 분이 돌아가시는 셈이다. 베트남에 어마어마하게 많은 한국인들이 살고 방문한다는 방증이다.

(3) 베트남 내 한국어 교육

2021년부터 베트남 공식교육과정에서 한국어가 영어, 프랑스, 중국어, 러시아어, 일본어, 독일어와 함께 제1외국어로 선정되었다. 이는 한국어가 제1외국어로 지정된 세계 최초의 사례이다. 베트남에서는 초등학교 3학년 때부터 제1외국어를 선택하고 제2외국어는 중학교 때부터 선택한다. 한국어는 2016년 제2외국어로 지정되었다가 5년 만에 제1외국어로 승격되었다. 이유는 한국기업의 진출이 증가하면서 한국어를 할 줄 아는 베트남인들에 대한 수요가 폭증했고, 베트남인들도 한국어를 잘하면 삼성, LG, 효성, 포스코, 롯데 등 한국기업에 취업하기 유리하기 때문이다. 한국어를 선택하는 학생 수가 증가하고 있지만 아직은 우리가 학창시절에 제 1, 2 외국어로 배웠던 열강의 언어 정도 수준은 아니다. 그래도 베트남에서는 한국어가 이들 국가의 언어와 공식적으로 동급으로 취급받고 있다는 점에서 의의가 있다.

베트남 내 초중고 한국어반 개설현황(2023.12. 기준)

구분	베트남 북부		베트남 남부		전체	
	학교수	학생수	학교수	학생수	학교수	학생수
계	**70**	**13,260**	**25**	**6,905**	**95**	**20,165**
초등학교	5	871	1	30	96	901
중학교	50	10,417	12	5,150	62	15,567
고등학교	15	1,972	12	1,725	27	3,697

베트남 내 한국어능력시험(topik) 응시현황

	2017	2018	2019	2020	2021	2022	2023
응시자수(명)	18,486	23,939	28,191	16,107	9,713	38,739	41,327
연도별 증가율	14.7	29.5	17.8	△57.1	△60.3	398.8	6.7

3. 베트남 진출 한국기업

(1) 한국기업의 위상

FDI 누적 1위인 한국은 많은 기업이 베트남에 진출해서 공장을 세우고 수출용 제품을 생산해왔다. 그 결과 한국 기업은 수출, 고용, 투자, 지역발전 측면에서 베트남에서 큰 비중을 차지하고 있다.

수출의 경우, 삼성전자(17.5%), LG전자(3%) 등 한국의 전기·전자, 자동차 부품, 섬유·의류 기업의 수출액은 베트남 전체 수출의 약 30%를 차지한다. 고용 측면에서는 9천여개의 한국기업이 진출하여 70만명 이상을 고용하며 임금 수준은 FDI 기업 중 최상위 수준이다. 투자측면에서는 누적 기준 (~2023년 5월) 전체 FDI 국가 중 한국은 투자액의 18%, 프로젝트 수의 26%를 차지한다. 지역발전 측면에서는 베트남 전체 63개 성·시 중 58개 지역에 진출하는 등 하노이, 호치민 이외의 중소 성·시 및 상대적으로 낙후된 지역의 발전에도 큰 공헌을 하고 있다.

(2) 한국기업 주요 진출 사례

도이머이 정책 이후 세계 굴지의 기업들이 베트남에 뛰어들고 있었고 한국도 예외는 아니었다. 그런데 당시 베트남의 투자 환경이 너무 열악했다. 1991년 대우 김우중 회장이 하노이를 방문해 "이 나라가 가능성이 있어 개발하고 싶은데, 도로 사정 탓에 운송비가 턱없이 비싸고 관료주의 벽이 너무 높은데다, 무엇보다 비즈니스를 모르고 경험도 전무해 걱정된다"고 토로했을 정도다. 게다가 당시에는 한국기업의 주요 수출 대상국과 베트남 사이에 특별한 무역협정이 없어 베트남에서 물건을 생산하면 높은 관세 장벽을 감내해야 했다. 삼성 하노이 지점장은 "우리는 베트남의 투자 환경이 개선되는 것을 보면서 단계적으로 천천히 투자 계획을 진행할 것"이라고 투자를 보류했고 삼성은 주도면밀하게 검토하여 투자 환경이 개선됨에 따라 20여년이 지난 2007년에 박닝성에 휴대폰 공장을 세우고 베트남 진출을 본격화했다.

그런데 대우는 30여년 전 그 열악한 투자환경에도 즉시 저돌적으로 투자했다. 당시에는 쓰레기장과 늪지였던 곳에 1996년 하노이 최초의 5성급 호텔 대우호텔, 오피스, 레지던스를 완공하였고, 합작 자동차 제조사 VIDAMCO를 설립해 1995년부터 완성차 생산에 들어갔다. 이 회사는 GM을 거쳐 현재의 빈패스트(Vinfast) 생산공장의 하나로 명맥이 이어진다. 투자 환경이 점점 나아지면서 한국 기업들은 물밀 듯이 베트남에 진출했고 지금은 9,000여개의 기업이 진출했다. 여기서는 한국기업의 베트남 진출사례를 간략하게 감만 잡을 수 있게 소개하겠다. 세세히 설명하려면 이런 책이 몇 권 더 필요하다.

제조업 사례

2023년 한국의 FDI 중 88.8%가 제조업 투자이다. 즉 우수하고 저렴하고 풍부한 베트남의 노동력으로 공장을 가동하여 전 세계에 제품을 수출하는 것이 베트남 한국기업의 대표적인 모습이다. 대기업으로는 삼성(전자, 디스플레이, SDI, SDS 등), LG(전자, 디스플레이, 이노텍 등), 현대 자동차, 효성, 포스코(철강, 건설), 두산 중공업, 한화(에어로스페이스, 에너지 등)가 진출하였다. 그 밖의 기업으로 영원무역(의류, 봉제, 섬유), 태광실업(신발), 한솔(전자부품), 세아(철강부품), 캠시스(카메라모듈) 등이 진출해 있다.

삼성　삼성전자, 삼성SDI, 삼성전기, 삼성디스플레이, 삼성SDS 등 전자계열사가 박닝성, 타이응웬성, 호치민, 하노이 등에 총 6개 생산법인을 운영하고 있다. 여기에서 휴대폰, LTE/5G 통신장비, 디스플레이, 배터리, 카메라 모듈, 냉장고, 세탁기, 텔레비전, 청소기 등을 생산하고 있다.

이 중 베트남 북부에서 생산하는 휴대폰이 가장 큰 비중을 차지한다. 삼성디스플레이에서 디스플레이를, 삼성SDI에서 배터리를, 삼성전기에서 PCB 기판을 생산하고 삼성전자 박닝과 삼성전자 타이응웬에서 부품들을 모아 휴대폰을 조립한다. 베트남 삼성의 연간 휴대폰 생산가능 대수는 2023년 기준 약 1억 5천만대이다. 연간 실제 생산량은 연도마다 다르지만 대략 전세계 삼성 휴대폰의 약 절반 가량을 베트남에서 생산한다고 한다. 휴대폰 생산 가능 용량 1억 5천만대는 잘 감이 안 왔는데 연중무휴로 공장을 돌려도 하루에 41만대를 생산해야 달성할 수 있는 물량이다. 엄청난 규모가 아닐 수 없다.

휴대폰은 냉장고 등 가전에 비하면 부피와 무게가 작아서 배가 아닌 항공기로 운송하기 때문에 삼성은 하노이 노이바이 공항과 차로 30분 거리이고, 용수와 전력을 확보하기 용이하고, 중국의 supply chain을 이용하기 원활한 북부 내륙지역 박닝과 타이응웬성에 자리를 잡았다. 반면 남부의 호치민 공

삼성전자 타이응웬 공장 전경

장은 냉장고, 세탁기, 텔레비전 등을 생산하기에 해상 운송에 유리한 항구에서 가까운 지역에 자리를 잡았다.

삼성은 외국계이지만 베트남의 핵심기업이다. 삼성은 2023년 매출 643억 달러, 수출 557억달러를 달성했다. 2022년 12월 팜 밍 찡 총리, 과학기술부 장관 등 정부 수반이 참석한 가운데 삼성은 하노이에 대규모 R&D 센터를 개소했다. 팜 밍 찡 총리는 R&D 센터가 대단히 마음에 들었는지 2023년 11월 네덜란드 총리가 방문했을 때 외국계 기업이지만 삼성 R&D 센터를 함께 방문하기도 했다.

2008년 삼성전자 박닝 공장 가동은 베트남 경제 발전사에 중대한 변곡점이다. 작게는 한국의 전기 전자산업이 대거 진출하는 계기가 되었지만, 더 크게는 이후 일본, 대만, 중국, 미국 기업들도 전기 전자 분야에 집중적으로 투자하게 되었다. 그 전에 베트남은 섬유·봉제·제화 등 저임금 산업 일변도였었는데 전기·전자 고부가가치 산업으로 다변화되는 계기가 되었다.

필자는 박닝성 삼성전자 공장단지에 처음 가보았을 때 먼저 그 규모에 놀랐다. (사실 삼성 박닝 공장 얘기를 너무 많이 들어서 궁금한 나머지 견학 기회를 못 기다리고 내 차로 한 바퀴 돌아보았다.) 가로·세로 각각 족히 1km는 훨씬 넘을 부지에 건물 끝이 보이지 않는 생산공장에다 끝도 없이 서 있는 직원용 기숙사까지, 내가 한국인임이 자랑스러워지는 순간이었다. 혹시 하노이에 방문할 기회가 있으면 인근에 있는 삼성 박닝 공장단지를 차로 둘러보기를 권한다. 견학이 아니고 담장 바깥에서 한 바퀴만 돌아도 웬만한 관광지보다 낫다. 그런데 삼성전자 분에게 박닝성 공장 규모에 정말 놀랐다고 말씀드렸더니 황당한 답변이 돌아왔다. "뭘요, 박닝 공장은 작아요. 타이응웬 공장이 2배 더 커요."

LG LG전자, LG 디스플레이, LG이노텍은 3만명 직원을 고용하여 하이퐁에서 대규모 공장단지를 운영하고 있다. 여기에서 TV, 세탁기, 청소기, 에어컨, OLED 모듈, 카메라 모듈을 생산하고 있다. 하이퐁은 하노이 옆에 위치한, 한국으로 치면 인천 격인 베트남 제3의 도시이다. 항구 도시이기 때문에 수출 등 물류 이동에 강점이 있다.

필자는 LG 하이퐁 공장도 견학 갈 기회가 있었다. LG 하이퐁 공장도 80만 제곱미터로 큰 규모이다. 그 큰 규모의 공장에서 베트남 직원들이 열심히 한국식으로 LG의 여러 제품들을 만들고 있었다.

현대차-기아차　현대차는 2017년에 타잉꽁(Thành Công) 그룹과 상용차 합작법인을 북부 닝빙성에 설립하였고 2020년 시장점유율 1위를 달성하기도 하였다. 베트남에서 현대차는 관세를 줄이고 인건비를 낮추기 위해 부품단위(KD, Knock Down, 현지조립형 반제품)로 수출해서 현지에서 조립하는 방식으로 생산하는데 현지 조립 분량이 가장 큰 CKD(Complete Knock Down)[5]를 수출해서 베트남에서 조립한다.

기아차도 중부 꽝남성에서 타코(THACO, Truong Hai Auto Corporation)사의 공장을 통해 현대차와 마찬가지로 CKD수출-현지 조립 방식을 통해서 생산한다. 타코자동차는 2001년 기아차 트럭 조립으로 기아차와의 협력을 시작하였다. 현대차-타잉꽁 그룹 합작사례와 약간 다른 점은 기아차가 타코사의 지분을 보유하지 않아 합작법인이 아니고, 타코는 꽝남성 공장에서 마쯔다, 푸조, 벤츠 등의 브랜드의 차도 생산한다는 점이다. 즉 타코 자동차는 글로벌 자동차 회사의 부품을 공급받고, 에어컨, 전장품, 유리, 스프링, 스틸, 플라스틱 부품 등 간단한 부품은 생산해서, 글로벌 자동차 모델을 베트남에서 조립해 주는 조립전문기업이다.

2022년 자동차 판매량 순위는 1위 도요타 9만1119대(17.9%), 2위 현대차 8만 1582대(16%), 3위 기아차 6만 9,729대(13.7%), 4위 미쓰비시(7.8%), 5위 혼다(6%), 6위 포드, 7위 빈패스트, 8위 스즈키(3.1%), 9위 이스즈(2.1%)이

---

5 완성차 수출, DKD(Diassembled Knock Down) 수출, SKD(Semi Knock Down) 수출, CKD(Complete Knock Down) 수출 순서로 수출하는 부품은 작아지고 현지 조립 분량은 늘어난다.

다. 탑3 안에 한국 자동차 회사가 2개 있지만 일본차 6개사는 43.9%를 차지하고 한국차 2개사는 29.7%를 차지하여 아직은 일본차 우위의 시장이다. 하노이 시내에서 운행되는 자동차를 보며 필자가 느낀 점도 같다. 한국차도 많지만 아직은 일본차가 많다.

베트남에서는 특별소비세, 등록세 등 차량 관련 세금이 매우 높아 현재 차량 가격은 한국 소비자 가격의 1.5~2배 정도라고 한다. 필자가 느끼기에는 한국보다 60~70% 비싸다. 그렇지만 베트남 사람들은 차를 사고 싶어 한다. 베트남 사람들의 분신인 오토바이는 비 올 때나 추울 때 애로 사항이 많다. 비만 오면 오토바이들이 일제히 멈춰서 안장 밑에서 우비를 입고 다시 달린다. 비가 와서 엄마들이 오토바이를 멈추고 아이에게 우비를 황급히 씌어주는 모습도 보았다. 그래서 베트남 사람들은 차를 사고 싶어 한다. 그게 모닝이 되었든 i10이 되었든. 베트남 자동차산업의 미래는 밝다.

HD현대　현대베트남조선은 1996년 현대미포조선과 베트남 국영조선공사 간 합작회사로 설립되어 베트남 중부 카잉화성에 약 30만평의 부지에 40만톤급 도크 1기와 10만톤급 도크 1기를 갖춘 조선소를 운영하고 있다. 현대베트남조선 덕분에 베트남은 2023년 기준 세계 5위(수주잔량 124만CGT)의 조선업 국가가 되었다. 베트남의 수주잔량 중 현대베트남 조선이 74.4%(92만CGT)를 차지한다. 한진중공업의 필리핀 수빅조선소와 대우조선해양의 루마니아 망갈리아조선소의 실패 사례와 달리 현대베트남조선은 현재로서는 한국조선 해외 진출 사례 중 유일한 성공사례이다.

정치적으로 안정되어 사회 혼란이 없는 베트남에서 근면하고 손재주가 좋은 베트남인을 높지 않은 임금으로 고용할 수 있었으니 현대베트남조선은 당연히 성공할 수밖에 없었다는 생각이 든다.

효성　효성은 제조업으로 진출한 다른 기업과 다르게 주로 소재 사업 분야로 베트남에 진출하였다. 효성은 2007년부터 동나이성에 투자를 시작한 후 Global 1등 제품인 스판덱스, 타이어코드 등에 누적 40억 달러 이상을 투자하여 북부 박닝성, 중부 꽝남성, 남부 동나이성, 바리아붕따우성에서 9천여명의 직원을 고용하고 2023년 35억 달러 이상의

효성 꽝남성 공장

매출을 올리고 있다. 2022년 효성그룹의 매출액이 약 200억 달러인 것을 감안하면 큰 비중을 차지한다.

지역별로 보면 베트남 남부, 중부, 북부에 걸쳐 고르게 진출하였다. 2007년부터 남부 동나이 지역에서 스판덱스와 에어백 원사를, 2018년부터 중부 꽝남성에서 폴리에스테르(PET)와 나일론 타이어코드를, 2021년부터 남부 바리아붕따우성에서 폴리프로필렌(PP)을 생산한다. 2020년부터는 북부 박닝성에서 중국에 있었던 현금자동인출기(ATM) 공장을 옮겨와 운영하고 있다.

베트남 중앙은행 총재와의 면담에서 대사님이 연간 6만대를 생산하는 세계 점유율 21%인 베트남 유일의 ATM 생산업체라고 소개하며 베트남 은행들이 자국산을 사용하도록 장려해 달라고 부탁했고, 중앙은행 총재는 그런 기업이 베트남에 있었냐고 말하며 앞으로 관심을 가지겠다고 답변했던 기억이 난다.

효성은 앞으로 기존공장을 증설하고 남부 바리아붕따우성에서 탄소섬유 생산공장을 설립하려 하는 등 베트남 투자를 계속할 예정이다.

여담인데 효성은 2023년 7월 기준 약 5조원을 베트남에 투자하여 외국인직접투자(FDI) 중 3위이다. 그런데 효성이 이렇게 많이 투자하고 있다는 사실이나 효성이라는 브랜드는 한국이나 베트남에 덜 알려져 있다. 효성이 소비재가 아니라 중간재를 생산하니 일반인에게는 삼성, LG, 현대보다는 생소해서 나타난 현상이다. 그렇다고 효성이 베트남에서 이룬 업적이 빛이 바래지는 것은

아니다.

　포스코　포스코는 1991년 한국과 베트남의 수교 1년 전에 하노이에 대표사무소를 설치하고 본격적인 투자를 추진했다. 1단계로 경제발전 초기의 베트남에 우선 건설붐이 일어날 것을 예측하고 건설용 강재 위주로 공장을 먼저 세웠다. 1994~1996년 남부에 아연도금 강판 공장 POSVINA를, 북부 하이퐁시에 선재철근 공장 VPS와 파이프 생산공장 VINPIPE를, 1996년 남부 동나이성에 철근 가공회사 POSLILAMA를 준공하고 생산하기 시작했다.

　2단계로 베트남 경제가 성장함에 따라 건설용 강재 이외에도 자동차산업에 공급될 수 있는 냉연공장과 스테인레스 냉연강판 공장을 건설하였으며, 기계, 전자 제품 등에 고급 철강재를 공급하기 위한 가공센터도 건설하였다. 2005~2012년 냉연 공장 POSCO Vietnam과 POSCO-VST를, 형강 및 철근 공장 SS-VINA(현 PY VINA)를 건설하고 본격적으로 생산을 개시하였다. 그리고 가공센터로 남부에 POSCO-VHPC를, 북부에 POSCP-VNPC를

POSCO Vietnam 냉연공장 전경

세웠다.

이렇게 베트남의 경제발전 단계에 맞게 적절한 철강재 생산망을 구축하여 포스코는 베트남 현지에서 정착하고 성장할 수 있었다. 그런데 현재는 약간의 문제점이 있다. 포스코는 호아팟(베트남)과 포모사(대만)와 달리 베트남에 고로(高爐)[6]가 없다. 2007~2009년까지 베트남 중부 Khanh Hoa성에서 1,000만톤 규모의 고로 제철소 건설을 추진하였으나, 최종적으로 투자허가를 획득하지 못해서 결국, 인도네시아에 제철소를 건설하게 되었다. 즉, 현재 베트남에 투자한 하공정[7] 공장들에 필요한 소재를 베트남 내에서 자체 조달하지 못하고 호아팟, 포모사에게서 구입하거나 포스코 본사나 다른 해외에서 수입해야 한다. 수직계열화라는 관점에서 문제가 있지만 2024년 현재 과잉 공급 상태의 베트남 시장에서 신규 고로(高爐)를 건설하는 것은 리스크가 크다고 볼 수 있다.

앞으로 포스코는 지속 성장하는 베트남의 경제 발전 단계에 맞는 적절한 제품을 경쟁력 있는 가격과 품질로 공급해서 시장점유율을 확대하고, 로컬 철강사인 호아팟 등과의 협력을 지속 추진할 계획이다. 특히, 최근 탄소 zero와 관련하여 저탄소 생산 조업 기술을 베트남 철강사와 공유하고, 미국, EU 등의 보호무역에 대응하는 협력도 추진중에 있다.

포스코는 철강만 진출한 것이 아니다. 포스코 그룹의 Trading 창구인 포스코인터내셔널, 신도시를 건설하는 POSCO E&C, 발전소를 건설하는 포스코 에너지 등 계열사들이 진출하여 활동하고 있다. 포스코는 베트남에 총 약 38억 달러를 투자했다.

---

6 광석을 녹여 금속을 생산하는 설비인 용광로(鎔鑛爐, 광석을 녹이는 화로) 중 현대식 용광로를 특별히 고로(高爐)라고 부른다. 보통 높이가 높으므로 이렇게 부른다.

7 상(上)공정: 철광석을 원료로 고로에서 중간 주조제품을 생산하는 과정,
하(下)공정: 중간 주조제품을 압연 등 추가 가공을 통하여 최종 철강제품으로 생산하는 과정.

한화 한화는 제조업 분야에서 한화에어로스페이스, 한화비전(구 한화테크윈), 한화에너지, 한화파워시스템, 한화정밀기계의 5개사가 진출해 있다. 이 중 항공기 엔진 부품을 생산하는 한화에어로스페이스, CCTV 등을 생산하는 한화비전, 태양광/LNG 발전소 사업을 하는 한화에너지가 규모가 크다.

한화에어로스페이스가 맏형 격인데, 처음에 '에어로스페이스가 회사명이긴 하지만 설마 항공기 엔진 사업을 하고 있지는 않겠지'라고 생각했다. 항공기 엔진은 전투기용이나 민항기용이나 전 세계에서도 개발, 생산할 수 있는 국가가 몇 안 되는 고등 제조업이기 때문이다. 인건비가 저렴하다는 이유로 공장을 옮기는 사업이 아니다. 그런데 한화에어로스페이스는 베트남 사람들이 배우려는 의지가 높고 손재주가 좋다는 것을 인정하여 2018년 1공장을 준공하였다. 이후 GE, 플랫&휘트니, 롤스로이스 등의 고객사에 부품을 납품하며 매출이 계속 늘어 2025년 제3공장을 준공할 예정일 정도로 성공적으로 베트남에 안착했다.

부동산개발 사례

롯데 롯데는 하노이와 호치민, 베트남의 두 핵심 도시에서 적극적으로 사업을 확장하고 있다. 하노이에서 롯데는 2014년 65층의 「롯데센터 하노이」를 준공하고 여기서 호텔, 레지던스, 오피스, 백화점, 마트, 전망대를 운영한다. 레지던스는 고급 주거지로 입주민이 선호하는 대형 평형은 1년 가량 대기를 해야 하고, 호텔은 한국 기업인이 당연히 숙박하는 비즈니스 호텔로 유명하다. 오피스에는 많은 한국 기업뿐만 아니라 글로벌 기업들도 입주해 있다.

이러한 성공을 이어가기 위해 롯데는 차로 15분 걸리는 부지에 2023년 9월 「롯데몰 웨스트레이크 하노이(Lotte Mall West Lake Hanoi)」를 추가로 오픈하였다. 「롯데몰」은 호텔, 레지던스, 오피스, 쇼핑몰, 아쿠아리움, 시네마가

롯데센터 하노이 야경　　　　　　　롯데몰 웨스트레이크 하노이 야경

있는 복합 쇼핑몰이다. 오픈하자마자 「롯데몰」은 하노이의 명소가 되어 주말이면 그 큰 몰이 사람으로 꽉 차고 웬만한 식당은 자리 잡기도 힘들다. 와서 보면 알겠지만 정말 넓다. 「롯데센터」는 위로 키웠는데 「롯데몰」은 옆으로 펼친 느낌이랄까. 하노이 중심부에 이 정도 크기의 복합몰이 없었기 때문에 명소가 되는 것도 당연하다. 롯데 관계자의 말을 들어 보면 매출 신장률이 날로 상승한다고 한다.

롯데는 호치민에서 호텔과 백화점을 운영하는데 하노이 「롯데몰」과 「롯데센터」의 사업 규모는 아니다. 그래서인지 롯데는 뚜띠엠 지구에 롯데 에코 스마트 시티 건설을 2022년 9월 착공했다. 뚜띠엠 지구는 호치민시가 상하이의 푸동지구를 모델로 동남아시아의 경제 허브로 만들려는 곳이다. 강 건너편의 미래에셋 증권 본사 건물에서 조망해 보았는데 입지가 상당히 좋다. 완공되면 롯데몰 웨스트레이크 하노이처럼 주거, 오피스,

롯데 에코스마트시티 조감도

상업시설물을 운영하게 될 계획이다.

　대우건설　대우건설은 하노이 신(新)시가지에서 여의도 면적 2/3 크기의 부지에 상업시설, 업무시설, 정부 기관, 공공시설, 주거시설을 조성하는 사업비만 31억달러인 「스타레이크 시티」 개발 사업을 진행하고 있다. 거칠게 표현하면 여의도 2/3 크기의 지구(地區)에서 모든 것을 건축하는 신도시 구축사업이다. 대우건설이 기획, 토지보상, 인허가, 자금조달, 시공, 분양, 도시관리/운영까지 모든 업무를 주도한다. 2014년 1단계 사업을, 2019년 2단계 사업에 착공하여 1,2단계 빌라 588가구, 1단계 아파트 603가구가 분양되었고 현재도 계속 공사가 진행 중이다. 2030년 스타레이크 신도시 완성을 목표로 개발 사업을 추진 중이다.

　스타레이크 시티 개발지구의 바로 위에는 한국 대사관이 있고, 1시 방향 차로 5분 거리에는 「롯데몰」이, 5시 방향 차로 10분 거리에는 「롯데센터」가 있다. 기존 시가지와 인접해 있기에 신도시 구축보다 도시확장이라고 보는

스타레이크 시티 조감도

것이 적절하다. 다만 그 규모가 신도시 구축급일 뿐이다. 위치상 필자는 출퇴근시, 「롯데센터」 갈 때 이 지역을 매일 지나칠 수밖에 없다. 처음에는 무척 이상했다. ① 아니 분양돼서 스타레이크에 사는 사람도 많은데, 아직 왜 공사중이지? ② 여기도 스타레이크 공사 지구, 저기도 스타레이크 공사 지구, 설마 그 사이에 있는 지역도 다 스타레이크인가? ③ 공사하는 지역도 있고 아직 벌판인 지역도 있고 왜 동시에 공사를 안 하지? 이 모든 의문에 대한 답은 건축 개발 규모가 내 인지능력 이상이었다라는 것이다.

스타레이크는 하노이 시민들에게 고급 주거지로 명성이 높고 가격도 높다. 지금까지 해 왔던 대로 이 거대한 사업이 성공리에 마무리되기를 대사관 직원으로서 기원한다.

식품, 오락 진출 사례

경제성장에 따라 베트남 사람들의 소득도 증가하면서 한국 기업들도 베트남인을 대상으로 하는 내수시장에 진입하고 있다. CGV, 비비고, 롯데리아, 롯데시네마, 롯데마트, 롯데호텔, 코웨이 정수기·공기 청정기, 두끼, 뚜레쥬르, 오뚜기, 팔도, 오리온, 풀무원이 베트남 공장을 가동하거나 사업을 하고 있다.

위에 언급한 기업들은 모두 베트남인들의 사랑을 받고 있지만 특히 인상 깊은 기업은 떡볶이 무한리필 뷔페인 두끼이다. 베트남에서 합리적인 가격인 1인당

마트에 진열된 각종 오뚜기 제품

14만동(약 7천7백원)에 고기, 해산물, 치킨, 야채, 떡볶이, 라면 등을 무한 리필로 제공한다. 고급몰인 롯데몰 웨스트레이크 하노이에도 매장이 있는데 매 번 갈 때마다 대기 줄이 너무 길어서 줄을 서 볼 엄두도 내지 못했다. 식사 때만 되면 대부분의 매장에 긴 줄이 늘어선다.

금융회사 진출 사례

은행, 보험, 증권 등 46개사가 진출하여 미국에 이어 2번째로 한국 금융회사가 많이 진출한 국가이다. 특이하게 베트남의 상당수 한국 금융회사는 한국기업, 교민뿐만 아니라 베트남 현지인을 대상으로 영업하고 있고 성공하고 있다. 말도 문화도 경제 수준도 다른 외국에서 금융회사가 도매 금융은 몰라도 리테일(소매) 금융을 영업하기가 얼마나 어려운지 아는 사람은 안다. 이들에 대해서는 5장 '베트남의 금융과 한국 금융회사의 진출'에서 상세히 설명하겠다.

기 타

그 밖의 기업으로 영원무역(의류, 봉제, 섬유), 태광실업(신발), 한솔(전자부품), 세아(철강부품), 캠시스(카메라모듈), 참빛그룹(골프장, 호텔), 방림(섬유) 등이 진출해 있다. 사실 베트남에 한국기업이 9,000여개가 진출한 만큼 대기업뿐만 아니라 중견기업들도 수도 없이 진출했다. 하지만 이들을 다 소개하자면 끝이 없으니 참 많은 기업들이 베트남에서 공장을 설립하거나 사업을 하고 있다는 것만 알면 된다.

한국 기업 실패 사례

커피전문점   그런데 한국 기업 모두가 성공적으로 진출하는 것은 아니다. 커피 전문점 사업은 실패했다. 아라비카 종(種)이 아닌 로부스타 종(種)을 생산하는 베트남은 세계 커피 생산량 2위의 국가답게 베트남인들이 좋아하는 커피, 수용 가능한 가격대, 문화가 있다. 아라비카 커피를 판매하는 스타벅스도 진출한 지 10년이 넘었건만 점유율은 2% 수준이다. 공급망 문제 때문인지 베트남에서도 스타벅스는 아라비카 종을 고집하고 베트남 특유의 커피인 연유 커피, 코코넛 커피, 계란 커피는 없다. 그리고 가격은 2배이다. 베트남인은 "스타벅스는 맛도 없고 비싼데 멍청한 애들이 사진 찍으러 가는 곳"이라고 혹평한다. 그 결과 스타벅스를 위시해서 세계 유수의 커피 전문점이 맥을 못 춘다. 이 글로벌 커피 전문점의 무덤에 카페베네는 2014년 진출했다가 2018년 사업을 접었고, 2015년 진출한 할리스는 1년도 안 되어서 철수했다. 필자가 굳이 커피 전문점의 아픈 실패 사례를 소개한 이유는 베트남 시장에서 내가 비교우위가 있는지 냉정히 체크해 보고 시장을 조사하고 전략을 세우고 진입해야 한다는 것을 강조하고 싶어서이다. 베트남은 기회의 땅이지만 그 기회가 길 위에 널려 있지는 않다.

(3) 한국기업의 애로사항 사례

중국에서 그랬듯이 어느덧 일부 한국 사람들은 베트남을 기회의 땅으로 인식한다. 베트남은 성장하고 있는 땅이어서 일부 기회가 많은 것은 맞다. 그러나 베트남은 한국이 아니고 엄연한 외국이어서 여러 애로사항들도 발생한다.

물론 애로사항이 발생하면 기업들이 문제를 제기하고 한국 대사관의 대사 및 주재관들이 베트남 장관, 차관, 국회의원, 공산당 고위직과의 면담을 통해 문제 해결을 지속적으로 요청한다. 다행히 베트남 고위급들은 한국 대사관의 면담요청에 잘 응해 주는 편이다. 그리고 베트남을 방문하는 한국 장관, 부총리, 총리, 대통령 등 고위급 인사들이 끈질기게 문제 해결을 요청하기에 시일은 좀 걸리더라도 많이 해결된다.

또한 베트남 정부는 FDI 기업, 특히 한국기업이, 경제에서 차지하는 비중이 크다는 것을 안다. 그러므로 행정부의 수장인 점에서 한국의 대통령격인 총리가 직접 외국계 기업의 애로사항을 청취하고 해결을 지시하는 'VBF (Vietnam Business Forum)', '총리와 한국 기업과의 대화' 등을 매년 개최하고 문제를 해결하려고 노력한다. 그래도 애로사항이 발생하고 해결까지는 시일이 걸리고 처음 애로사항을 맞닥뜨리면 막막하기 그지없다. 그러므로 마냥 부푼 꿈을 안고 긍정적인 마인드로 무장하고 베트남 땅을 밟으려는 분들에게 경계의 의미로 한국 기업인들이 겪었던 애로사항 사례를 소개한다.

내화 페인트

2021년부터 베트남 소방규정이 강화되기 시작했다. 특히 2022년 빈즈엉성의 노래방 화재 등으로 소방 관련 규제가 많이 신설되었다.

그중 하나가 내화 페인트규제이다. 베트남 인증기관에서 그때까지 인정한 2개 내화 페인트만 사용하도록 하였다. 국제인증을 받았어도 다른 내화 페인트는 인정하지 않았다. 이렇게 되니 이전에 승인 받았던 공장에서 사용했던 내화 페인트를 안심하고 썼는데 저 2개 제품이 아니라서 소방승인을 받지 못하는 사례가 발생했다.

소방승인을 받지 못했으니 공장을 완공해도 수개월 동안 가동하지 못했고 그 사이에 임대료, 인건비는 계속 지출되었다. 회사들은 다른 내화 페인트로 도장한 부분에 대해서 화재 안정성 검사라도 받아 보려 했지만 베트남에서 내화 페인트 성능인증기관이 1개밖에 없어서 시간상 불가능했다.

이후 국제인증을 받은 내화 페인트의 경우 베트남 인증 절차를 간소화하는 등 상황은 개선되었지만 이미 수개월의 시간이 지나갔다.

롱타잉 신공항 건설

호치민에 가 보신 분들은 알겠지만 현재 떤선녓(Tan Son Nhat) 공항은 포화상태로 여객기 처리 능력이 한계에 이르렀다. 그래서 떤선녓 공항 동쪽 44km 떨어진 곳에 롱타잉(Long Thanh) 신공항을 건설하기로 결정했다. 한국으로 치면 김포공항이 포화되어 영종도 신공항을 건설하는 대역사(大役事)이다.

기본계획[8] 상 2040년대까지 총 3단계로 개발이 예정되어 있고 현재 1단계가 진행 중이다. 1단계의 4개 component 중 여객터미널, 화물터미널, 활주로, 공항 연결도로, 상하수도 등 주요 인프라를 건설하는 component 3 사업이 핵심이다. 이 중 여객터미널 건축·설비 구매가 국제입찰이고 나머지는 국내입찰이다.

규모가 큰 사업(약 14억 7600만불 이상)이다보니 유수 글로벌 건설사 컨소시엄이 관심을 보였으나 베트남 정부는 어려운 요구사항들을 제시하였다. 그중 가장 눈에 띄는 것은 '공사기간 33개월'인데 글로벌 건설사들은 기간 내에 준공할 수 없다고 45개월 이상으로 늘려달라고 요청했다. 그런데 베트남 공항공사는 공사기간 33개월을 연장하지 않고 2022년 9월 21일 국제입찰을 공고하였으니 어떤 건설사도 응찰하지 않았다. 글로벌 건설사들은 재차 요청하였으나 공항공사는 공사기간을 변경하지 않고 2023년 1월 19일 재입찰 공고하였다. 응찰하는 건설사가 없어 다시 한 번 유찰되었다.

코로나 사태로 인해 롱타잉 신공항 사업이 지연되었기 때문에 공항공사는 45개월의 공사기간을 줄 수 없었던 것 같다. 그런데 글로벌 건설사들은 엄살이 아니라 진짜로 그 기간에 완공이 불가능하므로 입찰하지 않았다.

드디어 2023년 6월 실시한 3차 입찰에서는 중국(CHEC, 중국교통건설공사),

---

8 1단계: 40만m², 여객 2.5천만명, 화물 120만톤, 2019년 착공, $5.20Bn
   2단계: 55만6백m², 여객 5.0천만명, 화물 150만톤, 2030년 착공, $4.00Bn
   3단계: 90만m², 여객 1억명, 화물 5천만톤, 2040년 착공, $6.58Bn

태국(PLE, 파워라인엔지니어링), 튀르키예(IC ISTAS)의 건설사 컨소시엄이 응찰했다. 8월 25일 39개월의 공사기간을 제안한 튀르키예 건설사 컨소시엄이 시공사로 선정되었고 9월 1일 착공했다. 3차 입찰에 선진국의 건설사 컨소시엄은 참여하지 않았다.

8차 전력개발계획

베트남 정부는 장기계획을 먼저 수립해 놓고 추진하는 것을 선호한다. 2021~2030 사회경제경제개발전략(SEDS: Socio-Economic Development Strategy), 2021~2025 사회경제개발계획(SEDP: Socio-Economic Development Plan), 2021~2025 부실채권 처리를 위한 은행산업 개편안 등이 그 예시다.

베트남의 전력개발계획은 한국의 '에너지 기본계획 및 전력 수급계획'에 준하는 전력개발계획이다. 2019년부터 8차 전력개발계획(PDP8, Power Development Plan 8)을 작성하기 시작했고 당초 2021년 3월 확정할 예정이었다. 그러나 발표가 계속 지연되었다.

신재생에너지 발전과 화력발전 비율, 온실가스 배출량 절감계획 등이 포함된 PDP8이 확정되지 않으면서 LNG 발전사업에 참여하고 싶었던 한화에너지, GS에너지, 포스코에너지의 신규사업도 지연되기 시작했다. 글로벌 기업들과 여러 국가들이 지속적으로 PDP8을 확정해 줄 것을 요청하였고 2023년 5월에서야 PDP8이 확정되었다.

앞서 말했듯이 베트남 정부는 미리 전체적인 계획을 확정하고 세부사업을 추진하려 한다. 사업을 하려는 분야에 베트남 정부가 5년 간격으로 수립하는 장기계획이 있다면 그 계획이 수립되었는지 확인해 보는 것이 좋다. 여담인데 2022년에 확정되든, 2023년에 확정되든 계획의 명칭은 '2021~2025년 ○○계획'이라고 불린다. 확실히 사회주의 국가에서는 국가 수뇌부가 5년마다 교체되므로 꺾어지는 해인 5년, 10년이 중요한 연도인가 보다.

생산기반 미흡 1: 폭염으로 인한 전력난

2023년 6월 들어 베트남에 폭염이 계속되어 전기사용량이 급증하면서 북부 지방을 중심으로 전력난이 발생하였다. 게다가 북부지역은 전력생산의 40%를 수력발전에 의존하는데 수위가 내려가면서 발전량이 대폭 하락하여 전력난을 가중시켰다.

박닝성, 하이즈엉성, 하남성, 푸토성, 흥옌성 등에서는 공단별로 일주일에 2~3번 정도 정전을 통보받았다. 삼성, LG 같은 대기업은 비상발전시설이 있지만 부품 공급사들은 없는 경우도 있어 전력 부족이 계속 지속될 경우 북부에 진출한 한국 산업 전체의 부담이 될 수도 있는 상황이었다. 정부도 중국, 라오스 등에서 긴급히 전기를 수입하는 등 전력난을 타개하려고 총력을 다했고 큰 사고 없이 이 전력 위기를 넘겼다. (문제가 발생해서 그렇지, 베트남 정부가 어떻게든 문제 해결은 한다.) 정부가 불필요한 전기 사용을 금지하여 퇴근 후 공원에 조깅하러 갔더니 모든 조명이 꺼져서 암흑으로 변해 버려 운동을 포기했던 기억이 난다.

베트남의 전력난은 매년 5~7%의 고성장을 거듭했지만 충분히 발전소를 건설하지 못했던 것에 근본적인 원인이 있다. 동남아의 다른 국가처럼 상시적으로 전력이 부족한 상황은 아니지만 2023년 폭염 같은 특수상황에서는 전력수급 상황이 불안정해질 수 있다.

그런데 베트남은 2011년 후쿠시마 원전 사고의 여파로 현재로서는 원전을 보유할 계획이 없다. 그리고 친환경 발전을 위해 석탄화력발전보다 LNG 발전을 추진하고 있어 발전 단가도 높아질 것이다. 경제성장에 맞추어 충분한 전력을 공급하는 것은 베트남 정부가 풀어야 할 숙제이다.

생산기반 미흡 2: 고속도로, 철도 등 내부 교통 인프라 미흡

우리나라는 경제개발을 위해 서울과 부산을 잇는 경부고속도로부터 건설하였다. 그러면 베트남의 북부 중심지 하노이와 남부 중심지 호치민을 잇는 고속도로가 현재 있을까? 답은 '없다'이다. 정확히 말하면 '아직은 없다'이다. 중국과 인접한 랑선(Lang Son)성을 출발해서 하노이, 다낭, 호치민을 거쳐 최남단 까마우(Ca Mau)성까지 도달하는 '북남 고속도로'는 국토 전역에서 시급한 구간별로 계속 건설하고 있지만 아직 전 구간 완공이 안 되었다. 416km인 경부고속도로에 비해 '북남 고속도로'는 3,034km(동서 연장선 포함)로 7배 더 긴 대역사(大役事)이므로 시간이 더 필요한가 보다.

하노이-호치민 철도는 있을까? 답은 '있다'이다. 그런데 매우 열악하다. 베트남의 철도는 모든 구간이 복선(複線)이 아니라 단선(單線)이다. 그리고 전철(電鐵)화도 되어 있지 않다. 프랑스 식민지 시절 1935년 하노이-호치민 철도가 완전 개통되었지만 뒤이은 2차 세계대전과 약 30년간의 전쟁으로 철도가 많이 파괴되었다가 간신히 복구되었다. 그래서 열차가 무척 느려 하노이에서 호치민까지 1,726km 거리를 약 30시간 이상 걸려서 간다고 한다. 이로 인해 남북간의 물류는 해안선이 길어서 해운이, 동서간의 물류는 트럭이, 장거리 여객 이동은 항공기의 비중이 크다.

이런 고속도로와 철도 사정으로 인해 베트남의 교통 인프라는 아직은 미흡하다고 평가할 수 있다. 이 때문일까? 마트에서 파는 면도기 등 외국에서 수입한 상품은 무조건 한국에서 파는 가격보다 비쌌다. 때로는 쿠팡과 항공택배를 결합해서 한국에서 조달하는 것이 마트 가격보다 낮았다.

베트남은 현재 '북남 고속도로'를 건설중이고 '북남 고속철도'를 추진중이다. '북남 고속도로'는 현재도 여러 구간을 착실하게 계속 공사하여 고속도로 길이를 늘리고 있으니 언젠가는 완공을 보게 될 것이고 교통 인프라가 개선될 것이다. 그런데 '북남 고속철도'는 아직 추진 중으로 착공도 안 했다.

다낭–꽝응아이 고속도로 부실공사 수사

베트남 도로공사는 중남부 다낭~땀끼~꽝응아이를 연결하는 고속도로를 JICA[9]와 World Bank의 ODA 재원으로 건설하여 운영중이다. 이 고속도로는 북남 고속도로의 일부분이다. JICA의 재원으로 다낭~땀끼 65km 구간을 베트남 7개 업체가 나누어 시공하여 2017년 8월 개통하였다. World Bank 재원으로 땀끼~꽝응아이 75km 구간을 베트남 1개 업체, 중국 2개 업체, 롯데 건설, 포스코 건설이 나누어 시공하여 2018년 9월 개통하였다.

문제는 베트남 업체들이 시공한 다낭~땀끼 구간에 발생했다. 수백 군데에서 도로에 균열이 생기고 움푹 파이는 등 부실 공사가 드러났다. 2021년 3연임에 성공한 응우옌 푸 쫑 공산당 서기장이 5대 부정부패 사건으로 꼽아 강력한 조사를 지시한 만큼 엄정한 수사가 진행되었다.

고속도로 개통 후 공안부가 2018년 9월 JICA구간 조사에 착수하고 부실 공사로 판단하여 발주처, 시공사 담당자에게 실형을 선고하고 시공사에게는 보상을 선고하였다(2022년 7월 2심 선고완료).

World Bank 구간도 공안의 현장조사가 시작되었고 2023년 10월 1심 판결이 나왔다. 롯데 및 포스코 현지직원에게 실형이 선고되었고(3년, 4.5년, 6년), 롯데(약 70억원)와 포스코(약 39억원)에게는 부실시공을 보상하라고 선고하였다.

롯데와 포스코는 JICA 구간은 외관으로 보아도 도로가 패이고 균열이 가는 등 문제가 있으나, World Bank 구간은 외관상 문제가 없고 시공설계 도면대로 시공하였다고 주장하였다. 그리고 개통 3년이 지난 시점에 수사가 시작되어 그동안의 구조물 침식 등이 고려되지 않았고 현장조사 시 시공사

---

9 JICA(Japan International Cooperation Agency, 일본국제협력기구): 일본이 개발도상국을 대상으로 공적개발원조(ODA, Official Development Assistance)를 수행하는 기관. 1976년 설립시에는 무상원조(無償援助)만 전담하였으나 2008년부터는 유상원조(有償援助, 차관공여)도 통합하여 담당한다. 한국은 무상원조는 코이카(KOICA)가 담당하고 유상원조는 수출입은행이 담당한다.

및 감리업체가 참관할 수 없었다고 항변하였다. 또한 수사과정에서 해외 시공사 책임자에게 소명기회를 부여하지 않고, 베트남 현지 직원만 대상으로 조사했다고 문제를 제기하였다. 롯데와 포스코는 개통 후 4년이 지난 현재까지 수사를 이유로 공사대금 약 1,350만불을 수취하지 못하였다. 롯데와 포스코는 지불해야 할 보상금 규모가 중요한 것이 아니라 기업평판이 중요하다며 계속 항소하겠다는 의지를 천명하고 있다.

한국계 소매점포는 허가 대상 ∵ 한국의 FTA 미가입

한국계 롯데마트와 일본계 Aeon마트가 동네에 작은 마트를 새로 출점하려고 하는 상황을 가정해 보자. 롯데마트는 당국의 심사 및 허가를 받아야 한다. Aeon마트는 그런 것을 받을 필요가 없다. 심지어 심사는 오래 걸리며 심사를 받아도 허가를 장담할 수 없다. 무슨 이유일까? 설마 마트 회사의 국적에 따라 차별하는 것일까? 그게 정답이다.

베트남은 외국인의 소매유통업 영업행위에 대해 자국 소매업을 보호하기 위해 출점 전에 '경제적 수요심사(ENT, Economic Needs Test)'를 받게 하는 제도가 있다. ① 출점으로 인해 영향이 미치는 지역과, ② 그 지역 내 소매 점포 및 전통시장에 미치는 영향, 교통혼잡도 등 부정적 요인과, ③ 고용 창출, 지역개발, 주민들 생활조건 개선, 지역 예산 기여도 등 긍정적 요인을 종합심사한 후 허가여부를 지방 인민위원회(지방 관청)가 결정한다. 우리나라로 치면 골목상권보호제도이다. 특이한 것은 외국계 유통회사에게만 적용된다는 점이다. 상업센터 내부에 위치하고, 소매점포의 규모가 $500m^2$ 미만이고, 슈퍼마켓 또는 편의점으로 분류되는 경우는 ENT에서 면제된다는 약간의 예외규정이 있지만 외국계 유통회사에게는 큰 걸림돌이다.

그런데 환태평양경제동반자협정(CPTPP)[10]에 가입한 회원국에게는 $500m^2$

---

10 Comprehensive and Progressive Agreement for Trans-Pacific Partnership: 일본 주도로 아시아·태평양 11개국이 출범시킨 FTA로 다양한 분야의 제품에 대한 역내 관세를 전면 철폐

이하의 유통업체 매장 개설시 ENT 규제를 면제해 준다. 그 결과 일본 유통 그룹 Aeon은 공격적으로 베트남 유통시장에 진출하고 있다. 2022년에만 해도 Aeon몰 추가 설립으로 2억 달러를 투자하였고 2025년까지 베트남 전역에 쇼핑몰을 3배로 늘릴 계획이다. 현재는 하노이, 호치민을 중심으로 6개 대형몰과 200여개의 매장을 운영하고 있다.

한국계 유통기업은 이마트가 2015년 베트남 시장에 1호점을 오픈했으나 ENT로 추가 출점 등이 어려워 2020년 베트남 타코(THACO)그룹에 운영권을 매각하였다. 롯데마트는 2008년 베트남 시장에 진출하였고 현재 16개 점포를 운영하고 있다. 롯데 백화점과 롯데 면세점도 영업 중이다. GS25는 ENT 규제를 우회하려고 베트남 업체 손낌 그룹(Son Kim Group)과 3:7 합작으로 편의점 사업에 진출했다. GS25는 2022년 4월 기준 133개 매장으로 베트남 시장에서 7위 수준이다.

베트남 유통시장은 2015~2021년 연평균 10.7% 고속성장하고 있다. 이 시장에서 FTA 미가입으로 한국 유통기업들이 발에 족쇄를 차고 달리기하고 있다. 한국-베트남 고위급 회담에서 ENT 관련 절차 간소화 및 심사 절차 속행 등 제도 개선을 여러 번 요청하였지만 아직까지 개선되지 않았다.

더 심각한 것은 CPTPP 회원국에 대해 협정발효 후 5년이 되는 2023.12.30.부터 ENT가 폐지되었다. 즉 500m² 이상의 유통업체매장의 개설 시에도 면적규모에 상관없이 지역당국의 허가를 받지 않는다. 그리고 EU-베트남 자유무역협정(EVFTA)의 EU 회원국에 대해서도 협정 발효 5년 후인 2025년에 동일하게 ENT를 폐지하고, 영국-베트남 자유무역협정(UKVFTA)을 맺은 영국에 대해 EU-베트남 자유무역협정 발효 5년 후인 2025년에 단계적으로 ENT를 폐지하기로 합의했다. 한국 유통기업은 앞으로 ENT 족쇄를 차고 CPTPP 회원국, EU 회원국, 영국 기업과 경쟁해야 한다.

하는 것을 원칙으로 한다. 2018년 12월 30일 발효되었으며 2023년 7월 영국이 추가로 가입하면서 일본, 캐나다, 호주, 브루나이, 싱가포르, 멕시코, 베트남, 뉴질랜드, 칠레, 페루, 말레이시아, 영국 등 총 12개 회원국으로 이뤄져 있다.

베트남도 엄연히 외국이다. 그리고 우리가 아무리 많은 FTA를 가입했어도 이렇게 빈틈이 생겨 불이익을 받을 수 있다. 베트남에 진출하기 전에 꼼꼼히 점검해 봐야 할 사항이다.

필자는 한국이 FTA 강국이라고 오래전부터 들어 왔기 때문에 FTA 미가입으로 인한 이런 유형의 불이익은 우리 기업이 받지 않을 줄 알았다. CPTPP에 가입하지 않은 연유가 분명히 있을 것이다. 그렇지만 조속히 우리 기업이 족쇄에서 벗어나기를 희망한다.

제 3 장

베트남의 산업과 베트남 기업 개관

▲ 주요 베트남 기업의 로고

인구 1억명의 신흥 고도성장 개발도상국답게 베트남에는 여러 대기업들이 산업별로 급성장하고 있다. 베트남에서 사업을 하시려는 분들은 당연히 숙지해야 하고 거시경제 분석을 하려 해도 각론을 알아야 총론에 도전해 볼 수 있다. 물론 이 분야도 '2장. 3. 베트남 진출 한국기업'처럼 책 한 권은 필요하므로 이 정도 정보로는 턱없이 부족하다. 그냥 산업 및 기업 안내 팸플릿 정도의 개념으로 받아들여 주었으면 한다.

※ 비고   HOSE: 호치민 증권거래소 상장, HNX: 하노이 증권거래소 상장

1. 정보 기술(IT)-FPT

(1) FPT Corporation [HOSE: FPT]

FPT는 베트남에서 가장 전도유망한 IT 대기업이다. 2023년 매출액 기준 주요사업 분야는 소프트웨어(58%), 정보통신(33%), 교육(9%)이다. 인터넷사업자와 이동통신사업자(기존 통신사업자의 주파수를 임대하는 MVNO 사업자)이기도 하지만 주목할 만한 사업 분야는 소프트웨어와 교육이다.

FPT는 DX(Digital Transformation)를 원하는 회사에 소프트웨어를 납품하는 B2B사업을 한다. 쉽게 말하면 소프트웨어 아웃소싱 제작 납품이다. 인도가 전 세계의 IT 아웃소싱으로 이름이 높은 이유는 저렴한 양질의 IT 기술자들을 활용하여 낮은 가격에 소프트웨어를 납품할 수 있기 때문이다. 교육을 중시하는 베트남에는 인도와 마찬가지로 저렴한 양질의 IT 기술자들이 많다.

게다가 FPT는 양질의 인력을 공급하기 위해 아예 FPT Polytechnic과 FPT University라는 자체 대학을 보유하고 있다. FPT Polytechnic은 IT 기술인력을 양성하는 2년제 전문대학(전국 20여개의 캠퍼스에 8만명 규모의 학생이 재학

중)이다. FPT University는 4년제 과정 및 석박사 프로그램이 있는 대학으로 보다 고품질의 엔지니어를 양성한다. 두둑한 학비 수입도 올리면서 자사에 필요한 기술자도 조달한다니 콜럼버스의 달걀 같은 발상의 전환이 아닐 수 없다. 원료생산부터 생산공장까지 모두 보유하는 수직계열화가 왜 제조업에만 가능하겠는가? FPT는 이를 소프트웨어 산업에 적용한 것이다.

베트남이 IT 아웃소싱기지가 되어간다는 것은 세계 다른 어떤 국가보다 한국에 큰 영향을 미칠 것이다. 왜냐하면 이미 한-베 관계가 심화되어 한국인과 베트남인의 협업을 도와주는 물적 인프라(하루 130편의 비행기편)와 인적 인프라(풍부한 한-베 통역사들)가 구축되어 있고 한국과 베트남은 시차가 2시간밖에 안 되기 때문이다. 한국의 업무시간에 맞춰 거의 실시간으로 업무지시가 가능하고 문제가 생기면 비행기를 타고 당일 베트남에 올 수 있다. 이렇다 보니 한국의 어떤 은행이 전산망 구축을 FPT에 아웃소싱하는 등 한국의 여러 기업이 베트남과 협력하고 있다.

Rikkeisoft, Luvina, Fujinet, VMO, VTI, Hybrid 등 다른 민간 기업도 이 분야에서 활동하고 있지만 규모와 브랜드 면에서 FPT가 독보적이다. 게다가 FPT는 소프트웨어 아웃소싱 결과물에서 좋은 평판을 쌓고 있으면서 저성능 반도체이지만 Fabless 반도체도 개발 생산하고 있다.

아직은 IT 소프트웨어 아웃소싱의 강자는 인도이지만 베트남이 인도와 경쟁할 만한 수준으로 따라오면 최대 수혜 기업은 FPT가 될 것이다. 여담인데 FPT는 Food Processing Technology의 약자이다. 1988년 설립시에는 식품사업으로 출발했다가 1990년 IT사업으로 전환했다. 처음 시작할 때 꿈은 소박했나 보다.

(1) 호아팟(Hòa Phát) 그룹 [HOSE: HPG]

호아팟 그룹은 가전제품(냉장고, 에어컨) 생산, 컨테이너 제작, 축산업, 부동산 개발도 하지만 본질은 베트남에 단 둘 있는, 용광로를 갖추고 철광석에서 선철(銑鐵, pig iron)을 생산할 수 있는 철강 기업이다. 베트남 철강시장 점유율 1위로 베트남의 포스코라고 할 수 있다. 그리고 2023년 말 기준 호치민 증권거래소(HOSE)의 시가총액 6위의 대기업이다. 현지 용광로를 보유한 다른 하나는 대만 제철기업 포모사이다. 우리나라의 포스코도 베트남에 용광로는 없다.

베트남은 도시화, 관광지 개발로 인한 건설붐과 산업화로 인해 철강수요가 폭발적으로 증가하였다. 이로 인해 호아팟 그룹도 순조롭게 성장했다. 도시화와 산업화가 한창 진행 중으로 철강 수요가 계속 증가할 것이 명확한 베트남에서 대단히 장래가 유망한 기업이다. 그리고 베트남에 용광로를 갖추고 철강 제품들을 생산하므로 그렇지 못한 철강기업보다 자국시장에서 경쟁력이 있다. 또한 제철소는 국가 기간산업이므로 베트남 정부는 자국 기업에게 알게 모르게 사업확장의 우선권을 주기 마련이다. 즉 수요측면에서나, 시장 장악력에서나, 정부지원 측면에서나 모두 비교 우위에 있다.

한편 호아팟 그룹은 단순한 철강 전문 기업이 아니라 한국이나 일본 대기업 집단같이 다양한 사업을 하는 대기업 집단이 되고싶어 한다. 이로 인해 철강이 본업이지만 다양한 영역으로 사업을 확장하고 있다.

(1) 빈그룹(Vin Group) [HOSE: VIC]

빈그룹은 베트남의 삼성이라고 불리는 세계적으로 유명한 베트남 기업집단의 지주회사이다. 빈그룹은 2023년 말 기준 호치민 증권거래소의 시가총액 5위이다. 빈그룹 산하에는 다양한 기업이 있지만 그룹의 모태가 부동산 개발이었기에 여기 부동산 개발 파트에서 설명하겠다.

빈그룹 산하에는 시너지 효과가 날지 의심될 정도로 다양하고 이질적인 기업들이 포진해 있다. 베트남 최대 부동산 개발업체인 Vinhomes, 유명 관광지에 34개 호텔, 4개 골프장, 3개 테마파크(VinWonders)로 구성된 Vinpearl 리조트, 나스닥에 상장한 전기차 제조업체인 VinFast, 7개의 Vinmec 국제종합병원, 39개 캠퍼스에 36,000여명의 학생이 있는 Vinschool과 2020년 개교한 VinUniversity가 있다(베트남에서는 학교가 비영리가 아니고 영리사업이다). 그리고 이제는 사업을 접었지만 한때 VinSmart에서 휴대폰을 생산하기도 했다. 또 마산 그룹에 매각했지만 슈퍼마켓체인 VinMart로 유통업에 진출하기도 했다.

이렇게 나열해 보니 복잡해 보이지만 빈그룹은 주로 부동산개발업과 관광리조트업으로 상당한 자금을 축적하였고 그 후로는 병원, 학교, 마트 등 유망해 보이는 업종으로 사업을 확장했다고 보면 된다. 다만, 휴대폰과 자동차는 베트남의 첨단 제조업을 선도한다는 측면에서 진입했다고 보인다.

빈그룹은 선도적인 부동산 개발업체로서는 충분한 경쟁력을 가지고 있고 베트남 경제에서 큰 비중을 차지하고 있다. 그러나 현재는 후술할 전기차 업체인 VinFast에 막대한 자금이 들어가고 있다는 것이 문제이다.

(2) 빈홈스(Vinhomes) [HOSE: VHM]

　빈홈스는 베트남 최대 부동산 개발업체로 빈그룹의 모태이다. 하노이, 호치민, 하이퐁 등 전국적으로 아파트, 빌라, 상업용 타운하우스 등 부동산 프로젝트를 건설하여 공급한다. 즉 단순 건설사가 아니라 developer이다. 그동안 부동산 시장 활황으로 순조롭게 성장해 왔지만 2020년대부터 부동산 시장이 침체에 접어들어 2024년 현재는 수요 부진으로 어려움을 겪고 있다.

(3) 썬그룹(Sun Group) Corporation [비상장]

　썬그룹은 빈그룹과 쌍벽을 이루는 부동산 디벨로퍼이자 관광리조트 사업자 그룹이다. 여러 주거 단지를 공급하였고, 빈그룹의 Vinwonders처럼 하롱, 하노이, 다낭, 푸꾸옥 등 베트남 전역에 걸쳐 Sunworld라는 테마파크를 운영하고 있다. 한국인들이 많이 방문하는 다낭 바나힐의 케이블카를 썬그룹이 운영한다. 또한 빈그룹처럼 많은 호텔을 건설하여 운영하고 있다. 다만 Vinpearl이란 자체 브랜드로 운영하는 빈그룹과는 달리 유명 호텔 체인의 브랜드하에 운영하여 잘 드러나지 않는다. 사업 다변화 차원에서 고급항공사(Sun Air Capella Hanoi)와 학교사업에도 진출하였다. 그런데 썬그룹은 빈그룹과 달리 비상장회사이다. 그래서 그룹의 정보가 많이 공개되지 않는다.

4.　자동차

(1) 타코(THACO) 그룹 [비상장]

　타코(THACO, Truong Hai Group Corporation)는 자동차, 농업, 부동산업, 물류업을 하는 대규모 기업집단이다. 농업, 부동산업, 물류업도 하나 그룹의 모태와 주력사업 분야는 자동차 제조업이다. 비상장이어서 정보가 제한적이지만 그룹의 규모는 상당히 커서 베트남 10대 민영회사 안에 들어가는 것으로 평가된다.

　타코의 사업모델은 자동차 조립전문기업이다. 같은 자동차 제조이지만 독자 모델을 개발하여 제조하는 것과 단순 조립만 하는 것의 사업 난이도는 하늘과 땅 차이이다. 타코는 VinFast와 달리 독자 모델은 개발하지 않고 타잉꽁처럼 CKD (Complete Knock Down)−현지 조립 방식을 통해서 생산한다. 베트남의 장점인 양질의 저렴한 노동력과 타코의 단점인 기술력 부족을 잘 파악한 사업 전략이라고 생각된다.

　그렇지만 현대차의 합작법인으로 현대차만 생산하는 타잉꽁과 달리 타코는 기아, 마쯔다, 푸조, 벤츠 등 글로벌 완성차 업체들의 부품을 공급받아 그들의 희망대로 차를 조립해 준다. 조립주문을 받는 자동차 업체가 제한되지 않으므로 사업의 확장이 자유롭다.

(2) 타잉꽁(Thành Công) 그룹 [비상장]

　타잉꽁 그룹은 자동차, 부동산, 금융(증권)의 3가지 산업영역에서 활동하나, 그룹의 모태인 자동차가 주력사업 분야이다. 타코와 마찬가지로 CKD−현지 조립 방식이며 현대차와 합작으로 조립회사를 세웠기 때문에 합작 파트너인 현대차의 부품을 받아 자동차를 조립한다.

현대차와의 오랜 파트너십으로 타잉꽁 그룹은 자본을 축적하여 HVS 증권사를 인수하는 등 금융업에도 진출하였고 부동산 개발사업도 진출하였다. 참고로 타잉꽁은 베트남어로 '성공'이란 뜻이다.

(3) 빈패스트(Vinfast) [Nasdaq: VFS]

베트남은 수많은 FDI 기업들이 제조업 공장을 세우고 오랫동안 가동하였지만 아직도 자국의 제조업 기업이 별로 없다. 정확히 말하면 기업들이 부동산 개발업이나 관광업만 하려 하고 고차원의 제조업을 영위하는 기업이 별로 없다. 경제가 발전하면서 베트남의 임금수준도 올라가 더 이상 저렴한 노동력 공급이 어려운 시기가 도달하기 전에 첨단 제조업으로 전환해야 하는데 시간이 많지 않다. 이러한 번뇌의 시기에 빈그룹이 자동차 제조를 시작했다.

2017년에 설립된 빈패스트는 자동차, 오토바이 등을 생산한다. 처음에는 내연기관차 생산으로 시작했다. 스쿠터, 경차, 세단, SUV 등 다양한 라인업을 갖추고 차를 생산하였다. 빈패스트는 베트남 최초 독자 모델 생산 자동차 회사로 국민적인 자부심이 대단하였다. 그렇지만 부품의 대부분을 자체 생산하지 못하고 수입하여 조립하므로 생산비가 많이 들어 기존 내연기관 완성차 업체들과의 경쟁이 쉽지 않았고 2022년 내연기관사업을 모두 정리하고 전기 자동차만 생산하는 것으로 방향을 전환했다.

빈패스트는 2023년 8월 미국 나스닥에 상장하였다. 미국에서 빈패스트 전기차의 가격은 저렴하지 않아 판매 성적이 좋지 않다. 2023년 빈패스트는 11.7억불의 매출을 올렸고 13.7억불의 순손실을 보았고, 50,000대의 목표치에 미달한 34,855대의 차량을 인도하였다.

그런데 그룹 전체에 자금 부담을 주고 있음에도 불구하고 빈그룹은 물러

빈패스트 전시차량

서기는커녕 전기차 사업을 대규모로 추진하기로 한 것 같다. 빈패스트는 2023년 7월 미국 노스캐롤라이나에 연간 15만대를 생산할 수 있는 공장을 착공하였고, 2024년 2월 인도 타밀나두주에도 연간 15만대를 생산할 수 있는 공장을 착공하였다. 빈패스트는 첨단 제조업을 향한 베트남의 열망이 담긴 기업이다. 국가 차원에서나 그룹차원에서나 실패해서는 안 되는 기업이다. 빈패스트가 성공하여 베트남 제조업의 대표기업이 되기를 기원한다.

5. 항 공

(1) 베트남 항공(Vietnam Airline) [HOSE: HVN]

2023년 1월~5월까지 항공사 운항 편수 기준 베트남 항공시장 점유율은 1위 비엣젯 37.2%, 2위 베트남 항공 36.2%, 3위 뱀부 15%이다. 이들 상위 3사[1]의 점유율은 88.4%에 달한다. 비엣젯은 창립 이후 처음 1위가 되었고 부동의 1위였던 베트남 항공은 2위로 내려앉았다.

1956년 1월 민간항공청으로 설립된 베트남 항공은 상장회사이기는 하지만 국가의 보유 지분이 86.3%인 국영기업이다. 비행편 취소가 거의 없고 연착도 별로 없고 객실 서비스 수준도 준수하여 티켓 가격이 같다면 상위 3사 중 사람들이 가장 선호하는 항공사이다. (가족과 여행갈 때 비행편이 취소되거나 연착되면 대참사이므로 필자는 언제나 베트남 항공만 이용한다.) 그렇지만 서비스가 좋은 항공사가 경영이 좋은 항공사는 아니어서 2020년 1분기부터 연속 적자가 발생하여 2023년에는 2억 4,600만 달러의 순손실이 발생하였다. 아무래도 국영기업이라서 후술한 비엣젯에 비하면 경영능력이 좀 떨어지는 감이 있다. 그런데 국가가 절대 주주이고 국가를 대표하는 항공사이므로 항공정책상 여러 면에서 우선순위를 부여 받는다는 점에서는 강점이 있다.

(2) 비엣젯항공(Vietjet) [HOSE: VJC]

비엣젯은 2007년 설립된 베트남 최초의 민간 항공사이다. 한국인들도 이

---

1 이외에 비엣트래블항공(Vietravel Airlines, 1.4%), 베트남 항공이 보유한 저가 항공사 자회사 퍼시픽항공(Pacific Airlines, 7.6%) 및 바스코(VASCO, 2.5%)가 있으나 점유율은 미미하다.

항공사를 아는 분이 꽤 있다. 유튜브에 비엣젯항공 체험기가 많이 올라와 있기 때문이다. 체험기는 비슷하다. '다시는 안 탄다', '최악의 항공사', '님 아.. 그 비행기를 타지 마오' 등등. 그러면 비엣젯은 정말 안 좋은 항공사일까? 서비스는 좋지 않을지 몰라도 항공사 실적과 경영 면에서는 오히려 반대다.

좌석 간격을 최대한 좁혀 많은 승객을 태운다. 기내식과 물도 유료로 제공한다. 기내 수하물 무게한도를 엄격히 적용하여 비행기 무게를 최대한 줄인다. 무료 위탁수하물은 없고 추가요금을 받는다. 심지어 항공편이 때때로 취소되는 이유가 예약 승객이 적은 항공편 두 개를 합쳐서 승객을 가득 태우려 하기 때문이라는 루머가 있을 정도이다. 이런 식으로 매출은 최대화시키고 비용은 최소화시킨다. 그리고 그 여력으로 가격을 낮춘다. 서비스는 안 좋지만 그 가격에 이용할 의향이 있는 사람들은 넘쳐 난다.

이로 인해 비엣젯의 경영실적은 2023년 당기 순이익 1,660만 달러로 양호하며 베트남과 동남아시아에 거미줄 같은 방대한 노선망을 구축했고 인도, 싱가포르, 대만, 한국, 중국, 일본 등에도 많은 노선을 구축하였다. 비엣젯 항공을 피하려고 해도 방대한 노선망 때문에 이용할 수밖에 없다는 말이 나올 정도이다. 비엣젯 항공은 사업 확대에도 거침이 없다. 자회사로 타이 비엣젯 항공을 두고 있으며 2023년 9월 바이든 대통령의 베트남 방문시 보잉 737 맥스 200대 납품(약 250억달러)에 관한 합의를 보잉과 맺었고 2024년 최대 12대의 737 맥스를 인도받기로 하였다. 아무래도 민간 항공사이다 보니 경영의 역동성 측면에서 베트남항공을 압도하는 느낌이다.

(3) 뱀부항공(Bamboo Airways) [비상장]

뱀부항공은 2017년 설립된 민간 항공사이다. 뱀부항공은 비행편 취소 및 연착, 서비스 수준 등 모든 면에서 베트남 항공에 근접하고 티켓 가격은 베트남 항공보다 약간 저렴하다. 한 번 이용해 보았는데 서비스 수준이 준수한 편이어서 불만이 없었다.

뱀부항공은 원래 관광리조트 그룹인 FLC의 소유였으나 FLC의 회장이 주가조작혐의로 2022년 3월 체포된 이후 Him Lam 그룹이 뱀부항공을 인수하였다. 양질의 서비스로 좋은 이미지를 구축하였으나 코로나19로 직격탄을 맞고 그 후 경영실적은 좋지 않다. 2023년 하반기 보유 항공기수를 1/3로 대폭 줄여 현재 약 10대의 항공기로 국내선 노선만 운항하고 있지만 계속 순손실이 발생하고 있다. 베트남 항공과 같이 경영난을 겪고 있지만 베트남 항공은 주인이 국가인 국영 항공사이고 뱀부항공은 민영 항공사란 점에서 중장기 전망이 달라진다.

6. 통 신

(1) 비엣텔(Viettel) [비상장]

베트남 이동통신 시장은 비엣텔, 비나폰, 모비폰의 3개 회사가 시장의 대부분을 차지한다. 비엣텔이 과반수를 넘는 절대 강자이고 비나폰과 모비폰이 2~3위권을 형성한다고 보면 된다. 그런데 이 3개 통신회사는 전부 정부가 100% 소유한 비상장 회사이다.

비엣텔은 국방부 산하의 국영기업이다. 정식명칭은 '군대 통신 산업 그룹'이다. 국방부 산하의 기업으로 군부대 통신망을 담당한다. 비엣텔은 후술할 비나폰과 모비폰보다 사업을 늦게 시작한 후발 주자였다. 그래서 사업 초반부의 캐치프레이즈가 "우리는 군부대 통신망도 사용하므로 벽지 산간에도 통화가 잘 된다"였다. 캐치프레이즈가 먹혔는지 비엣텔은 지금은 베트남 이통 통신시장의 절대 강자가 되었다. 그런데 모비폰 사용자인 필자는 지방 출장 갈 때마다 불편함을 못 느꼈다. 지방 출장 많이 가시는 다른 분들도 통화품질에 이상은 없다고 하신다. 전기도 잘 안 들어오는 산간 벽지에 가면 비엣텔이 강점이 있을지 몰라도 그럴 일이 없는 한국인들에게는 어느 통신사를 사용하든 별 차이가 없을 것 같다.

특이하게 비엣텔의 해외사업 자회사인 비엣텔 글로벌(Viettel Global Investment Corportation, UPCom에 상장)을 통해 개발도상국에 진출하여 이동통신사업을 하고 있다. 아이티, 브룬디, 캄보디아, 라오스, 미얀마, 동티모르 등 6개 해외시장의 시장점유율이 1위이다. 이외에도 모잠비크, 페루, 탄자니아에도 진출했다.

비엣텔은 이동통신만 하지 않는다. 기업들에게 IT 솔루션을 제공하기도 하고 5G 네트워크 장비를 생산한다. 그리고 최근 2023년 10월 5G칩 개발에 성공하였다고 발표했다. 한마디로 단순한 통신기업이 아니라 베트남의 IT 산업을 선도하는 기업이다. 그래서 그런지 정부는 비나폰과 모비폰 지분을 일부 매각한다고 발표했지만 비엣텔의 경우 그럴 계획이 없다.

(2) 비나폰(Vinaphone)과 모비폰(Mobifone) [비상장]

비나폰과 모비폰은 2~3위 이동통신 기업이다. 비나폰은 베트남 우편 전화 공사(Vietnam Posts and Telecommunication Group, VNPT) 산하의 국영기업이다. 즉 우체국·전화국 소속이다. 모비폰은 원래 VNPT 산하의 국영기업이었는데 2014년 분리되어 현재 정보통신부 산하에 있다. 정부는 2024~2030년 비나폰과 모비폰의 지분 49%를 매각한다고 발표하였다.

국영기업은 비효율적이라고 배웠던 필자에게 정부가 100% 소유한 세 국영기업들이 시장을 장악해도 적정한 요금제로 잘 운영되고 있는 베트남의 이동통신시장이 신기했다. 필자는 아이패드에 데이터 공급용으로 비엣텔의 V120N이라는 요금제에 2021년 가입했다. 하루 4기가(한 달 120기가) 데이터

사용, 비엣텔 사용자끼리 망내 통화
는 무료, 망외 통화는 한 달에 50분
까지 무료인 요금제가 12만동(약
6,600원)이었다. 한국에서 필자가 사
용하던 요금제와 비교하면서 느낀 감
정은 처음에는 행복이었지만 나중에
는 경악이었다. 아무리 개발도상국이
라지만 저 가격 차이는 이해가 안 됐
다. 가끔 통화가 끊어지거나 잡음이

V120N 요금제

섞이지만 전반적으로 통화에 문제는 없다. 그리고 데이터 속도가 한국보다
떨어진다지만 유튜브 보면서 끊긴 적은 단 한 번도 없었다. 국영기업이라
아무래도 내부적으로 비효율적일 것이라고 짐작은 하지만 결과는 국영기업
3개사가 서로 경쟁하면서 베트남인에게 감당할 만한 가격으로 양질의 서비
스를 제공하고 있다.

7. (필수)소비재

(1) 비나밀크(Vinamilk) [HOSE: VNM]

비나밀크는 시장점유율 40% 이상을 차지하는 베트남 최대 유제품 회사이
다. 기타 유제품 회사로 Friesland Campania(8%), TH Food(8%), Nestle(7%)
가 있다. 유제품 회사이지만 호치민 증권거래소 시가 총액 9위(2023년 말 기
준)인 대기업이다. 2023년 매출액은 25억달러, 당기순이익은 3억7천2백만
달러이다. 유제품 회사가 이렇게 거대한 것이 믿겨지지 않았으나 사실이다.
아마 인구 1억의 거대한 시장을 40% 이상 점유하고 있는 시장 지배기업이라서 그런 것 같다.

비나밀크는 본래 베트남의 국영기업이었는데 주식회사로 전환하고 상장한 후 성공적인 기업이 된 모범사례이다. 국영기업을 증시에 상장해도 국가가 지배권 확보 차원에서 50% 이상의 경영권 지분을 계속 보유하고 있는 경우가 많은데 비나밀크는 국가 지분이 36%이다. 아마 국가 기간산업이 아니고 식품 기업이라서 국가지분을 많이 매각한 것 같다.

경쟁력으로 소 146,000마리를 사육하는 15개 농장, 16개 공장, 230,000개 판매점을 망라하는 베트남 최대 규모의 생산 및 유통시스템을 들 수 있다. 그러나 현재 베트남의 유제품 시장은 포화상태로 소비자들의 소비여력 감소로 3년 동안 매출이 정체 상태이다. 회사가 추가적으로 성장하려면 다른 국가로 사업을 확장하거나 다른 성장 동력을 찾아야 하나 쉽지 않다.

(2) 사베코(Sabeco, Saigon Beer-Alcohol-Beverage Corporation) [HOSE: SAB]

사베코는 사이공 맥주를 제조하는 베트남 대표 맥주 회사이다. 베트남 시장의 4대 회사는 사베코(사이공 비어, 333 비어 생산), 하이네켄, 칼스버그, 하베코(하노이 비어, 쭉바익 비어 생산)이다. 사베코와 하이네켄이 1~2위권이고 칼스버그와 하베코(Habeco)는 3~4위권이다. 베트남 양대 도시 이름을 딴 사이공(호치민시의 옛 지명) 비어와 하노이 맥주가 비슷한 규모일 것 같지만 사이공 비어가 훨씬 크다. 아무래도 우기와 건기만 있어 더운 날이 더 많은 호치민 시(남부지역)가 봄, 여름, 가을, 겨울이 있는 하노이(북부지역)보다 맥주 소비에 유리하기 때문이다.

사베코는 프랑스 식민지 시절인 1875년 사이공에 설립된 맥주 양조장으로부터 시작되니 역사가 150년에 근접한다. 사베코는 오랫동안 국가 소유였다가 2017년 ThaiBev에 인수되었다. 인수 당시 PER가 30배에 달하는 등 상당히 고가에 인수하였다. 현재 PER가 8배 수준이다. 지금 사베코는 호치민 증권거래소 시가총액 16위(2023년 말 기준)인 베트남 대기업이다. 베트남 4대 맥주가 사이공 비어, 하이네켄, 칼스버그, 하노이 맥주인데 하노이 맥주를 제외하고 모두 외국계 회사에서 생산하니 베트남 맥주 시장은 외국계 회사가 주도한다고 할 수 있다.

사베코의 경쟁력은 26개 공장(연간 22억 리터 생산 가능)을 갖춘 대규모 생산 능력이다. 위험 요인으로는 베트남의 음주운전 단속 강화가 있다. 정확히는 '오토바이 음주운전 단속'이다. 필자는 오후에 대사관 앞에서 베트남 공안이 트럭을 세워 놓고 오토바이 운전자에게 음주 측정하는 것을 많이 보았다. 처음에는 '낮술 먹고 오토바이 운전하는 사람이 그렇게 많나?'라고 생각했는데 실제 그렇게 많다고 한다. 베트남에서 오토바이 음주운전 처벌은 가혹하기 그지없어 벌금이 최대 4천만동(약 220만원으로 베트남 사람들 몇 개월치 월급), 운전면허 정지, 심하면 징역형까지 간다. 오토바이가 발인 사회에서 오토바이 운전을 못한다고 생각해보라. 내가 신발이 없는 것과 똑같다. 단속 시 트럭은 왜 필요하냐고? 걸리면 공안이 오토바이를 압수해서 트럭에 싣고 가버린다.

(3) 마산그룹(Masan) [HOSE: MSN]

마산그룹은 유통업, 광산업, 은행업(Techcombank 지분 14.85% 보유)도 하지만 본업은 베트남의 거대 식품기업이다. 호치민 증권거래소 시가총액 13위(2023년 말 기준)로 간장, 소스, 라면, 커피, 음료, 야채, 과일, 냉장육 등을 생산한다. 마산그룹은 제품이 좋고, 시장점유율이 크고, 경영을 잘한다. 마산그룹의 경쟁력은 30개의 농장, 30개의 공장, 3,633개의 Winmart(슈퍼마켓)/Winmart+(미니마트) 식료품 소매점 등 대규모 생산 능력과 대규모 판매 채널에서 나온다. 다만, 현재 마산그룹은 부채가 많고 그로 인한 이자 비용

윈마트 전경

이 늘어나 순이익이 하락하여 재무적으로는 좋지 않은 상황이다.

필자는 마산그룹의 Vinmart 인수 후 비용 절감방식에 매료된 적이 있다. Vinmart를 보유한 빈그룹은 태생이 부동산 개발, 호텔, 리조트 기업인지라 유통 분야에서의 실적은 뛰어나지 못했다. 그래서 2019년 사업 분야도 조정하고 자금도 확보할 겸 Vinmart를 마산그룹에 매각했다. 마산그룹은 원재료 생산, 가공, 판매까지를 망라하는 일종의 수직계열화를 위해 Vinmart를 인수했다. 인수 후에도 마산은 한동안 Vinmart로 영업하다 어느 날 갑자기 이름을 변경했다. Winmart로. 알고 보니 명칭 변경으로 인한 비용 발생을 최소화하려고 'V'자 위에 그냥 'V'자 하나 덧붙여서 'W'로 변경했다. 당연히 유니폼, 로고, 상징색 등 아무것도 안 바뀌었다. 그냥 V자 하나 덧붙여서 상표권 문제를 피해 가며 그동안 Vinmart로서 소비자에게 쌓아 올린 이미지는 그대로 가져갔다. 명칭 변경 방식이 너무나 인상적이어서 빈마트 간판과 직원 유니폼을 보면서 혹시 스티커로 덧붙이거나 자수 한 번 더 한 것은 아닌지 의심할 정도였다. 이런 경영방식을 가진 마산그룹이 인수한 후 빈마트는 흑자 전환했고 매장수도 빠르게 증가하여 베트남 최고의 소매점이 되었다.[2]

(1) 페트로베트남가스(PV GAS) [HOSE: GAS]

페트로베트남가스는 LNG, LPG 등 가스를 개발하고 공급하는 베트남 최고의 가스 기업이다. 저장고, 처리공장, 파이프라인 등을 구축하여 전국에 가스를 유통시키고 있다. 가스전을 개발 및 보유하고 있지만 연간 생산량이 줄고 있어 해외에서 수입도 병행하고 있다.

정부의 8차 전력기본계획(Power Development Plan 8)에 따르면 석탄화력 발전을 줄이고 LNG 화력 발전으로 대체할 것이므로 향후 에너지 정책이 페트로베트남가스에게 유리하게 작용할 것이다. 페트로베트남가스는 주식회사로 전환하여 호치민 거래소에 상장되었지만 전국적인 가스공급사업자이기에 아직은 국가가 절대적 대주주이다.

(2) 페트로리믹스(Petrolimex, 베트남 국영석유그룹) [HOSE: PLX]

페트로리믹스는 베트남의 종합석유기업이다. 석유를 수상, 파이프, 도로를 통해 운송하여 전국의 5,500여개 Petrolimex 주유소(시장점유율 50%)를 통해 공급한다. 윤활유와 아스팔트를 생산하고 LPG 가스도 공급하지만 대부분의 매출은 석유유통에서 발생한다. 이외에 보험회사(PJICO), 건설회사, 무역회사도 보유하고 있다.

페트로리믹스는 호치민 거래소에 상장되었고 전략적 파트너십을 맺은 JX Nippon oil and energy가 8.15%의 지분을 보유하고 있다. 하지만 전국적인

2　2022.4. 기준 베트남 편의점 및 미니마트 총계 6,735개로 윈마트＋2,601개, 박화싸잉(Bách hóa XANH) 2,147개로 베트남 자국 2개 기업이 과반 이상을 점유하고 있다.

석유공급사업자이므로 아직은 국가가 절대적 대주주이다.

9. 소매/유통

(1) 모바일 월드그룹(Moblile World Group) [HOSE: MWG]

모바일 월드그룹은 산하에 여러 유통기업을 거느린 거대 유통전문그룹이다. 'thegioididong.com(테져이지동)'은 모바일기기 소매체인으로 3,000개 이상의 지점을 보유하고 휴대폰, 태블릿, 노트북 등 모바일기기를 판매한다. '디엔 마이 싸잉(Điện máy XANH)'은 가전제품 소매체인으로 2,000여개 이상의 지점을 보유하고 전자제품 및 가전제품을 판매한다. '박 화 싸잉(Bách hóa XANH)'은 슈퍼마켓 체인으로 전국에 1,700개가 있다. '안 캉(An Khang)'은 약국 체인으로 전국에 500개의 지점이 있다.

매출의 70%를 차지하는 'thegioididong.com'과 '디엔 마이 싸잉'은 베트남에서 가장 큰 ICT 소매체인이고, 매출의 26%를 차지하는 '박 화 싸잉'은 Winmart에 이어 두 번째로 큰 슈퍼마켓 체인이다. 매출의 1%를 차지하는 '안 캉'은 3번째로 큰 약국 소매체인이다.

2004년에 설립된 모바일 월드그룹은 빠르게 지점을 확장하여 성장하였다. 그러나 현재의 경영 환경은 녹록치 않다. ICT 분야는 포화상태이고, 신사업으로 시작한 슈퍼마켓 체인 '박 화 싸잉'은 수년간의 손실 끝에 최근에 손익분기점에 도달했다. 그리고 '박 화 싸잉'도 Winmart와 치열한 경쟁을 계속해 나가야 한다. 게다가 마산그룹처럼 많은 부채가 문제라는 말이 들려온다.

10. 금융회사

은행, 보험사, 증권회사, 자산운용사 등 금융회사는 VN 30 지수 중 은행이 13개, 보험사가 1개, 증권회사가 1개 포함될 정도로 베트남의 대표기업이 많다. '5장 베트남의 금융과 한국 금융회사의 진출'에서 서술하겠다.

11. 베트남의 상위 10대 우량기업

지금까지의 소개된 베트남 기업은 주로 상장된 기업 위주였다. 그리고 기업의 순위를 알 수가 없었다. 그래서 Fortune 500 모델의 방법론을 따른 VNR 500[3] 중 10대 기업을 여기서 소개한다. 다만, 이 10대 기업은 자산규모 같은 외형뿐만 아니라 세전 및 세후 이익, ROA, ROE, 미디어 평판 등이 가미되어 선정하므로 '10대 거대기업'이 아니라 '10대 우량기업'을 의미한다고 보아야 하며 정량지표뿐만 아니라 정성지표도 들어가 있음을 주지하기 바란다.

베트남에 있는 기업이 대상이므로 외국계 기업도 대상인데 우리나라의 삼성전자가 1위이다. 그리고 10개 기업 중 7개가 국영기업이다. 개발도상국 베트남에서 국영기업이 얼마나 우량기업인지 알 수 있다. 그래서 국영기업의 상장, 정부 지분 매각, 민영화는 언제나 베트남 경제의 화두이다. 베트남 정부는 국가기간산업들이기 때문에 정부 지분 매각이나 민영화에는 신중한

---

3 VNR 500: 베트남리포트(Vietnam Report JSC)가 베트남넷 신문(Vietnamnet Newpaper)과 협력하여 선정하는 베트남 500대 기업 목록으로 VNR 500 순위는 Fortune 500의 모델의 방법론을 따른다. 전년도 12월 31일까지의 자료를 기반으로 수익 성장률 전망, 실제 수익을 기본으로 총자산, 종업원 수, 세전 및 세후 이익, ROA, ROE, 미디어 평판 등을 추가하여 선정한다.

모습이 보인다. 반면 외국인 투자자들은 안전하게 우량기업에 투자할 수 있기 때문에 베트남 정부가 정부 지분을 매각하여 시장에 신규 물량을 공급하기를 늘 원한다.

2023년 베트남 상위 10대 우량기업(VNR 500 지수)

순위	회사명	분야	비고
1	삼성전자 베트남 타이응웬(SEVT) 법인	전자	삼성전자 베트남의 6개 생산법인 중 가장 큰 법인
2	페트로베트남(PETROVIETNAM, 베트남 국영석유가스그룹)	에너지	유전/가스전을 탐사 및 개발하고 석유/가스를 정제하고 석탄/가스/수력 발전소를 운영하는 직원 6만명의 국영기업
3	페트로리믹스 (Petrolimex, 베트남 국영석유그룹)	에너지	'3장 베트남의 산업과 베트남 기업 개관'에서 설명
4	빈손 국영 정유 및 석유화학주식회사 (BINH SON REFINING AND PETROCHEMICAL)	에너지	페트로베트남 산하로 정유 및 석유화학 기업
5	비엣텔(Viettel)그룹	통신	'3장 베트남의 산업과 베트남 기업 개관'에서 설명
6	AGRIBANK	금융	베트남 4대 국영은행 중 하나
7	비나코민(ViNACOMIN, 베트남 석탄 광물산업그룹)	원자재	베트남 석탄 및 광물 생산 국영기업 (석탄 생산량 최대)
8	호아팟(Hoa Phat)그룹	원자재	'3장 베트남의 산업과 베트남 기업 개관'에서 설명
9	BIDV	금융	베트남 4대 국영은행 중 하나
10	빈그룹	부동산, 자동차	'3장 베트남의 산업과 베트남 기업 개관'에서 설명

12. 베트남의 상위 10대 우량 민간기업

아래는 VNR 500 기업 중 국영기업과 외국 FDI 기업을 제외한 10대 우량 민간기업이다. 대체로 우량한 기업들이라는 것에는 동의하나 처음 들어보는 소규모 기업도 있다. 다시 한 번 말하지만 아래 리스트는 규모 순이 아니고 정성지표도 반영하여 선정한 리스트이다.

2023년 베트남 10대 우량 민간기업(VNR 500 지수)

순위	기업명	분야
1	호아팟(Hoa Phat)그룹	철강
2	빈그룹(Vin Group)	부동산, 자동차 등
3	모바일 월드그룹(Moblile World Group)	유통
4	VP Bank	금융
5	DOJI(도지그룹)	귀금속 유통, 금융, 부동산
6	마산그룹(Masan)	식품, 유통
7	비나밀크(Vinamilk)	식품
8	Techcom bank	금융
9	타잉꽁(Thanh Cong)그룹	자동차
10	호아센(Hoa Sen)그룹	철강

13. VN 30 지수 베트남 기업

　　아래는 호치민 거래소에 상장된 시가총액 상위 30개 기업인 VN 30 지수 베트남 기업이다. 자산 같은 외형 수준이 아니라 시가총액 순이지만 아쉬운 대로 외형 크기 비교가 가능하고 비상장기업이 빠졌지만 현재 베트남의 산업 지형을 거칠게라도 파악해 볼 수 있다.

　　VN 30 기업중 은행 13개, 부동산 4개, 식음료 3개, 에너지 3개, 원자재 2개, 증권 1개, 보험 1개, IT 1개, 유통 1개, 항공 1개이다. VN 30기업으로 분석한 베트남 산업의 특징은 ① 금융(정확히는 은행)과 부동산 편중 현상이 심하다. 금융과 부동산을 합치면 19개로 약 63%에 달한다. ② 내수기업에 편중되어 있다. 금융, 부동산, 식음료, 에너지, 원자재, 유통 등 내수 기업이 28개이다. 항공, IT도 수출기업이라고 보기에는 애매하다 ③ 제조업이 별로 없다. 아래의 기업에서 제조업 기업은 보이지 않는다. 물론 베트남에도 빈패스트, 타코, 타잉꽁 같은 제조업 기업은 있다. 그러나 VN 30 지수에서 안 보일 정도로 제조업 기업의 숫자가 적다.

VN 30 지수 기업(2023년 말 기준)

	업종	이름: 설명	시가총액	
			(10억동)	(조원)
1	은행	Vietcom Bank: 1963년 설립된 4대 국영상업은행	448,804.0	24.7
2	은행	BIDV: 1957년 설립된 베트남 4대 국영상업은행	247,398.9	13.6
3	부동산	Vin Home: 아파트 시장 1위 업체	188,108.7	10.3
4	에너지	Vietnam Gas: 1990년 설립된 국영가스 기업	173,403.9	9.5
5	부동산	Vin Group JSC: Vin그룹 지주회사	170,535.3	9.4
6	원자재	Hoa Phat Group: 철강/목재, 축산업	162,523.3	8.9
7	은행	VP Bank: 1993년 설립된 민영상업은행	152,331.3	8.4
8	은행	Vietin Bank: 1988년 설립된 4대 국영상업은행	145,526.8	8.0

9	식음료	Vina Milk: 1976년 설립된 유제품 시장 1위 업체	141,281.0	7.8
10	IT	FPT(Food Processing Tech): 소프트웨어 개발업체	122,044.0	6.7
11	은행	Techcom Bank: 은행	112,015.8	6.2
12	은행	Military JSC Bank: 군대 소유 은행	97,242.7	5.3
13	식음료	Masan Group: 동물사료, 텅스텐 무역, 윈마트 운영	95,866.5	5.3
14	은행	Asia Bank: 1993년 설립된 민영상업은행	92,828.8	5.1
15	원자재	Vietnam Rubber Group: 고무, 축산업, 원자재 운송	84,800.0	4.7
16	식음료	Saigon Beer: 맥주 1위 업체	80,801.4	4.4
17	부동산	Becamex: 산업단지 개발업체	65,101.5	3.6
18	소매유통	Mobile World: 휴대폰, 전자제품 판매	62,590.7	3.4
19	은행	SEA Bank: 민영상업은행	59,647.2	3.3
20	은행	HD Bank: 민영상업은행	58,718.8	3.2
21	항공	Viet Jet: 저가 항공사	58,494.0	3.2
22	부동산	Vincom Retail: 쇼핑몰 Vincom 운영	52,945.0	2.9
23	은행	Sacom Bank: 민영상업은행	52,691.8	2.9
24	은행	Vietnam Intl Commercial Bank: 민영상업은행	49,721.4	2.7
25	증권	SSI(Saigon Securities Inc): 1위 증권회사	49,171.7	2.7
26	에너지	Petro Limex: 석유수입 판매회사	43,835.4	2.4
27	은행	Saigon Hanoi Bank: 민영상업은행	39,084.1	2.2
28	은행	Tien Phong Bank: 2008년 설립된 민영상업은행	38,308.4	2.1
29	보험	Bao Viet Group: 1964년 설립된 국영보험사	29,321.7	1.6
30	에너지	PV Power: 발전 기업	26,346.1	1.4

제 4 장

베트남의
거시경제

베트남에서 활동하려는 기업인들과 교민은 본인들 사업뿐만 아니라 거시경제에 관심이 많다. GDP, 물가, 금리, 환율, 외환보유고, 무역수지, FDI (외국인직접투자, Foreign Direct Investment), 재정수지 및 공공부채, FTA, 신용등급 등 거시경제 변수의 베트남만의 특성과 동향을 숙지하고 있어야 거시경제 흐름에 휩쓸려 불이익을 당하지 않는다. 물론 한국에서 베트남에 관심이 있는 분들도 필수적으로 파악해야 한다.

1. GDP 성장률: 고도성장경제

고성장국가라는 것은 현재 베트남의 경제 및 사회 현상을 이해할 수 있는 가장 근본적인 키워드이다. 베트남은 최근 20년(2004년~2023년)으로 한정해도 연평균 6.33%씩 성장해 왔다. 코로나19 시기인 2020년, 2021년을 제외하면 5~9%의 성장을 해 왔다. 개발도상국은 성장초기에 고도성장을 하기 마련이지만 베트남의 성장률은 꾸준하기에 경이롭다.

성장률은 모든 국가에서 다 중요하지만 개발도상국이고 끊임없이 외국인 투자를 유치해야 하는 베트남에서는 특히 중요하다. 세계 경기 침체의 영향으로 2023년 1사분기 GDP 성장률이 10년 동안 1사분기 성장률 중 최저치인 3.41%로 예상보다 낮게 나오자 경악한 베트남 정부는 금리 인하, 대출 공급 확대, 부가가치세 감면 등 정책 역량을 총동원하여 2사분기 4.25%, 3사분기 5.47%, 4사분기 6.72%로 성장률을 끌어 올린 바 있다.

어떤 연구원 분이 필자에게 물어 본 바 있다. "베트남이 그렇게 고성장국가인데 왜 중국과는 경제 측면에서 많이 차이가 나지요?(2022년 월드뱅크 기준 1인당 GDP 4,162$ vs 13,089$)" 답은 베트남은 중국에 비해 스타트가 늦었기 때문이다. 1986년 도이머이 정책으로 개혁, 개방 쪽으로 정책 방향을 전환했지만 본격적인 경제 성장은 미국이 1975년 이후 계속된 경제봉쇄조치를 1994년 2월 해제하고 1995년 미국과 베트남이 수교한 이후이다. 그 이후에 본격적으로 ODA 원조 자금과 FDI가 들어 왔다고 한다. 미국과 중국의 수교가 1975년이니 대략 20년 정도의 시차가 있다. 즉, 베트남에게는 앞으로도 성장의 여지가 많이 남아 있다.

베트남의 성장률은 정부나 시장이 받아들이는 스케일이 다른 국가와 다르다는 것을 기억하면 좋다. 7~8%는 돼야 기뻐할 만하고, 6%는 보통 수준, 5%는 아쉬움, 3~4%는 성장률 쇼크이다.

베트남 통계청 발표 GDP 성장률 추이

(베 통계총국(GSO), 단위: %)

연도	2004	2005	2006	2007	2008	2009	2010	2011	2012	2013
성장률	7.7%	9.2%	8.23%	8.48%	6.23%	5.32%	6.78%	5.89%	5.03%	5.42%
연도	2014	2015	2016	2017	2018	2019	2020	2021	2022	2023
성장률	5.98%	6.68%	6.21%	6.81%	7.08%	**7.02%**	**2.91%**	**2.58%**	**8.02%**	**5.05%**

베트남 GDP 성장률 변동 추이

(베 통계총국(GSO), 단위: %)

연도	연간	분기별				연도	연간	분기별			
		1분기	2분기	3분기	4분기			1분기	2분기	3분기	4분기
2013	5.42	4.76	5.00	5.54	6.04	2019	7.02	6.82	6.73	7.48	6.97
2014	5.98	5.06	5.34	6.07	6.96	2020	2.91	3.68	0.39	2.69	4.48
2015	6.68	6.12	6.47	6.87	7.01	2021	2.58	4.72	6.73	−6.02	5.22
2016	6.21	5.48	5.78	6.56	6.68	2022	8.02	5.05	7.83	13.71	5.92
2017	6.81	5.15	6.28	7.46	7.65	**2023**	**5.05**	**3.41**	**4.25**	**5.47**	**6.72**
2018	7.08	7.38	7.08	6.88	7.31	**2024**		**5.66**			

2. 물가: 적절히 안정적으로 통제

베트남의 정치체계는 공산주의체제이다. 공산주의체제는 국민들의 불만에 잘 신경쓰지 않는다는 편견을 갖는 분도 있는데 베트남은 아니라고 말할수 있다. 그러기에 베트남 당국은 물가 안정에 특히 신경을 쓴다.

베트남은 인플레이션에 대한 뿌리깊은 트라우마가 있다. 1980년대 후반베트남 정부가 도이머이 정책으로 시장경제체제 즉 가격자유화를 도입하자그동안 억눌린 상품 가격이 상승하였고 시장경제에 미숙했던 베트남 정부는 예산의 구매력이 떨어지자 화폐를 증발하는 방식으로 대응하였다. 결국베트남 정부와 국민은 453.3% (1986), 360.4%(1987), 374.4%(1988)라는 인플레이션 지옥을 보게 된다(KIF 금융조사보고서 2019-01, 베트남의 금융개혁과금융시스템, 2019.12., 이병윤·박해식, 23면). 이후 베트남 정부는 물가 안정에주력하였고 2008년에 20%를 넘는 인플레이션이 발생하기도 하였지만 일련의 긴축정책으로 2012년부터는 한 자리수로 하락하며 이후 안정세를 보이고 있다.

최근의 물가상황을 보면, 2022년, 2023년 전 세계가 원자재가격 상승으로 물가 상승압력에 시달리고 있을 때 베트남 정부는 물가를 3.15%, 3.25%(CPI 기준)로 억제하여 적절히 통제하였다고 자평하고 있다. 그러면 미국,

최근 6년간('18~'23) 분기별 평균 CPI 증가율

(베 통계총국(GSO), 전년 동기대비)

구 분	'18년	'19년	'20년	'21년	'22년	'23년
1분기	2.82%	2.63%	5.56%	0.29%	1.92%	4.18%
2분기	1.47%	2.65%	2.83%	2.67%	2.96%	2.41%
3분기	4.14%	2.23%	3.18%	2.51%	3.32%	2.89%
4분기	3.44%	3.66%	1.38%	1.84%	4.41%	3.54%
연간	3.54%	2.79%	3.23%	1.84%	**3.15%**	**3.25%**

유럽, 한국 등 전 세계가 인플레이션으로 신음하고 있을 때 베트남은 어떻게 비교적 안정적으로 물가를 관리할 수 있었을까?

우선 물가지수의 40%를 차지하고 있는 식량 부분에서 베트남은 자급자족이 가능하다. 호득퍽(Ho Duc Phuc) 재무부 장관은 세계 경제는 서로 깊게 상호의존적으로 연관되어 있으므로 세계의 원자재 생산문제가 가솔린, 철강, 비료 등의 가격 상승을 초래하고 있지만 베트남은 식량 자급자족이 가능하고 물가지수에서 식량이 차지하는 비중이 40%를 차지하므로 인플레이션 압력은 상대적으로 적은 편이라고 평가하였다(2022.6.8. 국회질의 답변).

필자는 이외에도 환율의 안정적인 관리를 들고 싶다. 환율 상승을 억제할 수 있었기 때문에 수입품 물가 또한 억제할 수 있었다. 베트남은 무역수지 흑자와 FDI로 쌓아 올린 외환보유고를 동원하여 환율 상승을 억제할 수 있었는데 이에 대해서는 환율 편에서 후술하겠다.

또한 효과적인(효율적인이 아니다) 통화정책을 꼽을 수 있다. 중앙은행은 인플레이션, 경기과열을 우려하여 2011년부터 개별 은행에 지난해 대출을 기준으로 각각 다른 신용성장률을 부여하고 그 한도까지만 대출공급을 제한하는 "신용성장률(연간 대출성장률)" 제도를 운영하고 있다. 보통 다른 국가에서는 은행의 대출 규모가 자본, 예금 규모 등에 의하여 간접적으로 제약을 받을 수 있지만 은행의 대출 규모 그 자체를 직접적으로 제한하지는 않는다. 그러나 베트남에서는 대출 규모 그 자체를 제한한다. 상당히 투박한 제도로 은행의 자율성을 저해하지만 물가에도 영향을 미치는 대출의 총량은 효과적으로 통제할 수 있다.

물가 안정은 정부에게 기준금리 인하 등 부양책을 적극적으로 사용할 수 있는 정책적 공간을 열어 주고 있다. 2023년 정부의 인플레이션 목표치는 4.5%이나 1사분기 4.18%, 2사분기 2.41%, 3사분기 2.89%로 목표치를 하회하고 있었다. 덕분에 2023년 경기침체에 신음하는 다른 국가들은 물가도 높아서 경기부양책을 적극적으로 펼칠 수 없었던 반면, 베트남 중앙은행은 3월, 4월, 5월, 6월 4번에 걸쳐 급속도로 기준금리들을 1.5% ~ 2.0%씩 인

2023년~2024년 월별 평균 CPI 증가율

(베 통계총국(GSO), 전년 동기대비)

2023년	1월	2월	3월	4월	5월	6월	상반기
	4.89%	4.31%	3.35%	**2.81%**	**2.43%**	**2.00%**	3.29%
2023년	7월	8월	9월	10월	11월	12월	하반기
	2.06%	**2.96%**	3.66%	3.59%	3.45%	3.58%	3.21%
2024년	1월	2월	3월	4월	5월	6월	상반기
	3.37	3.98	3.97				

하할 수 있었다.

　끝으로 베트남은 물가를 안정적으로 통제한다는 것이지 물가상승률이 낮다는 것은 아니라는 말을 하고 싶다. 즉 성장률이 높은 개발도상국치고는 인플레이션이 높지 않다는 이야기이지, 선진국과 비교해서 높지 않다는 이야기는 아니다. 물가가 높지 않다는 말을 하는 베트남인은 아마 한 사람도 없을 것이다.

미국 중앙은행의 통상적인 금리 인상폭인 0.25%를 baby step이라고 한다. 인플레이션의 우려가 커질 경우 이를 뛰어 넘어 급격히 인상해야 하는데, 0.5%는 big step, 0.75%는 giant step, 1.0%는 ultra step이라고 한다.

베트남은 성장률, 인플레이션, 금리 등 기본 스케일이 높은 국가답게 기준금리의 변동폭은 보통 0.5%이며, 급할 경우에는 1.0%도 인상한다. 2022년 9~10월에는 인플레이션, 환율폭등에 대응하기 위해 약 1개월의 간격을 두고 두 번에 걸쳐 2.0%를 인상시킨 적도 있다.

혹자는 인플레이션, 환율을 예측해서 미리미리 인상했으면 좋았을 것을 왜 그렇게 뒷북치듯이 급격히 인상하냐고 부정적인 평가를 하는 사람도 있다. 그러나 인플레이션, 환율은 완벽한 예측이 불가능한 것이고 환율이 폭등하는 닥쳐온 위기상황에서 기민하게 과감한 조치를 취해 시장을 안정시켰던 베트남 중앙은행에 긍정적인 평가를 하고 싶다. 2022년 하반기의 환율폭등 위기상황에 대해서는 환율 편에서 후술하겠다.

최근 5년간 베트남 중앙은행의 금리정책은 3개의 기간으로 구분될 수 있다. 1기간은 코로나19 상황에 대처하기 위한 기준금리 인하, 2기간은 공급망 이슈에서 촉발되어 전 세계적으로 퍼진 인플레이션에 대응하기 위한 기준금리 인상(2022년 9~10월 합계 2% 인상), 3기간은 베트남의 주된 수출 대상국인 미국, 유럽 국가의 금리 인상이 야기한 경기침체 상황에서 경기부양을 위한 기준금리 인하(2023년 3~6월 합계 1.5%에서 2%씩 인하)이다. 1기간과 2기간의 금리정책은 전 세계의 다른 국가와 시기와 방향에서 궤를 같이 한다. 그러나 3기간은 다르다. 다른 국가에서는 경기침체에 고통받지만 고물가 상황이라 금리 인하는 엄두도 내지 못했는데, 베트남은 인플레이션을 통제하였기 때문에 금리를 인하할 수 있었다. 혹자는 2023년 4월~8월의 2%대의 물가는 베트남 중앙은행의 안정적 물가 관리의 결과라기보다는 경기침체의 여파가 아니냐고 말하기도 한다. 물론 경기침체의 영향도 있다. 그러나 경기침체와 고물가라는 이중고를 겪고 있는 동 기간 많은 국가의 거시경제 상황에 비교하면 베트남 중앙은행의 거시경제 관리 능력이 폄훼될 수는 없다.

중앙은행 기준금리 변동 추이

(단위: %)

구 분 (%)	20.3	20.5	20.9	22.9	22.10	23.3.15	23.4.3	23.5.25	23.6.19
	[1기간] 코로나 대응 인하			[2기간] 인플레 대응 인상		[3기간] 경기침체 대응 인하			
① Discount Rate	3.5	3.0	2.5	3.5	4.5	3.5	3.5	3.5	3.0
② Re-Financing Rate	4.0	4.0	4.0	5.0	6.0	6.0	5.5	5.0	4.5
③ Interbank and Clearing Payment Lending Rate	6.0	5.5	5.0	6.0	7.0	6.0	6.0	5.5	5.0

* ① Discount Rate: 중앙은행이 시중은행에 자금 공급 시 국채 등 유가증권(Valuable Papers)을 담보로 자금을 공여할 때 적용하는 금리.
  ② Re-financing Rate: 중앙은행이 시중은행에 자금 공급 시 민간금융회사의 대출채권을 담보로 자금을 공여할 때 적용하는 금리.
  ③ Interbank and Clearing Payment Lending Rate: 중앙은행이 시중은행에 over-night으로 자금을 공여할 때 적용하는 금리.

한국과 베트남의 관계가 질적, 양적으로 심화되면서 정부, 기업, 현지 기업인/교민/주재원, 베트남 펀드 투자자 등 많은 한국인들이 베트남 동화(VND) 환율의 움직임에 관심이 많아졌다. 현재 베트남 환율(1USD = 25,300VND, 2024년 5월 기준)은 다섯 자리에 이르는 거대한 숫자이므로 이를 처음 대하는 사람은 다른 개발도상국처럼 베트남 환율도 급등(가치 급락)하고 불안정할 것이라고 막연한 불안감을 가질 수 있다. 그러나 무역수지 흑자와 FDI 유입이 계속되고, 외환당국이 환율을 안정적으로 통제하고 있어 장기적으로 상승하겠지만 붕괴할 가능성은 낮다는 것이 일반적인 관측이다.

(1) 베트남의 환율제도: 중앙은행이 지정하는 관리변동환율제

먼저 베트남의 환율제도부터 설명하겠다. 베트남의 환율제도는 중앙은행이 기준환율을 지정하는 관리변동환율제라 할 수 있다. 베트남 중앙은행은 ① 베트남과 중대한 무역, 자본, 투자 관계가 있는 8개 국가(미국, 유럽, 중국, 일본, 한국, 싱가포르, 태국, 대만) 통화의 가중평균 환율(복수통화바스켓), ② 거시경제 및 경상수지, ③ 통화 정책 목표를 고려하여 매일 VND−USD 기준환율을 고시하고 시중은행들은 ±5% 변동 제한폭 내에서 거래한다(베트남 법령 2730/QD−NHNN, 2015.12.31.).

8개 환율을 가중평균하니 시장에서 환율이 결정된다고 볼 수도 있으나 8개 국가가 변경되기도 하고 지금 현재 어떤 국가가 들어가 있는지 알기 어렵고 결정과정도 공개되지 않기 때문에 사실상 중앙은행이 기준환율과 변동폭을 결정하는 고정환율 성격이 있는 관리변동환율제도라 할 수 있다. 다만, 중앙은행도 시장환율과 크게 유리될 수는 없다. 강(強)달러로 환율이 폭등하는데 낮은 기준환율을 고집하면 시장환율이 ±5% 변동 제한폭을 벗어가게 되어 외환거래가 성립되지 않는다.

(2) 베트남 외환의 특징: 中 위안화와 밀접, 외화예금금리는 0%, 외환유출 통제

中위안화와 밀접

VND-USD 환율은 달러 인덱스 같은 달러의 글로벌 가치나 베트남 주가 등락보다는 중국 위안화의 움직임과 밀접하다고 현지의 금융전문가들은 말한다. 이는 중국이 베트남의 2위 수출대상국이자 1위 수입국이므로 중국의 경제와 베트남의 경제가 밀접한 관련이 있기 때문이다.

외화예금금리는 0%

베트남 역내 외화예금금리는 0%이다. 즉 달러화 예금이든 유로화 예금이든 베트남에서는 외화예금에 대한 이자를 받을 수 없다. 베트남인도 상대적으로 높은 인플레이션으로 인해 자산가치 상실이 높은 자국통화보다는 미달러화로 자산을 축적하고 싶어 하기 때문에 보유 유인을 줄여서 캄보디아에서와 같이 미국 달러가 자국 통화를 대체하는 달러라이제이션(Dollarization)을 방지한 것이다.

한편, 삼성전자 같은 거대 FDI 기업들은 막대한 규모의 달러를 수십억불씩 역내에 보관할 수밖에 없는데 예전의 저금리 상황에서는 이자수익 면에서 별 차이가 없었지만 현재의 強달러하에서 이자손실이 막대하여 달러화를 최대한 늦게 역내로 반입하고 빨리 역외로 반출하는 식으로 대응하고 있다. FDI 기업들의 계속된 제도개선 요구에도 외환당국이 0% 금리정책을 폐기할 생각은 당분간 없어 보인다. 자국 통화 보호뿐만 아니라 FDI 기업들의 이자손해를 기반으로 역내 기업들이 외화대출을 낮은 금리로 받는 부수적인 효과도 있기 때문이다. 또한 주된 외화공급루트인 ① 무역수지와 ② FDI에서 외화 공급이 아직은 충분하여 외환당국이 폐기할 유인이 적은 상황이다.

엄격한 외환유출 통제

여타 다른 개발도상국처럼 베트남도 달러 유입은 막지 않으나 달러 유출은 엄격히 통제하고 국내간의 거래도 엄격히 통제한다. 예를 들면 베트남인은 여행, 유학경비 등 목적을 증명해야 외화환전이 가능하고, 베트남인과 외국인은 소득, 환전 등 취득원천을 증명해야 국내외 외환송금이 가능하다. 그렇다고 베트남에서는 달러를 반출할 수 없는 것으로 인식하면 안 된다. 베트남에서 투자하여 정당히 얻은 소득 및 이익은 관련 세금을 완납했고 정당히 얻은 것을 증명하면 반출할 수 있다. 예를 들면 주재원들은 달러로 월급을 받았다는 것이 은행계좌 거래로 증명되므로 마음대로 역외 송금이 가능하다. 베트남 당국은 증명할 수 없는 외화의 반출을 다른 국가보다 엄격히 금지할 뿐이다. 베트남에서 사업하려는 많은 한국인들이 외환 반출이 불가능하다고 오해하는 것은 사업 과정상에서 모든 외화들의 출처를 증명할 수 없는 경우가 발생하고 이런 외화는 반출이 안 되기 때문에 그런 인식이 생긴 것이다. 여담인데, 베트남에서 때로는 외화가 필요하다는 목적을 증명하고, 보유하고 있는 외환의 출처를 증명하기가 어려울 수도 있다. 그래서 많은 금은방이 암달러상을 부업으로 하고 있다고 한다. 금은방 저 한 구석에 화폐계수기가 왜 보이겠는가?

(3) 환율 관리 추이: 개발도상국이지만 비교적 안정적으로 통제

이제 최근 약 10년간 베트남의 환율 추이를 보자. 베트남의 외환당국인 중앙은행이 처한 경제상황과 실력을 가늠해 볼 수 있다.

① 2016년∼2020년까지 지속적 환율 상승

복수통화바스켓 제도가 시행된 2016년 이후 2020년까지 미달러화 대비 동화 환율은 지속적으로 상승(베트남 동화 가치절하)하였다. 환율은 1달러당 2016년 21,500∼22,000VND였지만 2020년에는 23,000∼23,500VND로 상승하였다. 수출주도 경제구조를 가진 개발도상국인 베트남으로서는 동화 가치를 절하하는 것이 수출경쟁력을 제고하기 때문에 자국통화의 절하는 당연한 정책이었다.

② 2020년 말 미국의 환율조작국 지정 및 환율 상승 추이 정지

그러나 막대한 대미(對美) 무역흑자를 올리던 베트남을 미국은 그냥 보고 있지만은 않았다. 대미(對美) 경상수지는 급격히 상승하였지만 환율은 오히려 지속 상승하여 미국 재무부는 베트남이 외환시장에 개입하여 관리했다며 2020.12.16. 환율조작국으로 지정했고 2021.4.16. 해제하였다. 아마도 해제하기 전에 미국과 베트남 간의 사전 협의가 있지 않았나 생각되는데, 2021.7.19. 미국 재무부와 베트남 중앙은행은 시장 개입을 통한 동화의 인위적 평가절하를 자제하고 통화정책을 투명하게 하고 환율의 유연성을 개선하겠다고 공동성명을 발표하였다. 성명 발표 후 2022년 5월 기준 23,000VND 초반 수준으로 상승 추세가 정지되었다.

③ 2022년 하반기 환율 폭등, 중앙은행 대응으로 안정화

2022년 하반기에 접어들자 미국의 급격한 금리인상의 여파로 이제는 USD-VND 환율이 급격히 폭등(베트남 동화의 절하)하여 25,000VND에 근접하였다. 환율 상승의 속도가 너무 빨랐던 것이다. 2022년 強달러 현상으로 여타 다른 통화의 가치가 하락할 때도 베트남은 외환보유고를 동원하여 3분기까지는 환율을 안정적으로 관리하였다. 연초 대비 3분기까지 달러 환율이 태국 14.2%, 말聯 11.2%, 인니 6.5%, 한국 20.6% 상승하였으나 베트남은 4.4% 상승에 그쳤다. 그러나 환율방어에 따라 외환보유고가 급감하여 4분기 들어 중앙은행 개입이 약해지며 10~11월 단기간 동안 4% 이상 급상승하였다. 중앙은행이 지정한 기준환율에서 가산한 환율변동 밴드 상단을 시장환율이 넘어섰기 때문에 장내 외환 거래가 체결되기 어려워지고 암달러 환율도 25,000VND를 넘어서기 시작했다.

외환보유고를 더 이상 헐어 쓸 수 없었던 중앙은행은 쓰고 싶지 않았던 2장의 카드를 동시에 사용한다. 중앙은행은 기준금리를 9.23., 10.25. 약 한 달 사이에 두 번에 걸쳐 공격적으로 2%를 인상하고, 10.17. 환율변동 제한폭을 완화(±3% → ±5%)하여 12월에는 환율을 24,000VND 아래로 안정화시키는 데 성공하였다.

VIETCOM BANK 최초고시 매매기준율

(단위: VND/USD)

일자	'22.1.4	'22.7.4	'22.9.7	'22.9.30	'22.10.24	'22.11.11	'22.11.18	'22.11.25	'22.12.9	'23.9.
환율	22,780	23,300	23,530	23,800	**24,720**	**24,787**	**24,735**	**24,732**	23,690	24,300

④ 2023년 환율 안정

1~8월 1USD당 23,500~24,000VND, 변동폭 약 2.1%(같은 기간 한국은 약 9.5%)로 환율이 대단히 안정화되었다.

(4) 외환보유고: 여유 있지도 않지만 부족하지도 않음

2022년 1월 베트남의 외환보유고는 1,096억 달러였으나 11월 834억 달러로 환율 방어를 위해 230억 달러 이상을 소진하였다.[1] 2023년 11월 외환보유고는 880억 달러로 2022년 소진했던 외환보유고를 채워나가고 있다.

중앙은행 외환보유고 추이

(단위: 억불, Bloomberg)

구 분	17.12	18.12	19.12	20.12	21.12	22.1	22.9	22.11	23.11
보유고	486	550	779	944	1,074	**1,096**	858	**834**	880

그러면 베트남은 어떤 수준의 외환보유고를 가지고 있을까? 2018~2023년까지 매년 12월의 시점을 기준으로 하면 베트남의 외환보유고는 월평균 수입액의 2.8개월~4.3개월 수준이다. 혹자는 한 국가는 3개월치의 수입대금을 감당할 정도의 외환보유고를 가지고 있어야 한다고 말한다. 이 기준으로 보면 베트남 외환 당국은 준수하게 외환보유고를 관리하고 있는 편이다.

월평균 수입액으로 측정한 외환보유고

(단위: 억불, Bloomberg, 통계총국)

구 분	18.12	19.12	20.12	21.12	22.12	23.12
연간 수입액	2,375.1	2,535.0	2,624.0	3,322.5	3,607.0	3,263.7
월평균 수입액	198	211	219	277	301	302
외환보유고	550	779	944	1,074	846	880*
외환보유고 ÷ 월평균 수입액	**2.8개월**	**3.7개월**	**4.3개월**	**3.9개월**	**2.8개월**	**2.9개월**

※ 2023년 외환보유고는 2023년 11월 수치임.

---

1 베트남, 외환보유고 급감에 동화 환율 상승 지속 전망...환율방어에 230억달러 소진, Inside VINA(22.9.30.).

조금 더 기준을 높여 BIS 권고 적정 외환보유고(=3개월간 수입액+만기 1년 이내 단기외채+외국인 주식투자금의 1/3) 기준으로 판단해 보면 2018~2021년까지 매년 12월 기준 BIS 권고 적정 외환보유고의 약 62%~ 93% 수준을 보유하고 있다. 그런데 이 분석에는 토(disclaimer)를 달고 싶다. Bloomberg 터미널에서 구한 단기외채(출처는 ADB라고 한다)의 정의가 명확하지 않아 위기시 즉시 이탈할 수 있는 자금인지는 확인하지 못했다.

적정 외환보유고

(단위: 억불, Bloomberg, 통계총국)

구 분	18.12	19.12	20.12	21.12	22.12	23.12
① 3개월치 수입액	594	634	656	831	902	906
② 단기외채	195	243	266	332	–	–
③ 외국인 주식투자금의 1/3	97	105	94	139	130	121
적정 외환보유고	886	982	1,016	1,302	–	–
외환보유고	550	779	944	1,074	846	880
적정대비 외환보유고	62.0%	79.3%	92.9%	82.4%	–	–

그러나 위의 수치들과는 별개로 베트남의 외환시장은 안정적으로 관리되고 있고 미얀마,[2] 캄보디아[3] 등 다른 동남아 국가에서 발생하는 심각한 외환부족현상도 나타나고 있지 않다. 이는 중앙은행이 쌓아 놓은 외환보유고와 별개로 무역수지와 FDI라는 두 개의 루트로 외환이 계속 공급되기 때문이

---

2 미얀마의 경우 2022.4.3. 중앙은행이 미얀마 짜트화의 가치 하락을 막기 위해 내국인과 외국인에게 국내에 있는 외환계좌로 송금된 외화를 짜트화로 강제 환전하도록 명령하였다. 즉, 외화 보유를 금지하여 달러의 역외 반출을 통제하자는 것인데 갑작스런 시행으로 수입대금을 결제하지 못해 가솔린, 디젤유 등 유류수입이 일시적으로 끊기기도 하였다.
3 캄보디아의 경우, 문제가 더 심각하여 일상생활에서 달러화와 캄보디아 리엘화가 함께 사용되고 현지 유동성에서 달러화가 차지하는 비중이 상당히 큰 것으로 알려졌다. 리엘화 가치 하락으로 인해 달러화가 리엘화를 구축한 것인데 이렇게 되면 외화부족 문제는 없지만 중앙은행은 자국 화폐 발행으로 인한 세뇨리지 효과(=액면가-발행비용)를 향유할 수 없게 된다.

다. 특히 무역수지 흑자보다 FDI로 인한 외환 공급이 몇 배 더 크다는 것이 특이하다. 그리고 2023년 기준 베트남 수출액의 73.1%, 수입액의 64.2%를 차지하는 FDI 기업은 베트남 기업보다 역외 외환 조달이 수월하다는 것도 베트남 중앙은행의 어깨를 가볍게 한다.

무역수지 및 FDI 총투자액

(단위: 억불)

구 분	2018	2019	2020	2021	2022	2023
무역수지	72	99	191	40	112	283
FDI 총투자액*	354	389	285	311	277	366

* FDI 총투자액은 등록기준임. 이후 수년간에 걸쳐서 실행됨.

마지막으로 미국 재무부가 환율관찰대상국을 지정하는 보고서인 「Macro-economic and foreign exchange policy of major trading partners of the US(2023.11.7.)」의 베트남 외환 보유 상황에 대한 평가를 소개하고 싶다. "베트남은 2023년 상반기 외환보유고를 다시 채워 외환보유고는 6월 기준 890억불이다. 고정환율에 사용되는 IMF 적정 외환보유고 기준을 사용하면 충분하지 않다. 그러나 변동환율에 사용되는 IMF 적정 외환보유고 기준을 사용하면 전반적으로 충분하다."[4] 베트남은 중앙은행이 기준환율과 시장환율의 변동 범위를 지정하지만 외환품귀현상이 발생하지 않도록 지정하므로 고정환율제보다는 변동환율제에 훨씬 가깝다고 본다.

---

4 Vietnam has reaccumulated some of these reserves in the first half of 2023, and foreign exchange reserves stood at $89 billion as of June 2023. Reserves remain below the lower range the IMF considers adequate based on its reserve adequacy metric for fixed exchange rate regimes, but broadly adequate if assessed on the basis of the IMF's reserve adequacy metric for floating exchange rate regimes.

(5) 베트남의 환율정책 방향 및 중앙은행의 환율관리 능력

　베트남은 수출제조업 주도 국가로서 장기적으로 수출에 유리한 고환율을 희망하고 있다는 것이 시장의 중론이다. 그러나 미국이 환율조작국으로 지정하여 경고하기도 했고 베트남도 시장의 충격은 원하지 않기에 단기가 아닌 장기적인 완만한 상승을 희망하고 있는 것 같다. 필자가 처음 환율을 접한 1980년대 한국의 환율은 1달러당 700원대였지만 2020년대에는 1달러당 1300~1400원대가 되었다. 그러면 중앙은행은 환율을 안정적으로 관리할 능력이 있을까? 대답은 "그렇다"이다.

　첫째로 베트남 중앙은행의 시장 장악 능력은 선진국의 중앙은행과는 비교할 수 없을 정도로 막강하다. 일단, 중앙은행은 기준환율을 고시하고 시중은행이 ±5% 변동폭 내에서 거래하게 하므로 환율의 1차적인 결정권한을 가지고 있다. 또한 중앙은행은 BIDV, VietinBank, AGRIBANK, Vietcombank 등 4대 국영상업은행의 주식을 80% 이상 보유하고 있는 절대 대주주인데, 이 4대 국영상업은행은 은행시장의 약 40%(자산기준)를 점유하고 있는 Leading Bank이다. 4대 국영상업은행이라는 우군을 통해 중앙은행은 환율정책을 투사할 수 있으므로 일정 수준 외환시장을 통제할 수 있다.

　실전에서의 성적도 좋다. 2022년 3사분기까지 중앙은행이 환율을 안정적으로 관리하다가 비록 4사분기에 폭등했지만 과감한 정책을 기민하게 펼쳐서 단기간 내에 시장환율을 안정시킨 것을 보면 일정 수준의 외환 충격은 수습할 수 있는 능력을 갖춘 것으로 보인다. 2023년 1월 파이낸셜 타임즈(FT) 계열인 The Banker지(誌)는 응우옌 티 홍 베트남 중앙은행 총재를 아시아·태평양 지역 올해의 중앙은행장으로 선정하였다. 그리고 2023.9.6. Global Finance지(誌)는 인플레이션 통제, 경제성장 목표 달성, 통화 안정성, 효과적인 금리 관리 등의 성공 기준을 바탕으로 중앙은행 총재의 등급을 산정하는데, 베트남 중앙은행 총재가 인도, 스위스 총재와 함께 A+ 등급을 받았다. 즉 2022년 중앙은행의 거시경제관리 능력은 해외에서도 인정받

앉다.

둘째로 베트남은 중앙은행의 관리능력을 뒷받침할 외환이 무역수지 흑자와 FDI를 통해 계속해서 공급된다는 특징이 있다. 사실 이 점이 제일 중요하다. 그래서 현 외환보유고가 충분하지는 않지만 부족하지도 않다는 것이 시장의 관측이다. 그리고 중앙은행이 2022년 4사분기 환율폭등시에도 외화예금 금리 0% 폐기는 고려도 안 한 것을 보면 아직 외환 관리에 사용할 정책적 카드도 남아 있는 상황이다.

물론 장기적으로 베트남의 인건비가 상승하여 제조업기지로서의 메리트가 소실되어 (1) 무역수지 적자가 수년간 발생하고, (2) FDI가 급격히 감소될 경우 베트남 외환시장의 안정성을 주시해야 할 것이다. 그러나 중장기적으로 베트남 외환시장의 두 버팀목인 경상수지 흑자와 FDI는 계속 유지될 것으로 보인다. 미중 갈등도 아직 진행 중이다.

5. 무역수지

앞서 고성장국가가 베트남을 이해하는 중요한 키워드라고 강조한 바 있다. 무역수지흑자는 고성장국가인 베트남을 뒷받침하는 기둥이다. 베트남은 원래 수출지향 경제를 가지고 있으며 무역수지가 양호했던 국가였다. 그런데 미중 무역전쟁이 본격화된 2018년 이후부터 무역흑자가 2018년 72.1억불, 2019년 99.5억불, 2020년 191.0억불로 더욱 증가하게 되었다. 코로나 봉쇄로 2021년에는 잠시 무역흑자가 40억불로 감소하였지만 2022년에는 112억불로 회복하였고 2023년에는 불황형 흑자이지만 283억불을 기록하였다. 미중 갈등의 수혜자가 베트남이고, 베트남일 것임이 수치로 증명된다.

그런데 여기서 눈여겨 봐야 할 것은 베트남의 대외의존도, 즉「총교역액(=수출＋수입)÷GDP」이다. 한국은 늘상 수출입 규모에 비해 내수가 작아 대외변수에 취약하다는 평가를 들었다. 한국의 2022년 대외의존도가 약 100%인 반면, 베트남은 179.2%에 달했다. 게다가 대외의존도는 미중 무역전쟁이 시작된 2018년 155.5%에서 2022년 179.2%로 대체로 증가세였다(세계 경제침체로 교역량이 축소한 2023년은 158.4%로 다소 하락했다). 베트남은 원자재 및 중간 부품을 수입가공하여 수출하는 FDI 기업의 비중이 경제에서 높지만 대부분의 원자재 및 중간부품을 국내에서 자체 생산하지 못하고 내수도 작다. 다시 말해 수출입규모는 크지만 국내에서 발생하는 부가가치 규모는 작아 대외의존도가 높다. 미국, 유럽 등 주요 수출국의 경기와 환율 등 대외 변수가 경제에 큰 영향을 줄 수밖에 없는 경제구조이다.

재미있는 것은 베트남의 무역흑자에 대한 미국의 입장이다. 2022년 대미(對美) 무역흑자국 1위는 중국(3,829억불)이고, 3위는 베트남(1,161억불)이다. 중국이 베트남의 3배를 약간 상회하는데, 양국 간의 경제규모 차이를 감안하면 베트남은 중국보다 더 심각한 대미(對美) 무역흑자를 보고 있는 셈이

최근 6년간 베트남 무역흑자 및 대외의존도

(베 통계총국(GSO), 억불)

구 분	2018	2019	2020	2021	2022	2023
수출	2,447.2	2,634.5	2,815.0	3,362.5	3,719.0	3,546.7
수입	2,375.1	2,535.0	2,624.0	3,322.5	3,607.0	3,263.7
무역흑자(수출−수입)	**72.1**	**99.5**	**191.0**	**40.0**	**112.0**	**283**
교역량(수출+수입)	4,822.3	5,169.5	5,439.0	6,685.0	7,326.0	6,810.4
GDP	3,101.0	3,343.6	3,466.1	3,661.3	4,088.0	4,200.4
대외의존도(교역량÷GDP)	**155.5%**	**154.6%**	**156.9%**	**182.5%**	**179.2%**	**158.4%**

※ GDP는 월드뱅크 산출 수치.

다. 그러나 미국 재무부가 베트남, 중국, 독일, 말레이시아, 싱가포르, 타이완 등 6개국을 환율관찰대상국[5]으로 지정한 보고서인 「Macroeconomic and foreign exchange policy of major trading partners of the United States (2023.11.7.)」에서 보이는 두 국가에 대한 입장은 차이가 있다.

중국에 대해서는 "중국은 외환개입을 공개하지 않고 환율 메커니즘에 대한 투명성이 부족하므로 외환개입관련 투명성을 높여야 한다"[6]고 부정적으로 평가한 반면, 베트남에 대해서는 "베트남은 외환개입에 대한 자료를 공

---

5 미국의 교역촉진법(2015년)에 따라 1) 상품과 서비스 등 150억불 이상의 대규모 대미 무역흑자, 2) GDP 대비 3%를 넘어서는 상당한 경상수지 흑자, 3) 당국의 지속적 일방향 외환시장 개입(GDP의 2%를 넘는 일방향 시장 개입)의 3가지 기준 중, 2가지에 해당되면 관찰대상국, 3가지에 해당되면 심층분석대상국(대개 종합무역법(1988년)에 따라 환율조작국으로도 지정)으로 지정됨.

6 **China provides very limited transparency** regarding key features of its exchange rate mechanism, including the policy objectives of its exchange rate management regime and its activities in the offshore RMB market. / **China's lack of transparency** and use of a wide array of tools complicate Treasury's ability to assess the degree to which actions by the authorities and state−owned banks are designed to impact the exchange rate. / Overall, these developments highlight **the need for China to improve transparency** regarding its foreign exchange intervention activities.

개하지 않으나 베트남 당국은 2023년 6월까지 1년 동안 순 외환 매도액이 GDP의 1.45%(약 60억불)라는 신뢰할 만한 자료를 재무부에 제출했다. 재무부는 베트남이 러-우 전쟁, 상품가격 상승, 긴축정책 우려 속에서 베트남 동화가 심각하게 절하되자 외환을 매도한 것으로 평가한다",[7] "2021년 7월 미국 재무부와 베트남 중앙은행은 베트남의 통화 관행과 관련된 미국 재무부의 우려를 해소하기 위한 합의에 도달했다. 재무부는 베트남 상황의 진전에 대해 만족하며 앞으로도 계속해서 통화 이슈에 대해 베트남 중앙은행과 긴밀히 협의할 것이다"[8]라고 긍정적으로 평가했다.

미 재무부가 중국과 대비되게 베트남의 외환 상황에 대해서는 무려 "만족한다(Remains Satisfied)"라는 표현을 사용하였다. 이것이 미중 갈등 상황에서 베트남의 무역흑자에 대한 미국의 입장이 아닐까 생각된다. 미래는 아무도 모르는 것이지만 만약 미국이 베트남의 무역흑자에 대해 용인하겠다는 입장이라면 베트남 경제의 중요 버팀목인 수출 그리고 무역흑자의 미래에 청신호가 켜진다.

---

7 Vietnam does not publish data on its foreign exchange intervention. **The authorities have conveyed credibly to Treasury** that net sales of foreign exchange in the four quarters through June 2023 were 1.45% of GDP. That figure is equivalent to about $6 billion. Treasury assesses that Vietnam engaged in significant net sales of foreign exchange in 2022 amid significant depreciation pressure resulting from Russia's war against Ukraine, elevated commodity prices, and expectations for policy tightening by the Federal Reserve.

8 Treasury commenced enhanced bilateral engagement with Vietnam in accordance with the 2015 Act.18 As a result of discussions through the enhanced engagement process, Treasury and the SBV reached agreement in July 2021 to address Treasury's concerns about Vietnam's currency practices. **Treasury remains satisfied with the progress made by Vietnam** and will continue to engage closely with the SBV on currency issues.

(1) 베트남에서 FDI의 중요성

FDI는 산업의 기반이 어느 정도 완성된 선진국에게도 중요하지만 베트남 같이 해외의 자본과 기술을 받아들여 한창 성장해야 하는 개발도상국에게는 더욱 중요하다. 특히 FDI의 증감이 제조업 기지와 내수시장으로서의 매력도를 뜻하면서 미래의 씨앗이기에 베트남 정부는 FDI에 민감하게 반응한다.

FDI를 담당하는 기획투자부가 매달, 매분기 통계를 발표할 때마다 국내외 언론이 민감하게 반응하며 정부는 즉각 대응하여 대응책을 내놓는다. 2023년 1사분기 FDI 유치 총액이 전년 동기대비 −38.3% 감소하였다. 베트남 정부는 이를 엄중하게 인식하여 2023.4.22. 팜 밍 찡 총리가 LEGO, 효성, Bosch, Intel, 코참, 암참, 유로참, JETRO 등 외국기업, 외국기업단체 200여명이 참석하는 회의를 긴급히 주재하고 애로사항을 신속히 처리하고 공정하고 개방적이며 투명한 투자환경 조성을 약속한다는 FDI 친화적인 시그널을 보내기도 하였다. 이러한 신속한 대응과 미중갈등으로 인한 중국, 홍콩, 대만의 제조업 FDI 급증 등 유리한 대외여건에 힘입어 2023년 FDI는 전년대비 32.1% 증가했다.

(2) 1998년부터 누적 국가별 FDI 순위: 한국-싱가포르-일본-대만-홍콩

요즘 보통의 한국인들은 동남아 국가들 중에서 베트남 관련 뉴스를 가장 많이 접했을 것이다. 박항서 감독님, 베트남 내 한류 열풍 등 여러 가지 요인이 있겠지만 가장 큰 원인은 한국이 베트남에 공장, 쇼핑몰, 극장, 은행을 많이 세웠기 때문이다. 특히 제조업으로 한정해 보면 베트남은 동남아에서 가장 중요한 한국의 생산기지이다.

이것은 FDI 수치로도 증명된다. 베트남 기획투자부의 통계에 따르면 1988년부터 2023년까지 베트남 누적 FDI 순위는 1위 한국, 2위 싱가포르, 3위 일본, 4위 대만, 5위 홍콩, 6위 중국이다. 즉 제조업으로 유명한 한, 일, 중화권(중국, 대만, 홍콩)이 30년 넘게 베트남의 메이저 투자자들이었다.

제조업 강국도 아닌 싱가포르가 왜 2위인지 이상하게 생각할 것이다. 싱가포르 FDI는 우회 투자인 경우가 많다. 세제 혜택 등의 이유로 타국가의 법인이 싱가포르법인을 통해 투자하는 경우이다. 삼성전자 박닝공장(2007년, 15억 달러)도 싱가포르 FDI로 통계가 잡힌다. 이외에 Foxcon(2021년 2.8억 달러), 코카콜라(2022년 1.3억 달러), Nitto Vietnam(2023년, 1.3억 달러) 등도 싱가포르 FDI로 분류된다.

1998~2023년 주요국 대(對)베트남 누적 FDI 현황

(단위: USD 백만)

순위	국가명	누적 총투자액 (1988~2023)
1	한국	85,865.8
2	싱가포르	74,519.4
3	일본	73,962.9
4	대만	39,315.9
5	홍콩	34,124.0
6	중국	27,479.1
7	버진 아일랜드	22,724.0
8	네덜란드	14,205.7
9	태국	14,054.6
10	말레이시아	13,106.9
11	미국	11,826.7

* 자료원: 베트남 기획투자부(MPI), 2023.12.20. 기준.

(3) 2023년 국가별 FDI 순위 변화: 중국, 홍콩, 대만 등 중화권의 부상

지난 몇 년간 연간 FDI 국가 순위는 1998년부터 누적순위와 크게 다르지 않았다. 세제 혜택을 이유로 싱가폴이 1위, 한국, 일본 등 동북아 제조업 국가가 2~3위, 중국, 홍콩, 대만 등 중화권 국가 등이 4~6위였다. 그런데 2023년부터 몇 가지 특징과 변화가 보이기 시작했다.

첫째 2023년 중국 77.6%, 홍콩 110.6%, 대만 113.4% 등 중화권 국가 등의 FDI가 전년 대비 급증하였다. 이들의 FDI가 급증한 것은 미중 갈등으로 인해 중국의 생산기지가 베트남으로 옮겨가고 있다고 해석할 수 있다. 둘째, 2위 자리를 지키던 한국이 2023년 5위로 떨어졌다. 사실 한국의 투자액 규모는 4,400백만달러로 −9.8% 정도 하락했을 뿐인데, 일본, 홍콩, 중국, 대만이 37.3%~110.6%씩 급격히 증가하여 순위가 변동된 것이다. 한국이 급격히 증가하지 않은 이유는 타국보다 일찌감치 베트남 투자를 개시하여 웬만한 대기업은 이미 다 진입하였고 미국의 IRA 등 보호무역 때문에 한국의 대기업이 미국으로의 FDI를 증가시켰기 때문이다. 대기업은 협력업체까지 같이 들어오기 때문에 FDI에 있어서 대기업의 비중이 절대적이다. 셋째,

최근 3개년 주요 국가 대(對)베트남 FDI 변동 추이

(단위: USD 백만, 기획투자부)

2021년		2022년		2023년 1~12월	
국가(투자액)	전년대비 증감률	국가(투자액)	전년대비 증감률	국가(투자액)	전년대비 증감률
① 싱가포르(10,712.0)	19.1%	① 싱가포르(6,455.0)	−39.7%	① 싱가포르(6,803.5)	5.4%
② 한국(4,953.2)	25.4%	② 한국(4,879.0)	−1.5%	② 일본(6,566.0)	37.3%
③ 일본(3,897.5)	64.6%	③ 일본(4,781.4)	22.7%	③ 홍콩(4,684.0)	110.6%
④ 중국(2,921.7)	18.8%	④ 중국(2,518.0)	−13.8%	④ 중국(4,470.9)	77.6%
⑤ 홍콩(2,315.8)	15.8%	⑤ 홍콩(2,223.9)	−4.0%	⑤ 한국(4,400.9)	−9.8%
⑥ 대만(1,252.0)	−39.2%	⑥ 대만(1,351.6)	8.0%	⑥ 대만(2,883.8)	113.4%

* 자료원: 베트남 기획투자부(MPI), 2023.12.20. 기준.

일본의 FDI가 지난 3년간 64.6%, 22.7%, 37.3%씩 계속 증가하여 2023년에는 2위가 되었다. 이는 한국과 달리 아직 일본의 대기업은 베트남으로 진입 중이고 유통업, 금융업 지분 투자 등 비제조업으로도 많이 진출하기 때문이다.

종합해 보면 일본, 홍콩, 중국, 대만 등 동아시아 제조업 강자들이 FDI를 급속도로 증가시켜서 한국이 연간 베트남 FDI 2위였던 시기는 당분간 지나갔다. 한국이 FDI를 줄였다기보다는 다른 국가들이 제조업 생산기지로서 베트남을 선택해서 발생한 현상이다. 그동안 한국이 독보적인 투자국으로서 베트남에서 여러모로 유리한 입장에 있었던 시기는 지나갔고, 인력, 전력, 용수, 입지 등 한정된 생산자원을 두고 베트남 국민과 정부 앞에서 유리한 조건을 제시하며 일본, 홍콩, 중국, 대만과 경쟁해야 되는 시기가 도래했다. 벌써부터 북부 지방에서는 중국 기업들이 인력을 대량으로 고용하기 시작해서 임금이 올라간다는 말이 들려온다. 베트남에서 거둔 과거의 성공은 잊어버리고 심기일전해야 할 시기이다.

(4) 베트남 FDI 분야별 현황: 제조, 가공업 분야가 1위

2023년 1년간 FDI 통계를 보면 베트남의 1위 투자 분야는 제2의 중국 소리를 듣는 베트남답게 제조, 가공업 분야로 전체 FDI 중 약 59.5%, 235억 달러가 투자되었다. 2위는 하노이, 호치민 대도시에 대형 빌딩이 계속 건설되고, 다낭, 냐짱, 푸꾸옥에 세계인을 대상으로 하는 휴양지가 가득한 베트남답게 부동산 경영업으로 약 12.7%, 46.6억 달러가 투자되었다. 그 다음은 전력/가스 생산 및 공급업 6.5%(22.6억 달러), 은행·금융업 4.3%(15.5억 달러), 전문과학 기술업 3.5%(12.8억 달러), 도소매 유통 및 수리업 3.4%(12.6억 달러) 순이다.

한국, 중국, 대만은 2023년 베트남 제조업 투자비율이 각각 88.6%,

89.1%, 95.9%일 정도로 제조업 위주의 투자를 해오고 있다. 최근의 중국, 대만이 미국의 대중 압박을 피하기 위해 공장을 베트남에 이전설립하는 경우가 많기 때문이다. 한국의 경우 베트남에서 대규모 생산 네트워크를 운영하기에 압도적으로 제조업 위주의 투자를 하고 있다. 이러한 연유로 한국은 글로벌 수요가 위축되면 FDI도 감소되는 등 영향을 받는다. 또한 한국에서 원재료를 수입해서 유럽, 미국 등 전 세계로 수출하는 방식이므로 한국이 베트남에 대해 대규모 무역흑자를 발생시키는 구조이다.

일본의 경우는 약간 다르다. 2021년, 2022년, 2023년 제조업 FDI는 50.0%, 42.8%, 21.3%로 제조업 이외에 에너지, 유통, 금융, 부동산 분야 투자 등 베트남 내수 시장을 겨냥한 투자가 증가하고 있다. 예를 들면 2022년 에너지 발전 분야에서 LNG 발전에 20억 달러를 투자하였고 유통업 분야도 AEON(이온)몰 추가 설립으로 2억 달러를 투자하였다. 2023년 3월 스미토모 은행이 VP Bank 지분 15%를 15억 달러에 인수하였다. 이렇게 일본은 비제조업 분야에도 투자를 주력하고, 태국, 인니 등 다른 해외생산기지에서 부품을 수입하는 비중도 높아 대규모 무역흑자가 없고 때로는 약간의 적자도 본다. 2023년 무역수지(베트남 관세청)를 보면 한국은 290.1억 달러 흑자(수출 524.7억 달러, 수입 234.6억 달러)인데, 일본은 16.6억 달러 적자(수출 216.3억 달러, 수입 232.9억 달러)이다. 2022년은 일본이 8.6억 달러의 흑자를 보았다.

비록 한국은 지금까지는 제조업 위주로 베트남에 진출했지만 이제는 20년간(2003~2022) 연평균 6.33%의 고성장하에 커지고 있는 내수시장을 겨냥한 비제조업 진출의 필요성도 인식해야 한다. 이미 2014년부터 하노이에 호텔, 레지던스, 백화점, 사무실이 입점한 62층 Lotte Center를 운영중인 롯데가 Lotte Mall West Lake Hanoi를 2023년 개장하여 하노이 시민들의 명소로 자리매김한 것이 좋은 사례이다.

주요 국가의 베트남 FDI 중 제조업 분야 투자 비율

구 분	한국	싱가포르	일본	중국	홍콩	대만
2021년	**76.4%**	38.5%	50.0%	90.2%	90.2%	96.1%
2022년	**84.2%**	34.7%	42.8%	79.1%	66.7%	66.2%
2023년	**88.8%**	48.7%	21.3%	89.1%	93.2%	95.9%

* 자료원: 베트남 기획투자부(MPI).

(5) 제조업 기지로서 베트남의 비교우위

그러면 베트남의 어떤 강점으로 인해 제조업 기지로 각광받으며 "China+1" 전략의 "1"의 후보지로 거론되는 것일까? ① 우수하고 저렴한 노동력이 풍부하고, ② 중국에 접경해 있어 원자재 수급에 유리하고, ③ 16개 FTA를 체결하여 많은 국가들로부터 수출시 혜택을 받고, ④ 정치/사회체제가 안정되어 있는 등 제조업 기지로서의 강점이 있기 때문이다.

한국의 경우 위의 강점 이외에도 ⑤ 문화적 유사성, ⑥ 우호적 한-베 관계라는 추가 요인이 있어 한국이 최근 5년(2019~2023년)간 아세안 국가 제조업 FDI 중 54.32%를 베트남에 투자하는 등 베트남은 한국의 핵심 해외제조업 기지가 되었다. 일본은 한국보다 일찍 태국, 인도네시아 등 동남아 각지에 탄탄한 생산기지를 건설하여 선점해 왔지만 한국은 그러지 못했기에 제조업 생산기지로 베트남은 더욱 더 소중하다.

(6) 한국 FDI의 베트남 편중 현상

베트남 재정경제금융관으로서는 이러한 베트남의 위상을 자랑할 수 있겠지만 한국 전체의 관점에서 보면 편중 문제를 지적하지 않을 수 없다. 그럴 가능성이야 희박하지만 만약 어떤 문제가 발생해서 베트남 내 한국기업의 공장들이 가동 중단되면 한국 경제에 심대한 타격이 올 것이다. 미중 갈등을 맞이하여 전 세계가 생산망 다변화, China＋1 전략으로 돌아서고 있다. 그런데 ASEAN 국가 내에서는 생산망 다변화 전략이 필요 없을까? 장기적 관점에서 고민이 필요하다. 최근 5년(2019년~2023년)간 한국의 ASEAN 국가 내 제조업 직접투자 비중 추이를 보면 베트남은 60%대에서 50%대로 떨어지고 인도네시아가 10% 초반대에서 20% 후반대까지 올라왔다. 베트남 편중 현상이 점차 개선되고 있다. 그런데 베트남 비중이 떨어져도 50%대란 것이 눈길을 끈다.

최근 5년간 한국의 제조업 대(對)아세안 주요 국가별 직접투자 추이

(수출입은행)

국 가	2019년	2020년	2021년	2022년	2023년
베트남	62.4%	61.0%	40.6%	51.1%	56.5%
인도네시아	11.4%	20.0%	24.1%	25.7%	25.7%
말레이시아	4.2%	1.2%	22.3%	11.2%	6.7%
싱가포르	17.1%	10.9%	9.2%	3.6%	6.1%

(7) ASEAN 국가 중 제2의 베트남은?

한국이 제조업 기지를 세울 만한 ASEAN 국가는 없을까? 우선 ASEAN에서 베트남보다 1인당 GDP가 현저히 낮은 국가, 즉 저임금을 기대할 수 있는 국가는 캄보디아, 라오스, 미얀마 3개이다.

캄보디아의 인구는 1,712만명으로 약 1억명의 인구를 가진 베트남에 비해 너무 적다. 또한 지도를 보면 알겠지만 캄보디아의 영토는 마치 항아리 주둥이 모양처럼 해안 쪽으로 갈수록 줄어든다. 수백년 동안 이웃 태국과 베트남이 요충지인 해안지역 영토를 잠식해 왔기 때문이다. 그 결과 캄보디아의 해안선은 443km이고 베트남의 해안선은 3,444km이다. 무역의 시대

인 현대에서 짧은 해안선, 즉 항구 접근성이 떨어지는 것은 약점이다.

라오스의 인구는 769만명으로 캄보디아보다 더 적다. 게다가 해안선은 아예 없는 내륙국이다. 이를 극복하려고 라오스는 2017년 베트남 중북부의 붕앙 항구를 50년간 사용할 수 있는 권리를 얻었고, 2028년까지 수도 비엔티안에서 붕앙 항구를 철도로 연결하려 하고 있지만 그래도 내륙국이다.

미얀마의 인구는 5,496만명으로 캄보디아, 라오스보다는 낫다. 그래서 민첩한 일부 한국 기업가와 금융회사가 제2의 베트남을 기대하고 미얀마로 신속하게 진출했다. 그러나 2021년 미얀마에서 쿠데타가 발생할 줄 누가 알았으랴! 미얀마에 진출했던 기업가 분들이 탄식하면서 개발도상국에서 베트남처럼 정치·사회가 안정되어 있다는 것이 얼마나 중요한지 겪어보니 알겠다는 말씀을 하신다.

그리고 이들 3개 국가에서 공장을 운영하시는 분들은 공무원들의 부패와 행정절차의 어려움을 토로하시면서 베트남은 양반이라고 말씀하신다.

이렇게 정리하고 보니 왜 베트남으로 한국 기업이 많이 진출하는지 새삼 이해가 간다. 그러나 어려운 환경에서도 다변화는 필요하며 최근 인도네시아로의 진출이 증가하는 것은 고무적이다.

베트남은 2013년~2022년 동안 매년 −2.83% ~ −4.54% 사이의 재정적
자가 발생했다. 2013년 이후의 수치를 보면 재정흑자가 발생한 적이 없다.
코로나19로 인한 재정 지출 증가, 2022년~2023년 경기침체 대응을 위한 재
정 부양책 등 일시적인 원인이 있었겠지만 언제나 존재하는 만성적인 원인
도 있다.

첫째는 세수가 취약하기 때문이다. ① 베트남은 외국 FDI 기업을 유치하
기 위해 법인세 인하 등 많은 세금 감면 혜택을 주었다. ② 수출국의 관세를
낮추기 위해 베트남 수입 관세도 감면해야 하는 FTA를 많이 체결하였다(16
개). 투자유치와 수출에는 도움이 되지만 세원은 갉아 먹는다. 그래서 최근
베트남 정부는 기존의 세금 감면을 줄이고 새로운 세원을 발굴하려고 노력
하고 있다. 물론 그때마다 세금을 더 부담할 위기에 처한 기업들이 격렬히
반발하고 때로는 백지화되기도 한다.

두 번째 원인은 아직 개발도상국인 베트남으로서는 정부가 지출해야 할
곳이 많기 때문이다. 예를 들어 베트남은 아직 교통 인프라가 취약해서 북
남고속도로, 철도 개보수, 하노이/호치민 지하철 건설, 항만 확장, 롱탄 신
공항 건설 등 막대한 자금이 소요되는 새로운 교통 인프라를 건설하기 시작
했다.

꾸준히 재정적자가 발생하고 있지만 개발도상국 베트남에게 그리 심각한
것으로 보이지는 않는다. 코로나 이전 시기로 세계 각국의 정부가 재정지출
압박에 시달리지 않았던 2018년 자료를 보면 38개 OECD 국가 중 21개 국
가가 재정적자였고 이 국가들의 평균 재정적자는 GDP 대비 −2.23%였다.
개발도상국인 것을 감안하면 베트남의 GDP 대비 −2% ~ −4%대의 재정적
자는 양호해 보인다. 게다가 다른 개발도상국과 다르게 베트남은 국가부채
(공공부채)를 엄격하게 관리한다.

(총리실, 통계청, 단위: 10억 동)

	2013년	2014년	2015년	2016년	2017년	2018년
세입	816,000	782,700	921,100	1,019,200	1,212,180	1,319,200
세출	97,800	1,006,700	1,147,100	1,273,200	1,390,480	1,523,200
재정수지 (세입-세출)	−162,000	−224,000	−226,000	−254,000	−178,300	−204,000
GDP	4,473,656	4,937,032	5,191,324	5,639,401	6,293,905	7,009,042
재정수지÷ GDP	−3.62%	−4.54%	−4.35%	−4.50%	−2.83%	−2.91%

	2019년	2020년	2021년	2022년	2023년
세입	1,411,300	1,512,300	1,343,330	1,411,700	1,620,744
세출	1,633,300	1,747,100	1,687,000	1,784,600	2,076,244
재정수지 (세입-세출)	−222,000	−234,800	−343,670	−372,900	−455,500
GDP	7,707,200	8,044,386	8,487,476	9,548,738	−
재정수지÷ GDP	−2.88%	−2.92%	−4.05%	−3.91%	−

　베트남은 국가부채를 공공부채라는 개념으로 관리한다. 공공부채 관리법 상의 공공부채(public debt)는 "국가채무(government debt)＋국가보증채무 (government guaranteed debts)＋지방정부채무(local administration)"이다. 공 공부채를 GDP로 나눈 공공부채 비율이 중요한데 국회에서 상한선을 그어 놓고 통제하기 때문이다. 상한선은 65%였는데 2021년 7월 국회의결[9]로 60%로 강화되었다. 인프라를 새로 구축해야 하는 개발도상국의 특성상 막 대한 재정지출이 필요한데 베트남은 엄격하게 국회에서 상한선을 그어 놓 고 관리하고 있다니 인상적이다.

　예를 들어 2000년에 31.43% 수준의 공공부채 비율이 2005년 36.54%,

9　Resolution No. 23/2021/QH-15.

2010년 48.08%로 계속 상승하더니 2016년에 63.7%로 상한선인 65%에 근접했다. 이에 베트남 정부는 2017년부터 재정지출과 국가채무를 엄격하게 관리하기 시작했다. 당장 2016년 −4.5%대였던 GDP 대비 재정적자 비율을 2017년~2020년 4년 동안 −2%대로 관리하였다. 이 여파로 2018~2021년 간 한국의 EDCF와 같은 차관형식의 ODA는 베트남에서 신규 승인된 사례를 찾아보기 어렵다.

이런 각고의 노력 끝에 공공부채비율은 2023년 39%로 낮아졌고 베트남 정부는 차관형식의 ODA 승인을 다시 시작하고 정부 재정으로 여러 가지 인프라 사업도 활발히 벌이려고 하고 있다.

요약하자면 계속 재정적자는 발생하지만 베트남 정부는 후대에 넘길 부담은 생각하지 않고 당장 천문학적인 재정적자로 미래의 세수를 당겨 사용하는 정부가 아니다.

2013~2023년 베트남 공공부채(Public Debt)

(재부무, %)

	2013년	2014년	2015년	2016년	2017년	2018년
공공부채비율 (공공부채÷GDP)	54.5	59.6	62.2	63.7	61.4	53.3
	2019년	2020년	2021년	2022년	2023년	
공공부채비율 (공공부채÷GDP)	55.0	55.9	42.7	37.4	39.0	

베트남은 1986년 도이머이 정책을 채택하고 국가의 방향을 개혁, 개방으로 잡았지만 경제 발전의 3요소인 자본, 기술, 노동력 중 베트남이 가진 것은 저렴하고 풍부한 노동력밖에 없었다.

그래서 베트남은 자본과 기술을 가진 FDI 기업을 세제 혜택 등을 제시하며 적극적으로 유치해 왔다. 특히 베트남은 16개라는 많은 FTA를 체결하여 진출한 FDI 기업이 낮은 관세로 세계 주요 시장에 수출할 수 있도록 지원하였다.[10] 그 결과 FDI 기업은 2023년 전체 수출액의 73.1%, 수입액의 64.2%를 차지할 정도로 베트남 경제에서 비중이 크다.

그런데 16개의 많은 FTA는 수출을 증진시켰지만 수입시장도 개방하여 베트남에게는 양날의 검이 되었다. 관세 보호막이 사라져 아직 걸음마 단계인 베트남의 부품산업 등 자체 제조업의 성장이 어려워진 측면이 있다. 부품산업의 경쟁력이 낮아 FDI 기업은 전기, 전자, 기계 산업 분야의 주요 부품은 한국, 중국, 일본에서 조달한다. 이렇게 수입된 타국산 주요 부품이 완성품에서 차지하는 부가가치 비중이 지나치게 높으면 베트남산으로 인정받지 못할 위험성도 있다.

그리고 아직 베트남의 FTA망이 세계 시장을 완벽하게 커버하는 것도 아니다. 최대 수출시장인 미국과는 아직 맺은 FTA가 없다. 2001년 미국과 체

---

10 베트남이 체결한 16개 FTA(발효연도)

ASEAN FTA(1993), 중국-ASEAN FTA(2003), 한국-ASEAN FTA(2007), 일본-ASEAN FTA(2008), 일본-베트남 FTA(2009), 인도-ASEAN FTA(2010), 호주-뉴질랜드-ASEAN FTA(2010), 칠레-베트남 FTA(2014), 한국-베트남 FTA(2015), 러시아-벨라루스-아르메니아-카자흐스탄-키르기스탄-베트남 FTA(2016), CPTPP(2019), 홍콩-ASEAN FTA(2019), EU-베트남 FTA(2020), 영국-베트남 FTA(2021), RCEP, 이스라엘-베트남(2023) FTA. 베트남이 협상중인 FTA(협상시작연도)

스위스-노르웨이-아이슬란드-리히텐슈타인 FTA(2012), 캐나다-ASEAN FTA(2021), UAE-베트남 FTA(2023).

결한 양자무역협정(BTA, Bilateral Trade Agreement)밖에 없고 미국과의 첫 번째 FTA가 될 수도 있었던 환태평양경제동반자협정(TPP)은 2017년 미국이 공식 탈퇴하였다.

그리고 미국은 아직 베트남에게 시장경제지위(MES, Market Economy Status)를 부여하지 않고 베트남을 비시장경제국(NME, Non-Market Economies)[11]으로 분류하고 있다. 비시장경제국(NME, Non-Market Economies)으로 분류되면 덤핑 판정시 불리하다. 그래서 베트남은 미국으로부터 시장경제국으로 인정받으려고 노력하고 있고 2023년 12월 국가주석 방미시, 2024년 3월 외무부 장관 방미시 계속해서 베트남을 시장경제지위로 인정해달라고 요청하고 있다. 미국이 물품의 가격이 시장원리가 아닌 국가에 의해서 결정된다고 생각하는 국가와 FTA(Free Trade Agreement)를 맺기는 부담이 있을 것으로 생각된다. 베트남이 "시장경제지위"를 인정받거나 "FTA"를 체결하게 되면 미국으로의 수출은 한 단계 더 팽창하게 될 것이다. 베트남 진출 기업인이나 투자하는 분은 주시해야 할 포인트이다. 참고로 한국은 베트남의 시장경제지위를 인정하고 FTA를 맺었고, EU는 인정하지 않았으나 FTA를 맺었다.

---

11 비시장경제국(Non-market economies: 물품의 가격이 시장원리에 따라 결정되지 않고 국가가 적극적으로 개입하여 결정되는 국가. 따라서 미국이 베트남을 비시장경제국으로 지정하면 덤핑 조사시, 베트남의 가격이 아닌 베트남과 비슷한 수준의 제3국의 생산요소가격을 기준으로 정상가격(Normal Price)을 산정하므로, 정상가격과 수출가격(Export Price)의 차이인 덤핑마진이 부과될 가능성이 커진다.
2024년 4월 기준 미국 상무부는 아르메니아, 아제르바이잔, 벨라루스, 중국, 조지아, 키르키즈스탄, 몰도바, 러시아, 타지키스탄, 투르크메니스탄, 우즈베키스탄, **베트남** 등 12개국을 비시장경제국으로 지정하고 있다.

9. 신용등급

베트남은 개발도상국이므로 국가 신용등급이 당연히 낮다. 그리고 낮은 국가신용등급으로 인해 베트남 은행의 신용등급이 낮고, 기업 및 은행이 해외에서 차입할 경우 이자비용이 증가하고 때로는 여신이 거절되는 등 악영향이 발생하고 있다. 다행히도 베트남 정부는 신용등급의 중요성을 인지하여 높이려고 노력하고 있다.

(1) 베트남의 국가신용등급 및 은행 신용등급 현황

3대 신용평가사의 베트남의 국가신용등급은 Ba2(Moody's, 2022.9), BB+(S&P, 2022.5), BB+(Fitch, 2023.12)로 더블B 그룹에 속한다. 트리플B 이상 등급부터 투자적격등급이고 더블B 이하의 등급들은 투자부적격 등급들이다. 그래도 현재 베트남 국가신용등급이 속해 있는 더블B 그룹은 투자부적

신용등급 체계 및 의미(Moody's 기준)

	세부 등급	의미
투자적격등급	Aaa(트리플A)	안정성 최상위 등급
	Aa1-Aa2-Aa3(더블A)	안정성 상위 등급
	A1-A2-A3(싱글A)	안정성 보통으로 적절한 수준
	Baa1-Baa2-Baa3(트리플B)	안정성 평균 이하
투자부적격등급	**Ba1-Ba2-Ba3(더블B)**	**원리금 상환은 가능**
	B1-B2-B3(싱글B)	원리금 상환가능성 불확실
	C	원리금 상환가능성이 의문시되고 투자적격등급에 크게 떨어짐
	D	부도상태

격 등급 중 가장 상위로, 의미는 '투자부적격등급이나 원리금 상환은 가능하다'이다. 풀어쓰면 '투자는 권장하지 않으나 대체로 빌린 돈은 갚는 것으로 보인다'이다.

(2) 낮은 신용등급의 부작용

특정 국가의 은행 신용등급은 그 국가의 신용등급보다 상위등급을 받기가 어렵다. 베트남에서 우량하다고 평가받는 BIDV, AGRIBANK, Vietcombank, VietinBank 등 4대 국영은행도 신용등급이 더블B 그룹이고 다른 민간시중은행들의 신용등급도 대개 더블B 그룹이다.

베트남 현지에서 느끼기에 4대 국영상업은행들이 더블B 그룹이라는 것은 너무 박한 평가인 것 같다. 하지만 어쩔 수 없다. 4대 국영은행의 소유주인 국가가 더블B 그룹이니까.

베트남 은행의 신용등급

	Bank name	Moody's	평가일
4대 국영은행	BIDV	Ba2	24.01.25.
	Vietinbank	Ba2	24.01.19.
	Agribank	Ba2	23.08.23.
	Vietcombank	Ba2	24.01.10.
민간은행	Tienphong Bank(TP Bank)	Ba3	23.08.29.
	VIB(Vietnam International Bank)	Ba3	23.09.13.
	Military Bank(MB)	Ba2	23.08.01.
	Techcombank	Ba2	24.03.20.
	VP Bank(Vietnam Prosperity)	Ba2	23.05.19.
	MSB(Maritime bank)	Ba3	24.02.07.
	An Binh Bank	Ba3	23.11.30.
	SHB(Saigon-Hanoi bank)	Ba3	23.04.19.

낮은 국가신용등급에 영향을 받아 우량한 은행과 기업도 건전성, 성장성 등이 평가절하 당해 신용등급이 같이 낮아지는 경향이 있다. 이로 인해 은행과 기업의 해외자금 조달시 높은 금리와 담보(지급보증)를 제공해야 하는 부담이 있다. 더 나쁜 경우로 때로는 외국계 은행의 베트남 지점이 대출해 주고 싶은 베트남 기업이 아무리 안정적인 기업이라고 자국에 있는 본점을 설득해도 본점의 리스크 관리 규정상 대출이 거절되기도 한다. 거시적으로는 국가의 해외 투자자금 유치가 어려울 뿐 아니라 국제경기 침체시 투자자금이 선유출되면서 금융시장의 자금경색이 발생할 가능성이 상대적으로 높아진다.

(3) 베트남 정부의 대응 방향

　　다행히도 베트남 정부는 국가신용등급의 중요성을 인지하여 2030년까지

2030년 베트남 주요 거시 지표 목표

	목표
거시경제 지표	① 국내총생산(GDP) 평균 성장률: 연 7% ② 2030년까지 현 물가기준 1인당 GDP: 약 USD 7,500 ③ 총 사회투자: GDP 대비 33~35%
재정 목표	① 2030년까지 국가 예산 적자: GDP 대비 3% ② 공공부채: GDP의 60% 이내 ③ 정부부채: GDP의 50% 이내
금융 부문 지표	① 상업은행의 자본적정성 비율: 11~12%(2021년~2025년) 　　　　　　　　　　　　　　　12% 이상(2030년까지) ② 은행 부분의 위험자산 대비 자본비율: 9% 이상 ③ 외환보유고: 16주 수입(import)액 이상
사회 지표	인간개발지수(HDI): 0.7 이상
환경 지표	① 삼림 비율(Forest Coverage Ratio): 42% 수준 안정적 ② 강 유역으로의 폐수처리 및 재사용 비율: 70% ③ 온실가스 배출량: 9% 감축

국가신용등급을 Baa3(Moody's), BBB-(S&P) 등급 또는 그 이상으로 상향하는 프로젝트(412/QD-TTg, 2022.3.31., 부총리 Le Minh Khai 서명)를 추진하고 있다. 즉 지금의 더블B 그룹에서 트리플B 그룹으로 상향 이동하여 '투자부적격'에서 '투자적격'으로 퀀텀 점프하겠다는 것이다.

국가신용등급은 ① 제도적 역량, ② 경제 및 통화 성과, ③ 공공재정(재정 및 공공부채), ④ 대외금융 등의 요인을 양적, 질적으로 평가하여 산출된다. 베트남 정부는 이를 감안하여 2030년 주요 거시 지표에 대한 아래와 같은 구체적인 목표를 제시하였다.

구체적으로는 재무부, 기획투자부, 중앙은행, 산업부, 국가금융위원회가 다음과 같은 업무를 추진키로 하였다.

- 2021~2030년 기간의 사회경제적 발전 전략과 각 5년 기간의 사회경제적 발전 계획에 명시된 과제와 솔루션을 동시에 구현한다.
- 국제관행에 따라 기관의 수준, 관리방식을 개선하고 데이터 공개 및 투명성을 높인다.
- 강력한 공공 재정을 구축하고 지속 가능한 수익 기반을 확장하여 부채 비율을 개선하고 재정 건실화를 촉진한다.
- 은행 부문과 국유기업의 구조와 체질을 개선하여 국가 예산에 대한 우발채무 위험을 감축한다.
- 효율성을 높이고 국가신용등급의 중요성에 대한 인식을 높여 신용평가 기관 및 국제기구와의 협력을 강화한다.
- 은행 부문에서 구조조정을 가속화하고 자본화 강화조치를 통해 부실채권 위험을 감축하고 문제적 자산 및 부실채권 해결을 가속화한다.

(4) 시사점

  베트남 정부가 지향하는 '트리플B'는 쉬운 목표가 아니다. 베트남은 2023년 말 기준 Moody's 기준으로는 두 단계, S&P와 Fitch 기준으로는 한 단계만 올라가면 '투자부적격 등급(더블B 그룹)'에서 '투자적격 등급(트리플B 그룹)'이 된다. 그런데 투자부적격에서 투자적격으로 상향되는 것은 신용등급의 '대분류'가 변경되는 것이므로 단순히 신용등급을 한두 단계 상향시키는 것 이상의 노력이 필요하다. 투자부적격에서 투자적격으로 상향시킬 때 신용평가회사들은 시니어 멤버를 평가자로 구성하여 'Cross Over'라고 별도의 명칭을 부여하고 상대적으로 높은 기준으로 평가한다.

  그래도 베트남 정부가 경제 발전에 따라 국가신용등급의 중요성을 인식하고 있고 상향시키기 위해 체계적인 노력을 하기로 했다는 것은 베트남 경제에 긍정적인 신호이다. 아무쪼록 베트남 정부가 2030년까지 목표를 달성하기를 기원한다.

제 5 장

베트남의 금융과 한국 금융회사의 진출

▲ 호치민에 있는 Bitexco Financial Tower

Vietnam

1. 은 행

(1) 은행산업 현황

> 베트남 금융산업 내 은행산업의 위상: 압도적임.
> VN 30 기업 중 은행이 다수

　베트남도 여느 개발도상국과 같이 대개 경제활동에 필수적인 예금과 대출을 취급하는 은행이 먼저 발달하고 그 후에 축적된 자본이 금융투자와 보험으로 옮겨가는 순으로 금융이 발전하고 있다. 대략 감으로 베트남의 금융산업 중 은행이 80, 금융투자 10, 보험이 10인 것 같다. 베트남의 성장성을 확신하여 외국계 금융회사가 금융투자와 보험에도 과감히 투자를 하고 있지만 현재는 은행이 베트남 금융에서 압도적인 비중을 차지하고 있다.

　호치민 거래소 시가 총액 30위이내 기업들의 지수인 VN 30에 은행이 13개로 43.3%를 차지하고 증권회사는 1개, 보험사는 1개만이 포함되었다는 것은 베트남에서 은행의 위상을 보여주고 아직은 증권, 보험 분야가 미성숙되었음을 보여 준다.

VN 30 지수 기업(2023년 말 기준)

	업종	이름: 설명	시가총액 (10억동)	(조원)
1	은행	**Vietcom Bank: 1963년 설립된 4대 국영상업은행**	448,804.0	24.7
2	은행	**BIDV: 1957년 설립된 4대 국영상업은행**	247,398.9	13.6
3	부동산	Vin Home: 아파트 시장 1위 업체	188,108.7	10.3
4	에너지	Vietnam Gas: 1990년 설립된 국영가스 기업	173,403.9	9.5
5	부동산	Vin Group JSC: Vin그룹 지주회사	170,535.3	9.4
6	원자재	Hoa Phat Group: 철강/목재, 축산업	162,523.3	8.9

7	은행	VP Bank: 1993년 설립된 민영상업은행	152,331.3	8.4
8	은행	Vietin Bank: 1988년 설립된 4대 국영상업은행	145,526.8	8.0
9	식음료	Vina Milk: 1976년 설립된 유제품 시장 1위 업체	141,281.0	7.8
10	IT	FPT(Food Processing Tech): 소프트웨어 개발업체	122,044.0	6.7
11	은행	Techcom Bank: 은행	112,015.8	6.2
12	은행	Military JSC Bank: 군대 소유 은행	97,242.7	5.3
13	식음료	Masan Group: 동물사료, 텅스텐 무역, 윈마트 운영	95,866.5	5.3
14	은행	Asia Bank: 1993년 설립된 민영상업은행	92,828.8	5.1
15	원자재	Vietnam Rubber Group: 고무, 축산업, 원자재 운송	84,800.0	4.7
16	식음료	Saigon Beer: 맥주 1위 업체	80,801.4	4.4
17	부동산	Becamex: 산업단지 개발업체	65,101.5	3.6
18	소매유통	Mobile World: 휴대폰, 전자제품 판매	62,590.7	3.4
19	은행	SEA Bank: 민영상업은행	59,647.2	3.3
20	은행	HD Bank: 민영상업은행	58,718.8	3.2
21	항공	Viet Jet: 저가 항공사	58,494.0	3.2
22	부동산	Vincom Retail: 쇼핑몰 Vincom 운영	52,945.0	2.9
23	은행	Sacom Bank: 민영상업은행	52,691.8	2.9
24	은행	Vietnam Intl Commercial Bank: 민영상업은행	49,721.4	2.7
25	증권	SSI(Saigon Securities Inc): 1위 증권회사	49,171.7	2.7
26	에너지	Petro Limex: 석유수입 판매회사	43,835.4	2.4
27	은행	Saigon Hanoi Bank: 민영상업은행	39,084.1	2.2
28	은행	Tien Phong Bank: 2008년 설립된 민영상업은행	38,308.4	2.1
29	보험	Bao Viet Group: 1964년 설립된 국영보험사	29,321.7	1.6
30	에너지	PV Power: 발전 기업	26,346.1	1.4

베트남에서 은행을 규율하는 법은 직역하면 신용기관들법(Luật Các tổ chức tín dụng-루엇 깍또측 띤중)이다. 은행법(Luật Ngân hàng-루엇 응언항)이 아니다. 띤중(tín dụng)은 신용과 대출을 의미한다. 신용기관법이 은행뿐만 아니라 여신전문회사(비은행 신용전문기관)도 규율하고 이 두 금융회사는 대

출(신용 제공)이 가능하므로 이들을 규율하는 법 이름에 '은행' 대신 '신용'이
라는 단어를 사용한 것이다. 그렇지만 금융 전체를 관통하는 '신용'이라는
단어를 은행을 규율하는 법에 사용했다는 점에서 은행이 베트남 금융산업
에서 차지하고 있는 위상을 알 수 있다. 그리고 베트남에서는 원칙적으로
대출은 은행과 여신전문회사(비은행 신용전문기관)의 고유영역, 즉 중앙은행
의 고유관리 영역이다. 보험회사와 증권회사는 원칙적으로 대출해 줄 수 없
다. 보험회사는 보험계약대출(약관대출)만, 증권회사는 주식담보대출만 가
능하다.

베트남 내 은행산업 현황

필자가 참석한 여러 번의 고위급 면담에서 베트남 중앙은행은 베트남에
은행이 너무 많다며 100개가 있다고 언급했다. 이 100개는 국영상업은행·
민영상업은행 등 현지법인 은행 49개와 외국은행의 지점 51개를 더한 것인

베트남의 은행 종류

(2024.5, 단위: 개)

유 형			
베트남 현지법인 은행	상업은행	국영상업은행(State-owned commercial banks)	4
		민영상업은행(Joint stock Commercial Banks)	31
		외국계 현지법인 은행(100% foreign-owned banks)	9
		베트남-외국은행 합작투자은행(Joint Venture Bank)	2
	정책은행	사회정책은행(Viet Nam Bank for Social Policy)	1
		개발은행(Development Bank)	1
	베트남 협력은행(Cooperative Bank of Viet Nam)		1
소 계			49
외국 은행의 베트남 지점(Branches of foreign banks)			51
합 계			100

출처: 베트남 중앙은행(SBV).

데 현지법인과 지점은 규모에서 현격한 차이가 나므로 베트남의 은행은 49개로 인식하는 것이 적절하다.

2023년 말 은행 산업 총자산은 20,073조동(약 1,105조원)으로, 4대 국영상업은행이 41.5%, 민영상업은행이 44.75%를 차지하고 있고, 외국계 은행 및 지점 등은 많은 수에도 불구하고 총자산의 약 10.95%밖에 차지하고 있지 않다. 수치가 해마다 미세하게 변동하기 때문에 간단하게 4대 국영상업은행이 약 10%씩 합계 약 40%의 점유율로 시장을 주도하고, 민영상업은행이 약 45%의 시장을 점유하고, 외국계 은행과 지점은 숫자는 많지만 10% 안팎의 시장을 점유한다고 인식해도 무방하다.

은행 이외에 중앙은행은 수신을 받을 수 없고 여신만 공급할 수 있는 비은행 신용기관 26개와 마이크로 파이낸스 4개 등 여신전문 신용기관 30개를 관리·감독하고 있다. 비은행 신용기관은 실무에서는 보통 "00 파이낸스"의 회사명을 가지고 있는데 한국의 여신전문업 및 대부업을 합한 양태를 보인다.

은행이 아니지만 대출이 가능한 금융기관

(2024.4, 단위: 개)

유 형	
비은행 신용기관(Non-bank Credit Institutions)	26
마이크로 파이낸스(Micro-finance Institution)	4
인민신용기금(People's Credit Fund)	1,181

출처: 베트남 중앙은행(SBV).

베트남 은행의 자본적정성, 수익성, 리스크 관리 수준

베트남 중앙은행은 나름대로 은행자본의 적정성을 유지하려고 노력하고 있다. 그렇지만 개발도상국이므로 아직은 2019년에 도입한 Basel II로 관리를 하고 있다. 그리고 현재 Basel III 베트남 도입을 위해 10개 은행을 선정하여 Basel III 도입을 위한 위원회를 중앙은행에서 결성하고 정기적인 모임을 갖고 있다.

최근에 방카슈랑스 수수료 등 비이자수익을 확대하고 있지만 아직은 대출이자수익이 베트남 은행의 주수익원으로 수익의 75%를 차지한다. 수익성은 지속 상승 중이나 2023년 평균 ROA 1.85%, 평균 ROE 5.75%로 외국계 은행인 신한은행(2023년 ROA 2.67%, ROE 16.32%), 우리은행(2023년 ROA 1.91%, ROE 10%)보다는 낮다.

또한 리스크 관리를 강화하고 있으나 2023년 베트남 평균 부실채권 비율은 4.55%로 외국계 은행인 신한은행(1.06%), 우리은행(0.43%)보다 부실채권 비율이 높다.

신용성장률 제도: 개별 은행의 대출총량을 규제

베트남 중앙은행은 신용성장률이란 독특한 제도를 가지고 있다. 중앙은행은 매년 모든 은행에 대해 직전년도 대출총량을 기준으로 신용성장률을 각각 부여하고 은행들은 그 한도 내에서만 대출을 증가시킬 수 있다. 처음 신용성장률을 부여한 후 중앙은행은 개별 은행의 요청을 받아 1~2회 추가로 높여 줄 수 있는데, 기업으로 치면 매출에 제한이 걸린 것이기 때문에 은행들은 전력을 다해 본인들이 원하는 수치를 받으려고 노력한다. 대부분의 국가에서는 자본적정성 등 건전성 규제를 통해서 대출의 규모를 간접적으로 통제한다. 즉 대출을 증가시키고 싶으면 추가로 자본을 확충하면 200%든 300%든 대출을 증가시킬 수 있다. 그런데 베트남에서는 아무리 추가로 자본을 확충해도 중앙은행이 신용성장률을 높여 주지 않으면 자본을 금고에서 놀려야 한다.

왜 이런 제도를 베트남은 유지하고 있는 것일까? 아마도 인플레이션 관리 목적이 아닐까 생각한다. 이러한 직접 규제 방식은 총대출량을 정확히 제어할 수 있어 시중의 통화공급량 즉 인플레이션을 관리하는 강력한 tool이

된다.

효과적이지만 효율적이지 못한 이 제도가 문제가 많음을 중앙은행도 인지하고 있고 중장기적으로 폐지해야 된다고 생각하고 있다. 그러나 통화량을 관리하는 데 효과적이다보니 당분간 계속 사용하는 것이다.

2022년 신용성장률 초기부여와 최종부여 비교

은행명	신용성장률 (초기 부여)	신용성장률 (최종 부여)
BIDV	10%	12.7%
우리은행	10%	21.5%
신한은행	12%	16.8%
롯데파이낸스[1]	12%	81.2%

중앙은행과 4대 국영상업은행, 민영상업은행과의 관계: 강력한 그립력

중앙은행은 자신이 절대 대주주이고 시장을 약 40% 점유한 4대 국영상업은행(BIDV, AGRIBANK, Vietcombank, VietinBank)을 통해 정책을 시장에 1차로 투사한다. 민영상업은행이라고 중앙은행의 정책에 반하여 자유롭게 영업할 수 있는 것은 아니다. 한마디로 중앙은행의 시장 그립력은 강력하다.

예를 들면 중앙은행이 2023년 1사분기 성장률 급락 쇼크에 대응하여 3~6월 4차례에 걸쳐 급박하게 기준금리를 내리는 와중에 일부 은행이 예금금리만 내리고 대출금리는 안 내렸다. 아래의 부총재의 발언에서 우리는 중앙은행, 4대 국영상업은행, 민영상업은행의 관계를 엿볼 수 있다.

---

1 롯데파이낸스는 사업 초기이므로 기존 금융회사들과 같은 수준인 연간 10~20%의 신용성장률을 받으면 100년이 지나도 수학적으로 기존 금융회사 수준으로 성장할 수 없다. 이 점을 감안하여 중앙은행은 영업 초기의 금융회사들에게 아주 높은 신용성장률을 최종 부여한다.

2023.4.25. 은행들과 온라인 회의에서 다오 밍 뚜(Dao Minh Tu) 중앙은행 부총재는 2023년 경제성장률은 6.5%, 물가상승률은 4.5%라는 목표하에서 신용성장률은 14~15%로 운영하려 한다고 설명하며 은행들은 대출금리를 인하할 것을 아래와 같이 강력히 요청하였다. (※ 1분기 신용성장률은 2.03%로 저조하였음.)

4대 국영상업은행(BIDV, AGRIBANK, Vietcombank, VietinBank)의 선도적인 대출금리 인하에는 감사하지만 일부 은행은 예금금리는 내렸지만 대출금리를 인하하지 않았다며 이 은행들을 지목하여 이유를 물었고 해당 은행의 답변에 대해서는 설득력이 없다고 말하였다.

이들 은행들은 금리정책을 재검토할 필요가 있다고 강조했고 중앙은행의 검사, 감독기관에게 중앙은행에 보고하고 지시하였고, 5월에는 대출금리를 인하하기 위한 구체적인 조치를 할 것을 요청하였다.

2023년 5월 중순 베트남 은행들을 중심으로 대출금리를 내렸으며 그 여파로 외국계 은행들도 대출금리를 내리는 등 현장에서 개인과 기업에 대한 대출금리를 인하하였다.

베트남 내 은행과잉

베트남 은행산업 현황을 파악하는 또 하나의 키워드는 은행 과다와 후술할 부실은행이다. 중앙은행은 부실은행의 근본원인으로 은행 숫자의 과다를 지목하고 있다. 중앙은행 고위급 면담시 한국측 고위급 인사가 한국계 금융회사의 신규 인가를 요청하면 필자가 수없이 들었던 답변의 요지는 다음과 같다.

"베트남은 은행의 숫자는 많으나 규모가 작아 은행의 숫자를 줄이는 것이 필요하다. 현재 은행산업 개편안 3단계(2021년~2025년)[2]중인데 은행의 숫자

---

2 2022.6.8. 팜 밍 찡 총리는 베트남 중앙은행(SBV)이 마련한 「2021~2025년 부실채권 처리를 위한 은행산업 개편안(689/QD-TTg, 2022.6.8)」을 승인하고 공표하였다. 은행산업 개편안 1단계(2011년~2015년)와 은행산업 개편안 2단계(2016년~2020년)의 뒤를 잇는 개편안 3단계이다.
2021~2025년 실행할 계획인데 왜 2022.6.8. 발표되었는지 의문이 살짝 생길 것이나 베트남에서는 종종 발생하는 일이다. 아마도 공산당 서기장, 총리, 국회의장, 국가주석 등 Big

를 줄이는 것이 가장 중요한 목표이다."

즉, 베트남 은행이 너무 많고 부실은행 처리도 지지부진한데 신규 은행 인가는 어렵다는 답변이다. 처음에는 엄살이 가미된 철벽 수비로 받아들였는데 객관적으로 보아도 베트남에는 고만고만한 소규모 은행이 너무 많다. 은행의 총자산 규모가 훨씬 크고 금융시장도 더 발달한 한국에 은행이 20개[3] 있는데 베트남에는 은행이 49개 있다.

베트남 현지법인 은행(외국계 현지법인 은행 제외) 순위

(2023년 말 총자산 기준, 단위: 백만 달러)

순위	은행	총자산	총대출	총예금	당기순이익
1	BIDV	95,075	71,787	70,424	910
2	AGRIBANK	84,501	64,139	75,094	855
3	VietinBank	83,995	59,734	58,302	832
4	Vietcombank	76,001	51,309	57,673	1,366
5	MB	39,048	24,776	23,452	870
6	Techcombank	35,103	21,178	18,788	752
7	VPBank	33,789	22,794	18,280	357
8	ACB	29,702	19,927	19,946	663
9	Sacombank	27,867	19,635	21,105	319
10	SHB	26,051	17,718	18,492	309
11	HDBank	24,889	14,023	15,321	427
12	VIB	16,937	10,830	9,776	354
13	LPBank	15,821	11,239	9,810	230
14	TPBank	14,737	8,371	8,606	184
15	MSB	11,033	6,065	5,469	192

---

four와 각 부처의 장관들이 5년마다 전부 변경되어 정부 자체가 새로 출범하므로 그 임기(현재는 2021~2025년 정부)와 일치시키려는 의도로 추측된다.

3 시중은행 6개(국민, 우리, SC제일, 씨티, 하나, 신한)＋인터넷 전문은행 3개(카카오, 케이, 토스)＋특수은행 2개(농협, 수협)＋국책은행 3개(산업, 기업, 수출입)＋지방은행 6개(대구, 부산, 광주, 제주, 전북, 경남).

16	SeABank	10,996	7,305	5,985	152
17	OCB	9,895	5,980	5,204	137
18	Nam A Bank	8,673	5,781	6,009	108
19	Eximbank	8,323	5,740	6,460	89
20	ABBank	6,698	3,999	4,134	19
21	Bac A Bank	6,292	4,077	4,896	35
22	VietBank	5,713	3,305	3,719	27
23	VietABank	4,637	2,823	3,582	31
24	NVB	3,977	2,242	3,176	(28)
25	BVBank	3,632	2,354	2,361	2
26	Kienlongbank	3,594	2,114	2,351	24
27	BaoViet Bank	3,498	1,691	2,184	3
28	PGBank	2,293	1,446	1,476	12
29	Saigonbank	1,302	818	973	11

　중앙은행은 은행과잉을 심각한 문제로 인식해 경쟁력을 높이기 위해 중장기적으로 은행간의 M&A 등을 통해 은행 숫자를 감소시키고 규모를 키우고 싶어 한다.

　방향은 맞지만 후술할 부실은행들도 10년 넘게 처리 못하고 은행산업 개편안 3단계를 맞이한 상황에서 가능하냐고 회의적인 시각을 보낼 수 있다. 그런데 여기는 공산당 일당이 통치하는 사회주의국가 베트남이다. 당이 필요하다고 결심하면 추진력과 순응력이 엄청 높다. 아직도 코로나19 상황에서 이동금지령이 떨어지자 오토바이 한 대도 없는 텅 빈 하노이 거리를 잊지 못한다. M&A를 통한 은행통합은 이동금지와 달리 섬세하게 접근해야 하는 금융 문제이지만 여기는 관의 민간에 대한 장악력이 높아 중장기적으로 불가능하다고 단정할 수 없다. 우량은행이 부실은행을 인수하는 방식으로 해결하려 하고 있고 현재 구체적인 은행 매칭까지 거론되고 있다.

베트남 은행시장 내 부실은행

베트남에는 현재 GP Bank, Construction Bank, Ocean Bank, DongA Bank, SCB 등 5개의 부실은행이 있다. 2023년 기준 신한베트남은행이 51개의 영업점과 2,300여명의 직원을 보유 중임을 감안하면, 이들 부실은행은 아래의 표에서 보듯이 상당한 규모의 은행이었고 가장 최근 2022년에 뱅크런(대량 예금인출 사태)이 발생한 SCB의 경우 부실 당시 자산 규모 5위, 영업점 239개의 대형은행이었다.

그런데 이 중 4개 은행, GP, Construction, Ocean, Donga는 은행산업 개편안 1단계(2011~2015년) 시기에 부실은행이 되었다. 지금 은행산업 개편안 3단계(2021년~2025년)가 진행중이니 약 10년 전에 발생한 부실은행이 아직까지 정상화나 스크랩 처리가 안 되고 부실은행으로 존재한다는 것이다.

베트남 부실은행 구조조정의 역사

1차 은행권 구조조정, 2011~2015년

베트남 중앙은행은 난립한 상업은행 개수 감축 및 부실채권 축소를 목표로 2011년부터 2015년까지 1차 은행권 구조조정을 실시하였으며, 중앙은행의 민영상업은행(Joint Stock Commercial Bank) 인수 및 은행간 합병 등을 통해 42개 민영상업은행을 8개 줄여 2015년 말 기준 34개까지 감축하였다.

동 기간 중 부실채권의 해소를 위해 자산관리공사(VAMC)를 설립하여(2013.7.) 부실은행의 채권을 매입하였으며, 부실채권 비율을 2012년 말 약 8.75% 수준에서 2015년 말 2.72%로 축소했다고 발표하였다.

2차 은행권 구조조정, 2016~2020년

2016년부터 2020년까지 2차 은행권 구조조정을 진행하여 당초 34개 민영상업은행을 15~17개 수준으로 축소하고자 하였으나 부실은행 정리의 어려움으로 2020년 기준 민영상업은행을 31개로 3개밖에 줄이지 못했다.

중앙은행이 부실은행으로 지정하고 관리에 들어가면 이후 관련 정보를 공개하지 않기 때문에 부실은행 처리가 지지부진한 이유는 알려져 있지 않지만 추측컨대 사실상 예금전액보장과 비예금채무상환 문제와 구조조정자금 부족 때문인 것 같다.

예금자보험법상 최대한도는 125백만동(약 690만원)까지이나 가장 최근 2022년 뱅크런이 발생한 SCB의 경우 중앙은행이 대량 예금인출 사태를 진정시키기 위해 예금의 전액 보장을 선언하였다. 하지만 지급시기도 모르고, 지급순서에 원칙도 없고, 정말로 느릿느릿 지급되어 당장 써야 할 돈이 묶인 예금주들이 불안해했다. 특히 거액이고 소수인 기업 예금주보다 소액이고 다수인 개인 예금주에게 먼저 돌려 주었기에 당장 운전자금을 지출해야 하는 기업인들은 극한 스트레스에 시달렸다. 그러나 종국적으로 일반인이나 일반 기업이 예금을 못 돌려받았다는 사례는 들은 적이 없다. 이런 식으로 은행의 예금 부채를 상환하면 경제에 충격은 줄이겠지만 클린 은행으로 새 출발에 필요한 신규 자본금까지 고려하면 구조조정자금이 너무 많이 증가한다. 게다가 비예금채무를 어디까지 상환하는지 이로 인해 구조조정자금이 얼마나 증가하는지 잘 알려져 있지 않다. 이러한 이유로 아직까지 부실은행이 좀비은행으로 남아 있게 된 것 같다. 그래서인지 시장에서는 부실은행을 Zero Dong Bank(Dong은 베트남 화폐단위)라고 부른다.

부실은행 인수자는 부실은행이 자본잠식 상태인 경우 이를 해결하고 자본적정성 기준에 맞는 자본금까지 확충해야 하므로 인수대금 이외에 추가 자본을 투입해야 한다. 중앙은행은 지금까지 외국 은행이 인수하는 것도 희망하였으나, 회계장부의 투명성 문제로 자본잠식 규모에 확신이 없고 인수가격이 불일치하여 아직까지 외국계 은행이 부실은행을 인수한 사례는 없다. 결국 중앙은행은 우량은행과 부실은행을 매칭[4]시켜 우량은행이 부실은행을 인수하게 하고 대신 신용성장률 등 그에 상응하는 경제적 이점을 주는 방식으로 부실은행 문제를 해결하려 하고 있다.

베트남 부실은행 현황

은행명	부실은행 지정시 규모 (영업점＝지점＋출장소)	M&A 시도 및 언론에 거론되는 인수 후보
GP Bank 2015년 구조조정 대상선정	• 총자산: US$ 1,200mn • NPL: US$ 112mn • 영업점: 80개 • 직원: 약 1,400명	− 2014년 UOB가 재무 실사 후, 베트남정부에 인수가격 인하 및 NPL(부실채권) 탕감을 요청하였으나 거절당한 후 인수 의사 철회 − Vietin Bank가 인수 유력 예상됨
Construction Bank 2012년 구조조정 대상선정	• 총자산: US$ 720mn • NPL: US$ 569mn • 영업점: 90개 • 직원: 약 1,300명	− 중앙은행 지시로 현재 Vietcom Bank가 관리 중이고 인수유력함
Ocean Bank 2011년 부실징후 발생	• 총자산: US$ 2,950mn • NPL: US$ 722mn • 영업점: 111개 • 직원: 약 2,300명	− 최대주주인 부동산회사(Ocean Group) CEO의 리베이트 등 혐의로 구속 이후 부실화 − 일본 마루베니(종합상사)가 인수에 관심이 있었으나 현재는 MB Bank가 인수 유력함
DongA Bank 2015년 특별감사 부실포착	• 총자산: US$ 3,740mn • NPL: US$ 960mn • 영업점: 80개 • 직원: 약 4,100명	− 중앙은행 지시로 HD Bank가 인수 유력함
SCB 2022년 10월 뱅크런	• 총자산: US$ 31,360mn • 영업점: 239개 • 부실발생시 자산기준 5위의 대형은행	− 2022년 10월 불법적 채권 발행으로 Van Thinh Phat Holdings Group 회장 Truong My Lan 체포된 후 뱅크런 사태 발생, 33개 지점이 폐쇄됨 − 중앙은행 지시로 4대 국영상업은행(Vietcom, Vietin, BIDV, Agribank) 인력이 파견되어 부실 현황 조사중

출처: 베트남 언론 등.

---

4 Vietcombank(국영상업은행)−Construction bank / VietinBank국영상업은행)−GP Bank / MB Bank(군대 은행)−Ocean Bank / HD Bank−Donga Bank.

은산분리 규제를 우회: SCB 뱅크런

그러면 이렇게 부실은행이 종종 발생하는 이유는 무엇일까? 10년 전 사례는 조사하기에 자료가 부족해서 가장 최근 발생한 총 자산기준 베트남 5위[5]의 은행인 SCB(Saigon Commercial Bank)의 2022년 뱅크런 사례를 소개한다.

베트남의 Van Thinh Phat(반 팅 팟) 부동산 개발그룹의 소유주 Truong My Lan(쯔엉 미 란) 회장은 SCB의 지분 91.5%를 사실상 소유한 대주주로 본인은 SCB에서 어떤 직책도 맡지 않았으나 자신의 가족을 은행 요직 곳곳에 앉히는 방법으로 막후에서 상당한 영향력을 행사해 왔다. 2012년부터 2022년까지 SCB는 Lan 회장이 만든 1천여개의 페이퍼 컴퍼니에 막대한 허위 대출을 해주었고 이 중 상당부분이 상환 불능의 상태에 빠졌다. 또한 Van Thinh Phat은 관계사인 Tan Viet 증권을 통해 허위 부동산 개발 프로젝트를 내세워 25조동 규모의 회사채를 발행하였고 SCB 영업채널을 통해 투자자를 모집하였다. 상당수의 투자자는 이 회사채 투자를 SCB의 예금으로 알았다.

2022.10.8. Lan 회장이 위의 회사채 불법 발행을 통해 모집한 투자금을 횡령한 혐의로 긴급 구속되었고 연루된 전 호치민 시장 Nguyen Thanh Phong이 공산당에서 제명되었다고 발표되었다. 아울러, 불법 회사채 발행 및 SCB를 통해 투자자 모집을 주도한 SCB의 등기임원이자 Tan Viet 증권사 대표 Nguyen Tien Thanh이 고령이 아닌 나이(50세)에도 불구하고 자택에서 갑자기 숨진 채로 발견되었다. 일련의 사건들로 인해 Lan 회장과 SCB 간의 관계에 대한 의혹이 불거지며 SCB가 예금지불능력을 상실할 것이라는 소문이 확산되었고 불안을 느낀 예금주들이 예금인출을 시작하였다.

---

5 2022년 베트남 은행 1위~5위(2022년 6월 총자산 기준, 단위: VND(베트남 동))
  (1) BIDV 1,939조 VND(약 107조원), (2) AGRIBANK 1,769조 VND(약 97조원) (3) VIETINBANK 1,674조 VND(약 92조원) (4) VIETCOMBANK 1,593조 VND(약 88조원) (5) SCB 760조 VND(약 42조원).

SCB는 예금인출 사태 진정을 위해 정기예금 금리를 1% 인상(1년 정기 예금 8.55%, 시중은행 중 최고)하였고 베트남 중앙은행은 고객의 예금에 대해 100% 지급 보장할 것이며 SCB의 정상운영을 약속한다고 공식발표하였다. 이러한 조치들로 예금인출 사태는 진정되었다. 그런데 개인의 예금인출은 제한하지 않았으나 고액예금을 예치한 일부 기업의 예금인출은 제한하였다. 운전자금이 발이 묶여 많은 기업인들이 발을 굴렸으나 종국적으로 예금 인출을 못했다는 경우는 듣지 못했다.

이런 대규모 불법행위가 감독당국의 묵인 없이 진행될 리가 없었다. 중앙 은행의 은행감독원(BSA, Banking Supervisiory Agency) 전 부원장 Nguyen Van Hung은 2016년 4월부터 2018년 10월 1일까지 SCB로부터 총 39만 달러에 달하는 뇌물을 받았다. BSA 전 감독국장인 Do Thi Nhan은 SCB로부터 520만 달러에 달하는 가장 높은 금액을 받았다. Nhan 국장은 지난 2018년 8월부터 SCB 담당 감독국장으로 재직해왔으며 SCB가 중앙은행의 특별 관리은행으로 지정되지 않도록 일련의 위반사항과 열악한 재정상태를 눈감아줬다.

종합하자면 부실은행 발생원인은 ① 기업(산업자본)이 은행을 소유하지 못하게 하는 은산분리 원칙이 지켜지지 않았고, ② 감독당국이 뇌물을 받고 묵인해 준 것이다. 2022년 세계 경제침체로 인한 부동산 시장 침체는 방아쇠를 당겼을 뿐이다. 그런데 이 은산분리 원칙은 베트남 은행법에 명시는 되어 있다. 다만 특수 관계인 법인과 개인을 규율하지 않은 상황에서 차명 보유까지 존재하여 사실상 효력이 없을 뿐이다.

베트남 은행 1~4위인 4대 국영상업은행과 자산 격차는 크지만, 239개의 영업점을 보유하고 임직원이 7천 8백명인 5위 은행 SCB 뱅크런은 큰 사건 이었다. 예금주들은 손해를 입지 않았지만 불법 회사채를 예금으로 잘못 알고 투자한 사람들, 은행채를 매입한 사람들은 그렇지 않을 것이고 아직 SCB는 중앙은행 관리하에 4대 국영상업은행 인력이 파견되어 조사 중이다. 그런데 한편으로 자산 규모 5위의 은행이 부실은행이 되었는데 예금을 전액

보호한다고 선포하여 사태를 진정시키고 예금을 맡긴 일반인과 일반기업이 느끼기에는 별 탈 없이 매끄럽게 지나는 것을 보면 신기하기도 하다. '통제가 잘 되는 사회주의 국가의 특징인가?' 하는 생각이 든다.

(2) 규제감독기구: 중앙은행

개발도상국일수록 감독당국의 금융회사에 대한 권한이 막강하고 금융회사는 이들과의 원활한 관계를 필수적으로 구축해야 한다. 베트남도 같은 상황이지만 중앙은행은 재무부 보험국과 증권위원회와는 차원이 다른 막강한 권한을 가지고 있다.

필자는 중앙은행을 소개할 때 늘 "금융위원회＋한국은행＋금융감독원－(증권＋보험)"으로 설명한다. 은행 관련 법령(초안) 제정권, 신규인허가권, 검사·감독권한을 보유하면서 화폐를 발행하고 기준금리를 정하고 환율, 외환보유고, 통화량, 물가를 관리하여 베트남의 거시경제를 운영한다. 중앙은행은 투자에도 영향을 미친다. 최근 글로벌 경기 침체로 인해 확장적 재정정책을 발표했지만, 정부 재정이 취약하여 총 투자 중 정부투자는 20% 이내로 대부분 은행을 포함한 민간이 주도하고 있다. 그런 점에서 중앙은행 및 국영/민영 상업은행의 역할이 경제발전에 매우 큰 비중을 차지하고 있다.

중앙은행은 베트남 정부의 직속기관으로 총재는 장관급이고 총재 이하 직원들은 공무원이다. 이 점에서 법적으로 공무원이 아니며 정부에서 독립된 한국은행과 다르다. 총재와 4명의 부총재의 임기는 5년이며 연임 가능하다. 베트남의 공무원 특성상 중앙은행 임원진도 장기 재임한다. 총재는 대개 5년의 임기를 채우며 부총재는 보통 연임을 거쳐 정년 60세까지 근 10년을 재임한다. 국장, 부국장, 과장도 보직이 변경되지 않고 보통 7~8년씩 근무하니 중앙은행의 임직원과 업무관계를 맺을 때는 얄팍한 단기적인 이익보다는 장기적인 관계를 추구할 것을 추천한다.

중앙은행의 직원은 5천명으로 금융감독원(BSA, Banking Supervisory Agency)과 하노이, 호치민, 다낭, 하이퐁, 껀터 등 5대 도시와 58개 지방성에 1개씩 지점을 두고 은행과 파이낸스사(비은행 신용기관)를 검사·감독하고 있다.

(3) 한국계 은행의 위상 및 전략

2023년 12월 기준 현지법인 2개, 지점 형태 6개, 사무소 형태 4개 등 총 12개의 한국계 은행이 진출하였고 총 자산은 201.3억불, 총 당기순이익은 4.0억불이다. 중앙은행은 외국 본점의 베트남 지점형태로 진출하면 지점을 2개까지만 인가해 준다. 그러나 베트남 현지법인으로 인가를 받으면 지점 개설 수에 제한이 없어 지점보다 현지법인으로 진출하는 것이 영업 확장에 유리하다.

눈에 띄는 행보를 보이는 은행은 신한은행, 우리은행, 하나은행이다.

먼저 신한은행은 2009년 현지법인을 설립하여 외국계 은행 중 자산규모 1위 은행이다. 51개 영업점에서 2천3백여명의 직원을 고용하며 2023년 총 자산 74.2억불, 당기순이익 1.85억불을 달성하였다. 그 다음 주자는 우리은행으로 2017년 현지법인을 설립하여 23개 영업점에서 755명의 직원을 고용하며 2023년 총자산 27.4억불, 당기순이익 0.457억불을 달성하였다. 하나은행은 두 은행과는 달리 법인을 설립하지 않고 지분투자 형식으로 진출했다. 2019년 11월 베트남 1위 은행 BIDV(Bank for Investment & Development)에 1조 444억원을 투자하여 지분 15%를 보유한 2대 주주로 경영에 참여하고 있다. 이들 세 은행의 사례는 추후 상술하겠다.

베트남의 한국계 은행 진출 현황(24.5.)

진출형태	은행명
베트남 법인(2)	신한(영업점 51개 =지점 29개+출장소 22개) 우리(영업점 23개 =지점 16개+출장소 7개)
한국 본점의 베트남 지점(6)	국민, 기업, 하나, 농협, 부산, 대구 (국민/기업/하나가 지점 2개 보유, 총 지점수는 9개)
한국 본점의 사무소(4)	산은, 광주, 전북, 수은

외국계 법인 중에서 신한은행과 우리은행이 영업점 숫자 기준 1, 2위 선두 주자이기는 하지만 베트남 은행산업 전체 기준으로 한국계 은행의 비중은 크지 않다. 신한은행은 2023년 말 자산 기준으로 베트남 전체 은행 중 약 1.2% 수준이고 우리은행은 0.4% 수준이다. 금융위기 상황이 아니면 외국계 은행이 시장의 leading bank가 되는 것을 용인하려는 금융당국은 전 세계적으로 드물다. 대신 한국계 은행은 규모는 leading bank 수준은 아니지만 내실이 좋다. 2003년 신한은행과 우리은행의 ROA는 2.67%, 1.91%, ROE는 16.32%, 10.00%(은행 평균 ROA는 1.85%, ROE는 5.75%)이고 부실채권 비율은 1.06%, 0.43%(은행 평균 4.55%)이다.

다른 국가의 베트남 현지법인 중에는 HSBC가 눈에 띈다. 영업점 숫자는 적지만 신한은행과 비슷한 규모의 자산을 가지고 약간 많은 수익을 올리고 있다. 그렇다고 신한은행이나 우리은행의 성과가 작아 보이지는 않는다. HSBC는 신한/우리금융그룹 시총의 수십 배가 되는 글로벌 거대 은행으로서의 영업상 강점을 가지고 있지 않은가?

베트남 내 외국계은행 법인 현황

(신한, 우리, HSBC는 '23년 말 기준. 그 외 '22년 말 기준. UOB, SC은행 정보 확보 불가)

(백만불, %)	국적	설립	영업점	자산	자본	순이익	ROE
신한	한 국	2009	46	7,420	1,219	185.0	16.32
우리	한 국	2017	23	2,740	471	45.7	10
CIMB	말레이시아	2016	2	316	135	△9.3	△7.0
Hong Leong	말레이시아	2008	4	615	147	1.5	1.0
Public Bank	말레이시아	2016	22	1,803	358	19.7	5.0
UOB	싱가포르	2017	5	–	–	–	–
SC	영 국	2008	4	–	–	–	–
HSBC	영 국	2008	13	6,769	781	214.1	30.0
ANZ	호 주	2008	12	1,611	236	21.5	9.0

(1) 보험산업 현황

전체 보험시장 개관

2023년 말 베트남 보험회사는 생명보험사 19개, 손해보험사 32개, 재보험사 2개 등 53개이다. 숫자는 적지만 생명보험사가 손해보험사에 비해 수입보험료, 자산, 자본금 등 모든 면에서 규모가 크고 외국계 비중이 높다. 2022년 중 기업의 매출액으로 볼 수 있는 수입보험료의 경우 베트남 전체 수입보험료 247.8조동(약 13.6조원) 중 생명보험사는 72%, 손해보험사는 28%로 생명보험사가 2.6배 높다.

베트남 보험시장은 고속 성장을 해왔다. 보험시장 전체로 보면 평균 20%가 넘는 성장을 최근 10년간 해 왔다. 2014년~2022년 수입보험료 성장률은 생명보험 25.52%, 손해보험 12.33%, 보험시장 전체 20.11%이다. 손해보험도 고성장했지만 생명보험이 두 배 넘는 고성장을 했다. 다만 이런 고성장 추세는 잠시 주춤한 상황이다. 후술할 방카슈랑스 불완전판매 문제가 불거

2014~2018 베트남 생명보험사/손해보험사의 수입보험료 성장률

(단위: 십억동, %)

구 분	2014	2015	2016	2017	2018
수입보험료 합계	55,877	70,162	87,364	107,709	133,146
(성장률)	+16.8%	+25.6%	+24.5%	+23.3%	+23.6%
생보 수입보험료	28,355	38,271	50,497	66,115	86,176
(성장률)	+21.5%	+35.0%	+31.9%	+30.9%	+30.3%
손보 수입보험료	27,522	31,891	36,866	41,594	46,970
(성장률)	+12.2%	+15.9%	+15.6%	+12.8%	+12.9%

지면서 생명보험 시장이 역성장했기 때문이다. 2023년 3분기까지 누적 수입보험료의 전년동기 대비 성장률은 생명보험이 −10%, 손해보험이 +1.9%, 보험시장 전체가 −6.6%로 충격적인 역성장이 발생하였다.

2019~2023 베트남 생명보험사/손해보험사의 수입보험료 성장률

(단위: 십억동, %)

구 분	2019	2020	2021	2022	2023 3분기까지
수입보험료 합계	160,184	187,447	218,461	247,786	166,138
(성장률)	+20.3%	+17.0%	+16.5%	+13.4%	−6.6%
생보 수입보험료	106,819	130,770	159,326	178,326	114,333
(성장률)	+24.0%	+22.4%	+21.8%	+11.9%	−10.0%
손보 수입보험료	53,366	56,677	59,135	69,459	51,805
(성장률)	+13.6%	+6.2%	+4.3%	+17.5%	+1.9%

출처: 2014~2022년도: MOF, 2023년도 3분기까지 자료는 IAV(베트남보험협회).[6]

생명보험시장 개관: 5대 생보사가 76.4%를 차지

2022년 보험료 수입은 178.3조동(약 9.8조원)으로 Bao Viet, Manulife, Prudential, Daiichi, AIA 등 5대 대형 생명보험사가 전체의 76.4%를 차지하고 있다. 이 중 베트남 생명보험사는 Bao Viet 1개사뿐으로 손해보험시장과 다르게 시장의 주도권이 외국계로 넘어가 있다.

가장 큰 이유는 현재의 베트남 생명보험시장 구조가 자본이 힘을 100% 발휘하는 구조이고 글로벌 보험사가 자본력에서는 앞서기 때문이다. 대규모 자본만 있으면 비교적 용이하게 빠르게 판매 채널을 구축하여 보험 물건을 모집하고 수취한 보험료로 자산을 운용할 수 있다. 자본은 언제 어디에서나 힘을 발휘하는데 무슨 소리냐고? 그렇지 않다는 것은 손해보험시장

---

6 MOF자료와 IAV 자료 내용은 동일함.

편에서 설명하겠다.

　보험은 은행과 달리 손님이 찾아오는 산업이 아니라 손님을 찾아다녀야 하는 산업이다. 베트남의 생명보험사는 판매채널로 설계사와 방카슈랑스 채널을 5:5 정도 사용한다. 생명보험사는 설계사에게 높은 수수료를 제공하면 많은 신규 보험계약자를 확보할 수 있다. 그리고 대량으로 보험을 모집할 수 있는 방카슈랑스 판매 채널이 활성화됨에 따라 독점 보험판매 전속 계약료(선지급 수수료)와 높은 수수료를 은행에 제공하면 대량의 신계약 확보가 가능해졌다. 수천억원의 자본을 한 번에 투자할 수 있는 글로벌 보험사들은 비교적 짧은 기간에 대량의 보험계약을 확보하여 자산을 확대할 수 있었다. 이러한 이유로 외국계 보험사 중 프루덴셜이 가장 먼저 베트남에 진출한 이래(1999년) 생명보험시장을 외국계가 석권하고 있다.

　그리고 베트남 대기업집단은 부동산개발업, 제조업 등 본인의 사업에 자금을 공급할 목적으로는 생명보험사를 소유할 유인이 없다. 대출을 은행의 고유영역으로 보아 보험회사와 증권회사는 원칙적으로 대출이 금지되기 때문이다.

생명보험사별 보험료 수입 순위

(단위: 십억동, %)

순위		2022년		2023년 1~3사분기	
		수입보험료	점유율	수입보험료	점유율
합계		178,326	100	114,333	100
1	Bảo Việt Life	33,202	18.6	23,907	20.9
2	Manulife	31,479	17.7	19,152	16.8
3	Prudential	31,179	17.5	18,928	16.6
4	Dai-ichi Life	21,856	12.3	14,335	12.5
5	AIA	18,611	10.4	11,614	10.2
기타		41,999	23.6	26,397	23.1

출처: 2022년도: MOF, 2023년도 3분기까지 자료는 IAV(베트남보험협회).

생명보험상품

베트남에서 생명보험 상품은 반드시 사망보장이 포함되어야 한다. 그래서 상품별 사망보장 수준, 이자율 수준, 보험료 납입 관련 의무 수준에 따라 보험 상품이 구분되는데 ① 유니버설 종신보험, ② 변액보험, ③ 양로보험이 3대 보험 상품이고 여기에 ④ 특약이 붙는다.

유니버설보험은 보험료의 납입, 인출, 유예가 자유로워 계약실효 가능성이 상대적으로 낮은 보험으로 2022년도 기준 전체 수입보험료의 51.4%(91조동)를 차지한다. 변액보험은 자산운용수익에 따라 보험금이 변동되는 보험으로 20.3%(36.2조동)를 차지한다. 양로보험은 저축에 특화된 보험인데 사망보장은 아주 낮고 이자율은 높은 저축성보험으로 16.3%(29.0조동)를 차지한다. 이 3대 보험에 특약(암특약, 상해특약, 실손보험특약)을 합치면 수입보험료의 98%에 달한다. 즉 베트남의 생명보험상품은 사망보장을 기본으로 하면서 납입한 보험료를 다양한 방식으로 키워서 돌려주는 장기 저축성 보험이다.

생명보험 상품별 보험료 현황

(단위: 십억동, %)

구 분	2022년		2023년 1~3사분기	
	수입보험료	점유율%	수입보험료	점유율%
유니버설보험	91,632	51.4	63,395	55.4
변액보험	36,244	20.3	17,548	15.3
양로보험	29,052	16.3	18,767	16.4
특약	18,444	10.3	12,562	11.0
기타보험	2,954	1.7	2,061	1.8
합계	178,326	100.0	114,333	100.0

출처: 2022년도: MOF, 2023년도 3분기까지 자료는 IAV(베트남보험협회).

손해보험시장 개관: 5대 손보사가 52.8%를 차지

2022년 총 수입보험료는 69.4조동(3.8조원)으로 PVI, Bao Viet, PTI, Bao Minh, MiC 등 베트남계 5대 대형 손해보험회사가 전체의 52.8%를 차지하고 있다. 생명보험시장보다 덜 하나 손해보험도 5대 손해보험사가 시장을 주도하고 있다.

여기서 한 가지 의문이 든다. 생명보험시장과 다르게 왜 손보시장은 외국계가 Top 5에 없을까? 이유는 생명보험시장과 다르게 손해보험시장은 구조상 외국계 보험사가 자본만 있다고 쉽게 침투할 수 있는 시장이 아니기 때문이다.

베트남 손해보험상품은 크게 ① 실손의료보험, ② 사망신용보험,[7] ③ 자동차보험, ④ 재물보험(재해, 화재, 화물, 선박 등)으로 나뉜다.

베트남의 재물보험은 그 건물, 공장, 선박, 산업시설, 프로젝트를 소유한 기업이 보유한 자체 손해보험회사에 계약을 몰아주는 전형적인 캡티브 보험(Captive Insurance)의 성격이 크다. 베트남의 10위권 보험회사의 이름에서 이런 특징을 간파할 수 있다. PVI(Petro Vietnam Insurance)는 석유생산공기업이, PJICO(Petrolimex Joint Stock Insurance Company)는 Petrolimex(베트남 국영석유그룹), MIC(Military Insurance Company)는 군대가, VNI(Vietnam Airline Insurance)는 베트남 항공사가 대주주이고 대주주였다. 즉 베트남에서 대규모 재물보험은 대부분 관계 보험사가 가져간다.

게다가 10위권 내의 대부분의 손보사의 대주주가 국영기업, 국부펀드, 국영상업은행, 정부부처 등 결국 위로 타고 올라가면 베트남 정부이다. 위에 언급했던 보험사들의 대주주는 국영기업이고, Bao Viet과 Bao Minh은 SCIC(State Capital Investment Corporation, 국부펀드)가, BIC(BIDV Insurance

---

7 DCDS(Debt Cancellation Debt Suspension, 채무면제/유예 서비스)의 일종으로 은행에서 대출을 받은 대출자가 사망하면 보험사가 대신 채무를 변제해 주는 보험. 은행 대출시 은행이 대출자에게 가입할 것을 권하는 경우가 많다.

Company)와 VBI(VietinBank Insurance)와 ABIC(AGRIBANK Insurance Company)는 4대 국영상업은행이 대주주이다. 즉 이들은 로컬 재물보험 계약 확보에서 유리하다. 이런 시장 구조에서 외국계 손해보험사가 베트남 기업으로부터 재물보험 계약을 받아가기는 대단히 어렵다.

자동차보험은 대부분 자동차를 사면서 자동차 대리점에서, 자동차 대출을 받으면서 은행에서, 수리를 받으면서 정비소에서 보험에 가입하는 경우

손해보험사별 보험료 수입

(단위: 십억동, %)

순위	구 분	2022년		2023년	
		금액	(비중)	금액	(비중)
	보험료	69,459	(100.0)	71,065	(100.0)
1	PVI	10,032	(14.4)	11,002	(15.5)
2	Bao Viet	9,763	(14.1)	10,143	(14.3)
3	PTI	6,266	(9.0)	5,066	(7.1)
4	Bao Minh	5,399	(7.8)	5,560	(7.8)
5	MIC	5,204	(7.5)	4,692	(6.6)
6	BIC	3,837	(5.5)	4,558	(6.4)
7	Pjico	3,772	(5.4)	4,016	(5.7)
8	BSH	3,061	(4.4)	3,050	(4.3)
9	VBI	3,053	(4.4)	3,553	(5.0)
10	VNI	2,812	(4.0)	2,547	(3.6)
11	ABIC	2,118	(3.0)	1,998	(2.8)
12	GIC	2,047	(2.9)	1,761	(2.5)
13	Opes	1,414	(2.0)	1,393	(2.0)
14	Bao Long	1,361	(2.0)	1,260	(1.8)
15	MSIG	1,335	(1.9)	1,505	(2.1)
16	Samsung Vina	1,139	(1.6)	1,216	(1.7)
17	UIC	944	(1.4)	949	(1.3)
	기타	5,902	(8.5)	6,796	(9.6)

가 많다. 이 역시 로컬 자동차 대리점, 은행, 정비소에 촘촘한 로컬 영업망이 구축되어 있지 않으면 외국계가 침투하기 어려운 시장 구조이다.

사망신용보험은 은행에서 대출받은 대출자가 사망하면 보험사가 대신 채무를 변제해주는 보험으로 대출시 은행에서 보험에 가입한다. 이 역시 해당 로컬 은행이 보험사 선택을 좌지우지하므로 치열한 로컬 영업을 해야 시장에 진입할 수 있다.

이런 시장 구조에서 외국계 손해보험사는 베트남 손해보험사보다 로컬 현장 영업에서 앞서기 쉽지 않다. 그리고 한국과는 다르게 손해보험사가 장기저축성보험을 판매하지 않는다. 그래서 거대 자본이 위력을 발휘하기도 쉽지 않다.

손해보험상품

베트남의 주요 손해보험상품 ① 실손의료보험, ② 사망신용보험, ③ 자동차보험, ④ 재물보험(재해, 화재, 화물, 선박 등)의 미래 시장 전망은 어떨까?

사망신용보험은 대출자가 사망할 경우를 대비해 은행이 권해서 드는 보험이므로 "꺾기"의 느낌이 나는 보험이다. 사실 대출자가 사망할 경우가 몇 퍼센트나 되겠는가? 그래서 이 보험은 미래에는 사라질 보험으로 본다.

베트남의 전반적인 의료 수준은 낮다. 낙후된 의료산업의 개선을 위해 2007년부터 외국인에게 의료시장을 전면 개방했을 정도이다. 그래서 일반 국민들이 이용하는 공공병원과 부유층이 이용하는 사립병원으로 의료기관이 2원화되어 있다. 공공병원을 이용할 경우 실손의료보험은 필요없지만 사립병원은 실손의료보험이 있으면 도움이 된다. 여유가 있으면 좋은 의료시설에서 치료받고 싶은 것은 당연하기에 실손의료보험시장이 커지고 있다.

현재도 손해보험상품 중 자동차보험이 차지하는 비중이 크지만 빠른 속도로 성장할 것이다. 베트남은 압도적으로 많은 사람이 운송, 출퇴근, 온가족 나들이 목적으로 자동차 대신 오토바이를 탄다. 그러나 위험하고 비 올

때 매우 불편하다. 베트남의 자동차세는 아주 높아 같은 차라도 베트남 가격이 60~70% 높아진다. 그렇지만 i10과 모닝일지라도 대출을 받아서라도 자동차를 장만하는 가구가 많아지고 있다. 주변에서 '어, 저 분 월급에 자동차를 장만했네'라고 생각하게 하는 경우를 많이 보았다. 베트남 사람들의 자동차 보유 욕구는 이제 막 시작되었고 이에 따라 자동차보험 수요도 계속 증가할 것이다.

손해보험 상품별 보험료 현황

(단위: 십억동, 재무부) %)

구 분	2022년		2023년	
	금액	(비중)	금액	(비중)
보험료	**69,459**	**(100.0)**	**71,065**	**(100.0)**
건강 (실손의료보험＋사망신용보험)	24,075	(34.7)	23,803	(33.5)
자동차	18,275	(26.3)	17,755	(25.0)
재해	7,826	(11.3)	9,299	(13.1)
화재	9,466	(13.6)	10,044	(14.1)
화물	3,115	(4.5)	2,841	(4.0)
선박	2,831	(4.1)	2,968	(4.2)
책임보험	1,424	(2.1)	1,795	(2.5)
항공보험	1,125	(1.6)	1,145	(1.6)
신용 및 금융리스크 보험	902	(1.3)	942	(1.3)
영업피해보험	341	(0.5)	399	(0.6)
농업보험	43	(0.1)	42	(0.1)
보증보험	37	(0.1)	32	(0.0)

자산운용구조

2022년 중 베트남 보험업계의 전체 투자금액은 680.5조동(약 37.4조원)이다. 은행 등 신용기관 예금이 44.3%로 가장 비중이 크고 국고채, 정부보증채, 지방채 등이 35.9%, 부동산 담보가 있는 보증부 회사채가 4.1%로 안전 자산 투자비율이 84.3%이다. 주식·펀드·무보증 회사채 투자는 11.7% 수준에 그친다.

감독당국이 주식, 펀드, 무보증 회사채 투자에 엄격한 제약을 가한 것이 아니라 보험사들 자신이 주식과 무보증 사채가 너무 불안하다고 생각하여 안전 자산 위주로 투자한다.

그러나 안전 자산은 수익률이 낮은 법이다. 이에 만족하지 못한 일부 보험사가 무보증 회사채 투자를 시작하는 등 자산운용의 폭을 넓히려고 노력 중이다.

2022년 보험사 투자 포트폴리오

(단위: 십억동, %)

구 분	생명보험	손해보험	전체	비중
은행 등 신용기관 예금	249,236	52,114	301,350	44.3
국고채·정부보증채·지방채	243,252	1,110	244,362	35.9
보증부 회사채	26,891	1,056	27,947	4.1
주식·펀드·회사채	73,226	6,535	79,761	11.7
출자 및 지분 투자	836	4,382	5,218	0.8
부동산 영업	67	448	515	0.1
보험계약대출(약관대출)[8]	12,881	96	12,977	1.9
신탁투자	0	0	0	0.0
기타	8,382	0	8,382	1.2
합 계	614,771	65,741	680,512	100.0

출처: 재무부.

---

8 보험업법상 보험회사는 보험계약대출(약관대출) 이외의 대출업무를 할 수가 없음.

방카슈랑스 시장의 불완전판매

2022~2023년에 불거진 방카슈랑스 불완전판매는 금융소비자를 적절한 제도 및 감독 없이 보험회사와 은행에 맡겨 놓으면 어떻게 되는지 보여 준 사례이다. 마치 어린 양을 늑대 무리에 던져준 격이다.

SCB(뱅크런이 발생한 그 SCB 맞다), TP Bank, SH Bank 등 여러 은행의 방카슈랑스 채널에서 ① 대출고객에게 보험가입을 강제하고(이른바 '꺾기'), ② 저축성 보험을 예금상품으로 속여 판매하고, ③ 변액보험을 확정금리형 상품으로 속여 판매하는 등 불완전 판매가 자주 발생하였고 2022년 말부터 언론에 보도되기 시작하였다. 특히 Manulife와 독점판매계약을 맺은 SCB가 언론에 크게 부각되었다. 동시에 고객들은 은행과 보험사를 공안에 고소하거나 재무부에 민원을 제기하였다.

그 결과 고객들의 부정적인 인식 증가와 신뢰 저하로 인해 설계사, 방카슈랑스 등 전 판매 채널에서 신계약보험료가 큰 폭으로 감소하고 기존 계약의 해지 건수도 증가하여 2023년 3분기 누계 수입보험료 기준 생보시장이 사상 처음으로 -10% 역성장했으며 손보시장의 성장률도 1.9%로 미미하였다. 특히 생보의 新계약보험료는 -38.2% 감소했다.[9] 전술했듯이 2014년 ~2022년 평균 수입보험료 성장률은 생명보험이 25.52%, 손해보험 12.33%였다.

그러면 왜 이런 일이 발생했을까? 글로벌 보험사들 특히 생보사가 베트남 보험시장 성장에 대한 확신을 갖고 있었다. 아직 성숙하지 않았지만 이들은 베트남 보험시장을 선점하기 위해 경쟁적으로 진출했다. 보험은 은행같이 고객이 찾아오는 Inbound 산업이 아니고 고객을 찾아와야 하는 Outbound

---

9 2023년 3분기 누계 총수입보험료(생보＋손보)는 약 166조동으로 2022년 동기 대비 -6.6% 감소하였다. 생명보험사의 수입보험료는 약 114조동으로 2022년 동기 대비 -10% 감소하였고 손보사의 수입보험료는 51.8조동으로 2022년 동기 대비 1.9% 증가하였다. 생보의 경우 2023년 3사분기 신계약보험료는 21조동으로 2022년 동기 대비 -43.3% 대폭 감소하였다.

산업이기 때문에 특히 판매 채널이 중요하다. 베트남에는 보험설계사, 방카슈랑스, 제휴 채널이 있는데, 글로벌 보험사는 보험사 채널도 확충하고 있었지만 이 쪽은 채널을 구축하는 데 장시간이 소요되기 때문에 전속계약금과 고액의 수수료만 지불하면 손쉽게 대규모 보험계약 채널 구축이 가능한 방카슈랑스 채널에 주목하였다.

한국에서는 판매 채널인 은행과 제조업자인 보험사와의 힘의 균형을 유지하고 소비자의 선택권도 보장하기 위해 은행은 특정 보험사의 상품을 25% 미만으로 판매해야 하는 이른바 '25%룰'이 있다. 즉, ○○은행이 아무리 계열사인 ○○생명이나 판매수수료를 높이 주는 특정 보험사의 상품을 많이 팔고 싶어도 25% 이상은 판매할 수 없고 적어도 5개 이상 보험사의 상품을 판매해야 한다. 베트남에서는 그런 룰은 없고 특정 은행이 특정 보험사의 상품을 100% 판매할 수 있다. 이를 '독점방카'라고 한다.

그 결과 장기적 성장을 확신하여 판매 채널을 시급히 확충하려 했던 글로벌 보험사들이 높은 방카 전속계약료·판매수수료를 지급하며 은행들과 전속 판매계약을 맺었다. 전속계약은 업무상 비밀이기 때문에 정확히 검증할 수 없지만, 4대 은행 중 하나인 Vietcombank와 보험사 FWD와의 15년 동안 독점 보험판매 전속계약료는 약 4천억원 수준이고 은행들은 전속보험료와 별도로 연납보험료의 80% 정도를 판매수수료로 추가 수취하는 것으로 알려져 있다.

은행 입장에서는 방카슈랑스는 일단 판매만 하면 수수료도 받는데 독점방카 계약으로 Signing Bonus(전속계약료)도 받는 수익성이 좋은 상품이었다. 보험사는 이렇게 방카채널로 일단 많은 보험계약을 확보할 수 있었지만 '꺾기'와 불완전판매로 계약한 보험을 소비자가 유지할 리가 없다. 방카채널의 2년차 계약유지율은 10~30% 정도로 알려져 있다.

이 상황을 악화시킨 것은 감독기관의 2원화다. 은행은 중앙은행이 인가/감독/법령을 담당하고, 보험사는 재무부가 인가/감독/법령을 담당한다. 게다가 중앙은행이라는 기관 명칭에서 알 수 있듯이 중앙은행에게 은행은

everything이다. 그러나 재무부에게 보험은 많고 많은 국 중 보험국이 담당하는 한 개 산업일 뿐이다. 또한 국세총국(국세청 기능), 관세총국(관세청 기능)같이 국이 여러 개 모인 총국도 아니고 딱 1개 국일 뿐이다. 재무부가 요청을 해도 중앙은행은 보험이 연계된 방카슈랑스 불완전판매에 신속하게 대응하지 못하였다. 사태를 악화시켰다.

그런데 불완전 판매는 방카채널에서만 발생한 것은 아니다. 4월 초 베트남 여배우 응옥 란이 개인 페이스북 방송을 통해 본인 및 자녀가 설계사를 통해 가입한 아비바(현재 Manulife가 인수)보험에 문제가 있다고 울면서 주장하였고, 해당 사실이 SNS에서 급속히 퍼져 재무부 보험감독국이 직접 Manulife에 철저한 조사를 지시한 바 있다.

방카슈랑스 불완전판매에 대해 재무부 보험국은 전 생보사에 보험 판매 및 관리 프로세스에 대한 법률준수 여부를 점검할 것을 요청하였고, 보험업법 시행규칙(Circular)에는 불완전판매 근절을 위한 다양한 규제를 신설하였다. 재무부 보험국은 당분간 보험시장의 저성장 상황을 수용하고 보험판매의 건전성과 질적 성장 위주로 관리해 나갈 것이다.

이번 파동으로 보험업계는 이미지가 훼손되었고 보험당국도 감독을 강화하였다. 그러므로 단기간 내에 실적개선은 어려워 보인다. 대출 실행 2달 전부터 2달 후까지 대출 고객에게 보험판매는 물론 컨설팅도 금지하고 있어 그동안 보험 성장에 큰 축을 담당했던 방카슈랑스 채널에서 보험 판매량이 급감할 것으로 예상된다. 그리고 사업비 규제가 강화되어 보험설계사에게 예전처럼 고액의 수수료를 지급할 수 없게 되었다. 그래서 설계사 채널에서 보험 판매량도 희망적이지 않다.

지금은 보험업계가 외형 확대를 잠시 멈추고 내실을 다져야 할 시기로 보인다. 이제까지는 판매 위주였다면 앞으로 보험상품의 질로 승부를 내야 하는 시기가 온 것이다. 그리고 보험업계 내의 자정노력과 감독강화로 불완전판매 급감 등의 성과가 나타나면 이번 사태가 보험산업의 장기적 성장을 위한 밑거름이 될 것 같다. 무엇보다도 베트남 보험시장의 장기 성장은 확실하니까.

(2) 규제감독기구: 재무부 보험국

중앙은행과 달리 베트남의 보험 규제감독기구는 독립된 부처가 아니라 재무부의 한 개의 '국(局)'이다. 베트남어 명칭을 직역하면 '보험 감독 관리 국'(꾹 꽌리 쟘삿 바오히엠, Cục Quản lý giám sát bảo hiểm)이다. 국세총국, 관세총국, 통계총국같이 국이 여러 개 모인 총국이 아니고 단지 1개의 국이므로 보험감독당국은 크기가 작다는 것을 알 수 있다.

그런데 영문이름은 'ISA(Insurance Supervisory Authority)'이고 '보험관리감독청'으로 해석된다. 재무부 소속이지만 별도의 직인을 사용하는 등 기능적으로는 '국'보다는 개별 행정기관인 '청'의 성격이 짙다. ISA는 청장(Commissioner)의 책임과 권한 아래 ① 보험관련 정책수립, ② 보험법령 제·개정, ③ 보험시장 관리·감독, ⑤ 인·허가, ⑥ 행정처벌 부과 등 보험과 관련된 모든 업무를 담당한다.

그런데 본질이 '국(局)'인지라 규모는 작다. 청장(국장급) 1명, 부청장(부국장급) 3명 아래 7개 부서 50여명으로 구성되어 있다. 이렇게 적은 인원으로 53개 보험사를 관리·감독하며 저 많은 업무를 수행한다는데 믿어지지가 않는다. 모든 베트남 공무원은 장기간 만난다는 생각으로 접근해야 하지만 보험감독당국은 인력 풀이 적어서 특히 이 특징이 강조된다.

1장 5. 베트남 공무원에서 설명한 대로 ISA의 청장과 부청장도 오랜 기간 재임한다. 청장이 5~10년 정도 재임하며 보험에 관한 한 1차 전권을 행사한다. 물론 상급자로 재무부 차관, 장관이 있고 정책, 인·허가는 장관의 승인을 얻어야 하고 보험 관련 법령도 당연히 재무부 장관의 승인 또는 국회의 입법 사항이다. 그러나 재무부의 광대한 업무범위(국세, 관세, 예산, 통계, 국유재산 관리, 국채 발행 등)에 비하면 보험은 작은 업무 중 하나이다. 은행

업무가 기관의 정체성인 중앙은행과는 다르다.

(3) 베트남 보험산업에서 한국계 보험회사의 위상과 전략

생명보험 시장

2021년 수입보험료 기준 생보시장 점유율은 한화생명이 10위(2.5%), 미래에셋생명이 16위(0.3%)로 한국계 생명보험회사의 비중은 크지 않다. 다만 2009년부터 영업을 시작한 한화생명이 2023년 당기순이익 3,604만 달러(약 480억원)를 달성하는 등 준수한 성과를 내고 있다. 신한생명은 2021년 2월 인가를 받아 2022년 1월부터 영업을 개시하였고 아직은 초창기이다.

전술한 대로 베트남 생명보험시장은 자본력이 강한 외국계 보험사가 장악하고 있다. 한국계 생명보험사는 베트남의 Leading 생명보험사는 아니다. 그렇다고 실망할 것은 없다. 거대 자본이 소요되는 Ledaing 보험사 쟁탈전은 생명보험사로는 리스크를 동반하므로 쉽게 참전을 결정할 수 있는 사항이 아니다. 리스크를 감당하면서 이들처럼 거대 자본을 투자하여 시장을 석권하려 하든지 아니면 적정규모로 진출하여 수익성이 있는 내실 있는 회사로 갈 것인지 사이에서 선택이다. 한화생명은 후자를 선택한 것이라고 본다.

손해보험 시장

전술한 대로 베트남 손보시장은 외국계가 100% 지분을 보유하는 현지법인은 보험계약을 확보하기 쉽지 않은 시장이다. 그래서 대부분의 한국계 손해보험사는 현지 영업망을 구축한 현지 손해보험사에 지분을 투자하는 방식으로 진출하고 있다.

2022년 수입보험료 기준 손보시장 점유율은 DB손보가 2대 주주(37.3% 보유)인 PTI가 3위(9.0%), 삼성화재가 2대 주주(20%)인 PJICO가 7위(5.4%), DB손보가 1대 주주(75% 보유)인 BSH가 8위(4.4%), 현대해상이 2대 주주(25%)인 VBI가 9위(4.4%), DB손보가 1대 주주(75% 보유)인 VNI가 10위(4.0%), 삼성화재 베트남 법인이 16위(1.6%), KB가 소수지분(3%)인 UIC가 17위(1.4%)이다.

현지법인 또는 대규모 지분을 확보하는 형태로 진출한 회사는 삼성화재와 DB손보이다. 삼성화재는 삼성전자가 베트남에서 큰 규모로 영업하고 있어 보험계약을 확보할 수 있으므로 현지 법인을 설립했다. DB손보는 3개 보험사에 대규모로 지분을 투자했는데 절대 지분을 가지고 있는 VNI와 BSH의 합산 점유율은 8.4%로 4위 보험사 Bao Minh보다 높다. 게다가 2대 주주인 PTI 점유율이 9.0%이다. DB손보의 사례는 6장 금융회사의 해외 진출 전략 방안에서 자세히 설명하겠다.

베트남의 한국계 보험회사 진출 현황(24.4.)

진출형태	보험회사명
베트남 현지 법인(5)	(생보) 한화생명, 신한생명, 미래에셋생명 (손보) 삼성화재, DB손보
한국보험회사의 지점(1)	서울보증
한국보험회사의 사무소(2)	(손보) 현대해상, KB손보

현재 국내 보험시장이 포화된 상황에서 보험회사들이 추가로 성장하기 위해서는 해외로 진출해야 한다. 한국 금융회사에 대한 신뢰도가 상대적으로 높고 지리적으로 가깝고 문화적 유사성이 높은 베트남 보험시장에 여러 한국계 보험회사가 지금 진입하여 보험시장을 선점하려는 것은 바람직하다. 다만, 한국계 보험회사들의 규모가 작아 시장에 메이저 보험사로 안착하려면 자체 성장과 M&A를 병행할 필요가 있어 보인다.

(4) 베트남 보험시장 전망: 보험시장 초기단계, 낮은 보험침투율, 연 20% 성장

　최근에 방카슈랑스 불완전 판매로 타격을 입었지만 2014년~2022년 수입 보험료 기준 성장률이 20.11%로 보험시장은 급격한 성장세를 보이고 있었다. 원래 경제 발전 초기에는 가계에 여유자금이 없기에 보험산업이 미미하다가도 경제가 발전하면서 성장세를 타기 마련이다. 그러나 보험침투율은 아직 2.3%로 선진국 및 다른 개발도상국과 비교하여 아직도 낮은 편이다.[10]

　약 1억명의 인구를 가진 베트남은 평균 연령 32.5세, 30세 이하 인구 47% 등 젊은 인구가 많아 앞으로 보험을 경험해 볼 인구도 많아 신규보험시장 진입자가 장기적으로 증가할 것이 예측된다. 또한 최근 1인당 GDP 4,000 달러대에 진입한 베트남 경제는 무리 없이 현재의 성장세를 장기간 유지할 것이다. 이러한 인구구조와 경제성장 추이를 생각해 보면 보험시장의 파이는 계속 커질 것이다.

10　2022년 보험침투율(GDP 대비 연간 총수입보험료)
　　베트남 2.3%, 인니 1.4%, 태국 5.3%, 말레이시아 5.0%, 중국 3.9%, 일본 8.2%, 한국 11.1%, 미국 11.6%.

(1) 베트남 자본시장의 현황

1) 주식시장

베트남의 주식시장은 크게 ① 일반주식, 한국의 Konex시장과 유사한 ② UpCoM, ③ 주식워런트/ETF 등 기타상품으로 구분된다. 2023년 말 기준 주식시장의 일반상장회사 수는 721개, 시가총액은 4,897조동(약 270조원)이고, UpCom 시장은 등록회사 수 862개, 시가총액은 1,055조동(약 58조원)이다. 주식워런트/ETF 등은 상장상품수 14개, 시가총액은 16조동(약 8천8백억원)으로 상대적으로 미미하다.

2021년 최대 호황을 누리던 주식시장은 호치민 거래소의 VN 지수가 1,536(2022.1.17.)으로 최고점을 기록했으나 2022년 심리적 지지선인 1,000이 붕괴되는 등 세계 증시의 등락과 궤를 같이 하였고 현재는 1,000~1,300에서 등락을 유지하고 있다(2023.12.29. 종가 1,129.93, 2024.5.31. 종가 1,261.72).

신규로 주식시장에 진입하는 베트남 사람들이 증가하고 있다. 2023년 말 기준 베트남의 총 증권 거래 계좌수는 약 729만개인데 베트남인 계좌 723만개, 외국인 계좌 4.5만개이다. 전년 계좌수 대비 베트남인 계좌가 5.7%, 외국인 계좌가 6.2% 증가하였다. 많은 베트남 사람들이 주식시장에 진입하고 있다는 방증이다.

그러나 아직도 베트남 총 인구수 대비 계좌수는 7.3%에 불과하다. 2023년 11월 말 기준 한국의 총 인구수 대비 계좌수가 약 133%[11] 임을 감안하면

---

11 2023년 11월 말 주식거래 활동계좌 수는 약 6,870만여개로 2023년 12월 말 인구수 약 5,132만명 대비 계좌수는 약 133%.

베트남 증권시장의 성장 잠재력이 엄청나다는 것을 알 수 있다.

2) 채권시장

채권시장은 국공채 및 회사채 시장으로 구분된다.

2023년 말 국공채 발행 잔액은 1,799조동(약 99조원)이다. 2022년 말 국공채 잔액 1,543조동(약 85조원) 대비 약 16.5% 증가하였다. 외국인 국공채 순매수금은 4.5조동(약 2,475억원)으로 꾸준히 시장참여가 증가하고 있지만 미미하다.

2023년 말 회사채 발행잔액은 약 1,100조동(약 61조원)이다. 주요 발행자는 은행(51%)이며, 발행형태는 사모 형태가 91%를 차지한다.

채권시장의 주요 특징은 다음과 같다. 첫째, 회사채 발행의 주요 주체는 부동산 기업과 은행으로 이 둘이 대부분을 차지한다. 둘째 사모형태의 회사채 발행이 규제가 약하기 때문에 사모형태의 발행이 회사채 발행의 대부분을 차지하며, 이로 인해 부동산채발 회사채 위기가 2023년 시장을 덮치기도 하였다. 셋째, 표면적으로 개인투자자 비율은 10% 미만이고 은행 등 기관투자자가 대부분을 인수하는 것처럼 보인다. 그러나 이후 은행 등 기관 투자자가 개인에게 다시 판매한다. 정확한 수치는 체크되지 않으나 반드시 회사채에 대한 개인투자자 비율이 낮다고 할 수는 없다.

3) 파생시장

2017년 8월 개장하였으며 VN 30 지수, 국채선물(10년 만기, 5년 만기) 2개 상품만 하노이 거래소에서 취급한다. 거래량은 47.2백만건으로 미흡하지만 비약적으로 성장하였다.

주식시장이 높은 변동성을 보이는 가운데 투자자들에게 투자 및 리스크 헤징 수단으로 작동하며 2023년 말 파생상품 계좌수는 약 148만개로 2022

년 말 대비 29.2% 증가하였다. 외국인 투자자는 전체 거래량의 2.8%를 차지한다.

4) 증권거래소: 하노이 거래소＋호치민 거래소

베트남에는 호치민증권거래소(HoSE, Ho Chi Minh Stock Exchange)와 하노이증권거래소(HNX, Hanoi Exchange) 2개의 주식거래소가 있다. 일반주식의 경우 호치민 거래소와 하노이 거래소에서 모두 거래되고 주가지수도 VN 지수, HNX 지수 두 가지가 있다. UpCom 주식[12]은 하노이 거래소에서, 주식 워런트/ETF 등 기타 상품은 호치민 거래소에서 거래된다. 채권의 경우 호치민 거래소에서 회사채가 거래되고, 하노이 거래소에서 국공채가 거래된다. 파생상품은 하노이 거래소에서 거래된다.

자본시장의 규모로 보면 베트남은 2개의 거래소를 운영할 필요가 없는데 아무래도 베트남이 남북으로 길쭉한 국가여서 하노이, 호치민의 양극 거점을 중심으로 발달하다 보니 거래소도 2개를 운영하는 것 같다. 앞에서 거래소별 거래대상증권을 기술하면서 헷갈리지 않으려고 애를 썼는데 주식, 채권, 파생상품에 걸쳐서 거래 대상 증권이 원칙 없이 두 거래소에 나뉘어져 있기 때문이다. 아마도 정치적인 이유로 인해 거래 대상 증권을 양 거래소가 균등 분할한 정황이 엿보인다.

다만 호치민 거래소의 위상이 하노이 거래소보다 비교도 안 되게 높다. 일반주식 거래는 호치민 거래소가 2023년 12월 시총기준 14.8배 정도로 압도적으로 크다. 채권시장도 회사채 거래규모가 국공채보다 크다. 그리고 하노이 거래소가 취급하는 파생상품은 아직 거래규모가 크지 않다.

2019년 11월 증권법을 개정하면서 정부가 100% 지분을 보유하는 모회사를 설립하여 하노이·호치민 거래소를 자회사로 편입하기로 했다. 그리고

---

12 UpCom 시장: 한국의 KONEX 시장과 유사하며 상장 요건이 낮아 일반주식 시장에서 거래되기 어려운 주식을 거래함.

이렇게 두 거래소에 원칙 없이 나뉘어진 증권 거래 기능이 효율적이지 않다고 생각했는지 모든 주식 거래는 호치민증권거래소에서 전담하고 채권·파생 증권 거래는 하노이증권거래소에서 수행하고 통합 주가 지수를 마련하는 방향으로 거래소 기능을 재정비할 예정이라고 발표했다.

현행 거래소 운영 체계 및 향후 정비 방향

		현행		정비 방향	
		호치민 거래소	하노이 거래소	호치민 거래소	하노이 거래소
주식시장	일반주식	거래	거래	거래	
	UpCom		거래	거래	
	기타상품	거래		거래	
채권시장	국공채		거래		거래
	회사채	거래			거래
파생상품시장			거래		거래

2021년 12월 11일 호치민증권거래소(HoSE)와 하노이증권거래소(HNX)를 자회사로 거느린 통합 베트남증권거래소(Viet Nam Stock Exchange, VNX)가 공식 출범하여 증권거래소 지주회사는 설립되었다. 그러나 아직 양 거래소의 거래 대상이 조정되지는 않았다. 여전히 두 거래소 모두 주식 및 채권 거래를 취급한다.

(2) 베트남 금융투자회사의 현황

베트남에는 2023년 말 기준 78개 증권회사가 있다. 2023년 12월 주식거래량 기준 1위 VPBS(VP Bank Securities)(19.92%), 2위 SSI(Saigon Securities Incorporated)(9.78%), 3위 TCBS(Techcom Securities)(7.55%), 4위 VND(VN Direct Securities Corporation)(6.64%), 5위 HSC(Ho Chi Minh City Securities

Corporation(5.35%) 순으로 상위권 증권회사이다.

자산운용회사는 46개가 있다. DCVFM(Dragon Capital and Vietnam Investment Fund Management), Techcom Capital, SSIAM(SSI Asset Management) 등이 규모가 큰 3대 자산운용사이다.

(3) 규제감독기구: 증권위원회, 재무부

베트남의 증권 관련 규제감독기구는 국가증권위원회(State Securities Commission, SSC)이다. 증권위원회는 1996년 설립된 재무부 산하 증권시장 관리기구로서 증권시장에 관한 법·규정 정비, 감독, 인·허가, 전략 개발을 담당하고 증권거래소(HoSE, HNX), 예탁기관(VSD) 등 시장운영조직의 활동도 관리·감독한다. 재무부는 증권위원회의 상급기관으로 예산 및 인력 등을 관리한다. 증권위원회로부터 보고 받으며 중요사항에 관한 최종 결정권을 가지고 있다.

그런데 재무부에는 보험감독관리국 같은 국 단위의 증권 담당 조직이 없다. 증권위원장 바로 위의 보고 라인은 재무부 차관이다. 재무부 소속의 보험관리감독국도 1차 전권을 행사하는데 재무부에는 증권 담당 조직도 없다. 그래서 증권위원회는 더더욱 증권 관련 1차 전권을 행사한다. 보험감독관리국과 다른 점은 위원장, 부위원장 휘하에 십여개의 국 단위 조직이 있는 직원수가 약 400여명인 큰 조직이란 점이다.

(4) 베트남 자본시장에서 한국계 금융투자회사의 위상

78개 증권회사 중 한국계 증권회사는 7개이며 시장점유율 순위는 해마다 약간씩 달라지지만 보통 미래에셋이 5위로 상위권, 한국투자가 10위로 중위권이고 나머지 신한, 농협(NH), 국민(KB), 한화(Pinetree), 전북(JB)은 10위권 밖이다.

46개 자산운용사의 경우 한국계 자산 운용사는 3개이다. 미래에셋, 한국투자신탁, 피데스 등 3개사가 활발히 활동하고 있으나 3대 자산운용사에 비교하면 규모가 상당히 작다.

베트남의 한국계 금융투자회사 진출 현황(23.8.)

업종	진출형태	
증권(8)	법인(8)	미래에셋, 한투, 신한, 농협, 국민, 한화, JB, 아샘
자산운용(10)	법인(3)	미래에셋, 한국투자신탁, 피데스
	사무소(7)	동양, 한화, KB, 키움, 라이노스, 시몬느 등

(5) 한국계 증권회사의 영업형태 및 향후 전략

상당히 많은 한국계 증권회사가 미래에 꽃 피울 베트남의 자본시장을 기대하고 일찌감치 베트남에 진출했지만 지금은 의외로 수익창출구조가 단순하다. 대부분의 한국계 증권회사는 브로커리지(중개), Underwriting(인수주선), Financial Advisory(자문), 자기자본 투자가 가능한 종합증권사 라이센스를 보유하고 있다. 그러나 대부분 증권거래 수수료 수입으로 조직 및 전산 운영비에 충당하고 주식담보대출(마진론)의 수수료(이자수익)로 대부분의 수익을 올리는 사업구조를 가지고 있다. 다른 수익 분야에서 이런저런 제약사항이 있기 때문이다. 한국이라면 가능했을 증권사의 여러 수익 분야에서 베트남에서는 어떤 제약이 있는지 알아보자.

브로커리지(중개 수수료)

현재 베트남에서는 미수거래, Day trading, 공매도가 허용되지 않아 수수료 수익이 많이 발생하지 않는다. 그래서 수수료 무료를 선언하고 대신 많은 고객을 유치해 주식담보대출(마진론)에 집중하는 전략을 펴는 한국계 증권회사도 생겨났다.

Day trading과 공매도 허용 요청에 대해 2023년 12월 증권위원회(SSC) 위원장과 한국계 증권사/자산운용사와의 간담회에서 증권위원회는 "Day trading은 시스템상으로는 가능하나 개인투자자 비중이 90%인 베트남의 현실상 Day trading과 공매도 도입에는 시간이 걸릴 듯하다. 규정은 있지만 실질적인 작동을 위해서는 사전에 증권사에 대한 조사 및 투자자 의식 향상이 먼저이고, 개인 투자자 비중이 낮아지는 등 적절한 시점이 되면 도입할 예정으로 당장은 어렵다"라고 답변한 바 있다. 주식시장이 도박판처럼 변질되는 것을 경계하고 있어 Day trading과 공매도 허용은 당분간 요원한 것 같다.

미수거래는 MSCI Emerging Market 지수에 편입되기 위한 전제 조건이라서 편입을 원하는 베트남은 도입하는 것으로 방향을 잡았고 우선 외국계 증권회사에게 시험적으로 허용하는 것을 고려 중이다.

종합하자면 현재는 위의 거래 중 어떤 것도 허용되지 않아 주식거래 수수료 수입이 작다. 그렇지만 한국계 증권사들은 KRX가 구축하고 있는 호치민 거래소의 차세대 증권거래시스템이 가동되면 이것이 모멘텀이 되어 무언가는 허용될 것으로 기대하고 있다.

대 출

증권회사가 고객이 주식을 매입하기 위해 그 주식을 담보로 대출해 주는 마진론 이외에는 금지되어 있어 PF 대출(브릿지론) 등 추가 대출 수익 창출이 불가능하다. 은행편에서 설명했듯이 베트남에서 '대출'은 은행과 여신전문회사의 고유영역이다. 보험회사도 증권회사도 원칙적으로 대출을 공여할 수 없다.

Underwriting(인수주선)

Underwriting(인수주선) 업무로 인한 수익 창출도 현재로는 쉽지 않다.

IPO의 경우 다수의 베트남 우량 기업은 국영기업이므로 주인이 정부이다. 그러므로 아무래도 베트남 증권사에게 맡기려하고 외국 증권사에게 맡기려고 결정했으면 글로벌 IB를 찾는다. 글로벌 영업력이 부족한 외국계 증권회사, 즉 한국계 증권사에게는 업무를 맡기지 않는 경향이 있다.

채권발행의 경우 그래도 한국계 증권회사들도 참여해 왔다. 베트남 회사채의 주발행자는 부동산기업과 은행이다. 은행채를 발행해서 은행이 부동산 기업에 우회 대출하는 경향이 있다고 하니, 회사채 시장에서 부동산이 미치는 영향은 절대적이다. 그런데 2022~2023년 부동산기업의 회사채 부실 문제가 터졌고 이로 인해 회사채 시장 자체가 활력이 떨어졌고 2024년 현재 아직도 회복되지 않고 있다.

그리고 주식이나 채권이나 총액인수영업이 가능할 정도로 시장이 발달하지 않았다. 일례로 소액투자자들의 참여가 아주 저조하여 주식/채권을 대규모로 인수할 주체를 정하고 발행하는 경우가 많다. 그러니 수수료가 높은 총액인수나 잔액인수는 거의 없고 수수료가 상대적으로 낮은 모집주선이 대부분이다.

자기자본 투자

현재 베트남계 증권회사와 한국계 증권회사는 자기자본으로 앞서 언급한 주식담보대출을 주로 하고 가외로 주식/채권 투자를 한다. 커버드 워런트를 발행하는 증권사는 자기자본으로 기초자산 주식을 보유하기도 한다.

그런데 자기자본 투자를 본격적으로 하려면 주식이나 채권 투자를 넘어서 Trading이 가능해야 하는데 현재 베트남에서는 엄격한 외환 규정 때문에 안 된다. FICC(fixed income(채권), currency(외환), commodity(원자재)) 중에서 국내 채권 정도만 가능하고 외환, 원자재는 못하는 것이다.

기타수익

증권회사의 겸영/부수업무가 별도로 규정되어 있지 않아 한국과 같이 부동산 및 인프라 프로젝트 자문업, M&A 관련 인수금융 대출 주선 및 참여, 부동산임대업(사옥 등) 같은 다양한 수익 창출 업무가 불가능하다.

이런 상황에서 중대형 한국계 증권회사는 다른 수익원을 개발했다. 한국투자증권은 주식 커버드 워런트(Covered Warrant)[13]를 발행하여 관련 수수료 수익을 얻는다. 한국투자증권은 베트남 커버드 워런트 시장점유율 1위를 유지하고 있다. 2023년 7월 기준 호치민증권거래소에 상장된 97개의 커버드 워런트 중 41개를 상장하였다. 한편, 미래에셋증권과 한국투자증권은 ETF의 L/P(Liquidity Provider, 유동성 공급자) 등으로 인한 운용 수익도 얻고 있다.

새로운 수익원 발굴의 필요성

지금 한국계 증권회사의 수익구조는 주식담보대출 위주이다. 그런데 아직까지는 강력한 경쟁자가 본격적으로 참전하지 않았다. 강력한 경쟁자는 4대 국영상업은행(BIDV, VietinBank, AGRIBANK, Vietcombank)의 자회사 증권

---

13 워런트(Warrant)는 이를 보유한 주체에게 주식 등 기초자산을 특정가격으로 사거나 팔 수 있는 권리로 일종의 옵션 성격의 증권을 지칭한다. 주식 커버드 워런트(Covered Warrant)는 국내 주식워런트증권(ELW)에 해당하는 상품으로 기초자산인 주식의 발행회사가 아닌 제3자가 발행하는 워런트이다.

회사이다. 4대 국영상업은행은 모두 증권 자회사를 보유하고 있다.[14]

만약 4대 국영상업은행이 자회사 증권회사에 저금리로 자금을 공급하고 증권회사는 저리로 주식담보대출에 나서면 어떻게 될까? 주식담보대출에 필요한 자금을 해외 또는 베트남에서 차입해 오는 한국계 증권회사는 차입 금리에서 경쟁력이 있을지 의문이다. 그런데 아직까지 4대 국영상업은행의 증권사는 모회사로부터 자금 차입이 별로 없고 4대 국영상업은행도 그런 방향으로 사업을 구상하고 있는 것 같지는 않다. 은행도 대출 영업을 하므로 증권사의 주식담보 대출 영업 파이가 커지면 은행의 파이를 갉아먹을지 모른다고 생각할 수 있다.

그렇지만 위의 가상 시나리오에서 보듯이 한 가지 수익원의 비중이 너무 높은 것은 안정성 측면에서 좋지 않다. 이제 수익원 다변화가 필요한 시점이다.

(6) 베트남 자본시장 전망

지금 베트남 자본시장은 한국과 같은 선진국 자본시장과 비교하면 영위 가능한 업무가 제한되어 금융투자회사들의 손발이 많이 묶여 있다. 한국계 증권회사와 자산운용회사 법인장들에게서 베트남에서는 이게 금지되어 있고 저게 금지되어 있다는 하소연을 수도 없이 들었다.

첫째 원인은 베트남의 금융업이 아직까지 은행 위주여서 예금 또는 대출 비스무레한 상품도 타 업권은 허용이 안 된다. 일례로 일부 베트남 증권사가 MMF(Money Market Fund)를 시장에 도입하여 판매하고 있었지만 국가증권위원회의 경고를 받고 판매를 바로 중단했다. 둘째 원인은 자본시장에 필요한 법이 정비되어 있지 않다. 일례로 베트남에는 신탁법이 없다. 그래서

---

14 BIDV Securities Company, VietinBank Securities Company, AGRIBANK Securites Company , Vietcombank Securites Company.

모든 펀드는 회사형 펀드(뮤추얼 펀드)이고 수익증권형 펀드는 없다. 셋째 원인은 아직 일반 베트남인에게는 자본시장에 투자할 자금이 축적되지 않았다.

그런데 무슨 이유로 수많은 한국계 증권회사가 언제인가는 만개할 베트남 자본시장의 봄을 기다리며 겨울부터 시장에 진입해 있을까? 역설적으로 아직 베트남의 자본시장이 작기 때문이다. 증권업의 경우 베트남의 주식계좌수(약729만계좌수)는 인구대비 아직 약 7.3% 정도이고 주식시장 규모(시총기준)는 한국의 약 1/10이다. 베트남은 경제성장속도가 빠르기 때문에 향후 증권시장의 성장 가능성이 크다.

자산운용업의 경우도 현재 채권/펀드시장 규모는 미미하다. 그러나 향후 은퇴를 대비해야 하는 중년/노령인구가 증가하면 펀드 및 연금시장이 급성장할 것이다. 현재 노령유족연금(베트남판 국민연금)은 주식/채권에 투자하지 않으므로 자산운용사에 자금운용을 맡길 필요가 없고 직접 국채에 투자한다. 노령유족연금이 한국처럼 주식/채권 투자를 하기 시작하면 시장은 더욱 성장한다. 지금은 걸음마 단계인 ETF도 베트남 시장이 MSCI emerging market으로 격상되면 글로벌 투자자금이 더욱 들어 올 것이니 향후 성장을 기대해 볼 수 있다.

종합하면 지금은 시장 초기 단계이므로 규모와 당기순이익이 작다. 그렇지만 미래의 시장 선점을 위해 많은 한국계 금융투자사가 미리 진출하여 브랜드 가치와 업력을 쌓아가는 것은 바람직하다.

(1) 파이낸스 산업 현황

베트남에서 파이낸스사(비은행 신용기관)란 한국의 여신전문기관인 '캐피탈', '카드사', '대부업'과 비슷한 금융회사로 개인예금을 수취할 수 없고(양도성예금증서(CD)를 통해 기업대상 예금 수신은 가능) 여신(대출)을 전문으로 하는 금융회사이다. 은행과 같이 신용기관법에서 규율되어 대출(신용)을 공급할 수 있지만 은행은 아니므로 비은행 신용기관으로도 불린다.

2022년 기준 판매하는 상품 비중은 Cash Loan(현금대출)이 65.4%, 자동차/오토바이 대출이 16.0%, 재화구입대출이 9.4%, 신용카드가 9.3%로 업계 전반적으로 저신용자를 대상으로 고금리로 대출하는 Cash Loan의 비중이 크다. 그렇지만 파이낸스사마다 주력 상품의 비중은 다르다. 예를 들면 TOYOTA Finance는 TOYOTA 자동차가 자사의 자동차 판매를 원활하게 하기 위해 설립했기 때문에 자동차 대출의 비중이 크다. Home Credit과 JACCS와 같이 재화구입대출을 주로 영업하는 회사도 존재 한다. 한편 신한, 미래, 롯데 등 한국계 파이낸스사는 Cash Loan의 비중이 커서 대출 자산 중 80%를 상회한다.

현재 시장에서 활발하게 영업하고 있는 파이낸스사는 13개사로 FE CREDIT, HOME CREDIT, M CREDIT, HD SAISON, TOYOTA, SHB, FCCOM, JACCS, Viet Credit, PTF, 롯데 파이낸스, 신한 파이낸스, 미래 파이낸스이다.

특이하게 이 중 11개사가 외국계가 100% 지분을 보유한 회사이거나 지분을 투자한 회사일 정도로 외국계 금융자본의 진출이 많은 산업이다. 일본계로는 100% 지분을 보유한 TOYOTA, JACCS와 부분 지분을 보유한 FE CREDIT, M CREDIT, HD SAISON이 있다(PTF는 현재 M&A가 마무리 중). 태국계로는 100% 지분을 보유한 SHB가 있고 2024년 현재 HOME Credit 또한 체코계에서 태국계로 이전 중이다. 한국계로는 100% 지분을 보유한 신한 파이낸스, 미래 파이낸스, 롯데 파이낸스가 있다.

외국계가 많이 들어 온 이유는 첫째, 개인 예금 수취기능이 없어 상대적으로 수월하게 진입할 수 있었고, 둘째, 고금리 대출이라 상환율과 추심환경에 따라 높은 이익률을 기대할 수 있기 때문이다.

그런데 글을 쓰고 있는 2024년 초 기준 한국계 파이낸스사를 포함하여 모든 파이낸스사가 어려운 시기를 보내고 있다. 우선 2023년 내내 경기침체로 저신용 대출자의 채무상환능력이 떨어졌다. 그리고 2023년초 불법채권추심 사건이 연이어 터져 파이낸스사의 채권추심에 대한 사회적 비난으로 사실상 채권추심활동을 하지 못하였다. 이 두 가지 요인이 겹쳐 2023년 연체율이 급상승하여 파이낸스사들의 당기순이익이 급락하거나 당기순손실이 급증하였다. 하지만 2024년에는 불법이 아닌 정상적인 추심활동은 가능해진다고 하니 2024년 하반기 즈음에는 실적의 반등을 기대해 볼 만하다.

(2) 규제감독기구: 중앙은행

파이낸스사의 감독 당국은 은행과 같은 중앙은행이다.

(3) 한국계 파이낸스사의 위상

2023년 대출자산 기준으로 실적이 취합된 12개 파이낸스사 중 한국계 파이낸스사의 시장점유율은 신한이 6위, 미래가 7위, 롯데가 11위이다. 누적이익 또는 누적손실 기준으로 보아도 신한, 미래, 롯데 순이다.

(1) 신용정보 산업 현황

신용정보집중기관으로부터 개인 및 기업에 대한 1차 신용정보를 수집 및 가공하여 대출 제공 여부를 심사하는 금융회사에 판매하는 신용정보회사는 베트남에 NCIC와 PCB(Vietnam Credit Information Joint Stock Company) 두 개 회사가 있다. 그런데 다음에서 상술할 NCIC는 신용정보집중기관이자 신용정보회사이므로 순수 신용정보회사는 PCB 한 개뿐이다. 아직 신용정보 시장은 걸음마 단계라고 할 수 있다.

지금과 미래의 베트남 금융산업 규모를 감안하면 신용정보회사의 숫자가 턱없이 적다. 그러므로 최근 중앙은행은 신용정보회사의 인가를 더 발급하여 신용정보회사의 숫자를 늘리려 하고 있다.

(2) 규제감독기구: 중앙은행, 국가신용정보센터

기본적으로 중앙은행이 신용정보와 관련한 감독과 법령을 담당한다. 그리고 중앙은행의 산하기관인 국가신용정보센터가 신용정보집중기관으로 신용정보의 수집, 배포, 활용을 담당한다.

국가신용정보센터(NCIC; National Credit Information Center)는 은행, 여신전문기관 등 법에서 정한 회원사로부터 개인 및 기업의 대출, 카드 한도, 보증, 채무불이행, 연체 등 신용정보를 수집, 처리하여 회원사 및 비회원사에게 유료로 판매한다. 또한 NCIC는 수집된 개인, 기업정보 및 신용정보를 바탕으로 한 신용평가시스템(유동성 비율 등 13개 재무요인, 22개 비재무요인)과 전문가 조정을 거쳐 신용등급(9개 등급: AAA~C)을 산출한다. 그리고 신용정보 수집, 처리, 저장, 분석, 예측을 통해 베트남 중앙은행의 금융감독을 지원하고 국가차원의 금융리스크 모니터링도 하고 있다.

재미있는 점은 국가신용정보센터가 신용정보집중기관으로서 보유한 1차 정보(신용정보 내역 보고서)를 유료로 판매할 뿐만 아니라, 이를 가공하여 신용등급을 산출하고 유료로 판매함으로써 신용정보회사의 역할도 수행한다. 이 점에서 한국의 신용정보집중기관인 한국신용정보원과 큰 차이가 있다. 한국신용정보원은 회원들의 분담금으로 운영되고 1차 정보를 무료로 제공하는 비영리기관이다. NICE 평가정보(주)와 같은 신용정보회사가 1차 정보 등을 가공하고 금융회사에게 제공하여 이익을 창출한다.

(3) 한국계 신용정보회사의 위상 및 전략

신용정보회사가 2개밖에 없는 베트남 신용정보시장에 한국의 NICE평가정보(주)가 진출하려고 오래전부터 준비하고 있다. 우선 2017년 전초기지 성격으로 NICE Info Vina를 설립하여 컨설팅, 솔루션, 정보 제공 서비스 등을 하고 있다. NICE Info Vina는 중앙은행의 인가가 없고 국가신용정보센터로부터 1차 신용정보를 받을 수 없으므로 신용정보회사가 아니다.

NICE는 2022년 12월 NICE Credit Information Company를 추가로 설립하였고 중앙은행에 2023년 6월 신용정보업 인가를 신청하였다. 현재 관련 절차가 진행 중이다.

6. 신용평가(Credit Rating)

(1) 신용평가 산업 현황

베트남은 현재 회사채를 공모로 발행하거나 사모로 발행하거나 모두 일정 조건에 해당되면 반드시 신용평가를 받아야 한다. 공모 회사채의 경우 2021.1.1. 시행되었지만 사모 회사채의 경우 적용을 유예 받았다가 2024.1.1. 시행되었다.

전술한 대로 회사채 시장에서 사모발행 형태가 91%이다 보니 신용평가업의 시장 규모는 그리 크지 않았다. 신용평가 회사도 Fiin Rating, Saigon Rating, VIS(Vietnam Investor Service) 등 3개뿐이다.

그런데 투자자들이 베트남의 자본시장에 투명성을 좀 더 요구하고 베트남 정부도 필요성을 느끼고 있다. 그래서 위에서 언급했듯이 사모 회사채에 대한 신용평가도 2024.1.1. 시행하였다. 무엇보다 자본시장 자체가 계속 성장할 것이므로 이 업계도 성장이 확실시된다.

신용평가 의무 대상 공모/사모 회사채 및 시행 시점

구분	신용평가 의무 대상 회사채	시행시점
공모 발행	(i) 12개월마다 발행되는 총 채권 가치가 5000억 동(약 275억 원) 이상이고, 재무제표 상의 자본의 50% 이상인 경우	2021.1.1.
사모 발행	(ii) 총 미상환 채무가 자본의 100% 이상의 경우	2024.1.1.

(2) 규제감독기구: 재무부

신용평가 자체가 채권의 발행 등 증권과 연관이 깊기 때문에 산하에 국가증권위원회가 있는 재무부가 감독당국이다. 신용평가회사는 재무부의 인가를 받아야 한다.

제 6 장

금융회사의
해외 진출
전략 방안

Vietnam

2006년 필자가 재정경제부 은행제도과 사무관으로 근무하고 있었던 어느날, 사무실에 출근해 보니, 금융산업 해외 진출방안을 긴급히 만드느라 과장님과 동료들이 무척 분주해서 소란스러웠던 기억이 난다. 당시 들었던 생각은 "우리 금융산업이 해외로 나가야 하나? 그리고 해외로 진출할 능력이 있나?"였다. 하여간 그 때 처음 접한 이후 금융산업 해외진출은 계속 우리 금융회사와 금융당국의 화두였다. 사실 금융산업도 다른 산업과 마찬가지로 해외에서 영토를 개척해야 한다는 것은 당연한 명제이다. 문제는 가능성과 능력이었다.

초대 베트남 재정경제금융관 선발 시험에 지원했던 가장 큰 이유도 한국 금융회사가 해외에 진출한 숫자가 중국, 미국에 이어 베트남이 3위라는 것이었다. 2023년 9월 기준으로는 미국이 1위, 베트남과 중국이 공동 2위이다. 그렇게 금융회사가 많이 진출한 것에 대해 일종의 사명감도 느꼈지만 우선 놀라웠다. 진출 형태를 보면 더욱 놀라웠다.

기업이나 금융회사를 상대로 하는 도매금융(Wholesale Finance)은 소수의 전문가 그룹을 대상으로 영업하고 소매금융(Retail Finance)은 불특정 다수의 현지 일반인을 대상으로 영업한다. 현지의 금융관행, 문화, 언어가 다르므로 당연히 소매금융이 난이도가 훨씬 높다. 그래서 미국, 유럽, 일본에 진출한 한국 금융회사들은 대부분 도매금융과 현지교민 대상의 소매금융을 하고 있다. 그런데 베트남의 우리 금융회사들은 앞에서 이야기한 바와 같이 한국인이 아닌 베트남 국민들을 대상으로도 영업을 하고 있었다. 그리고 여러 금융회사들이 성공사례라고 불릴 만했다.

여기서는 베트남에서 한국계 금융회사는 어떻게 성공적으로 진출했는지 분석해 보고 향후 한국계 금융회사의 해외 진출전략에 참고할 만한 사항도 알아보겠다.

한국계 금융회사의 성공 요인을 분석해 보니 크게 ① 베트남이란 국가와 관련된 원인과 ② 개별 금융회사가 정착하고 영업 규모를 키우는 과정에서 구사한 탁월한 전략과 관련된 원인이 있었다. 즉 한국계 금융회사는 베트남이란 국가가 주는 이점을 포착해서 베트남 진입을 선택했지만 성공하려면 이에 더해서 현명한 전략을 구사했어야 했다.

'2. 베트남이란 국가 측면에서의 성공 원인'에서는 한국계 금융회사가 베트남이라는 국가에서 얻을 수 있었던 이점을 알아보고 '3. 한국계 금융회사 모범 진출사례 (개별 금융회사의 성공 원인)'에서는 개별 금융회사만의 성공 원인을 알아보자.

(1) 한국의 기업/교민이 많이 진출했음

M&A로 현지 금융회사를 인수하지 않는 한 이름도 생소한 한국 금융회사가 현지인 대상으로 영업하는 것은 초기 단계에서는 쉽지 않다. 그래서 세계로 진출한 한국 금융회사들은 대개 한국 기업과 교민을 대상으로 영업한다. 이를 통해 경험과 노하우, reputation을 축적한 후 현지인을 대상으로 영업을 확장한다. 즉, 한국 기업과 교민이 많으면 많을수록, 현지 진출 교두보를 확보하기 용이하다. 베트남에는 9,000여개의 기업과 17만 6천명(등록 교민 기준)의 교민이 있고 한 해 약 400만명의 한국인이 베트남을 방문한다. 그래서 진입 초기 한국계 은행들은 이들을 대상으로 영업하고, 이익을 올리고, 노하우를 축적한 후 다음 단계로 베트남인을 대상으로 하는 로컬 은행으로 진화했다.

또한 한국 진출기업이 많으면 금융당국이 은행인가를 검토할 때 유리하다. 알다시피 금융회사의 인가는 금융당국의 재량사항이다. 운전면허 발급하듯이 인가요건만 충족하면 당연히 금융당국이 인가해야 하는 것이 아니다. 금융당국은 언제나 금융산업 규모에 맞는 적정 금융회사의 숫자를 고민할 수밖에 없다. 특히 평상시에는 안정적으로 당기순이익을 향유하지만 부실시 광범위하게 일반 국민 예금자에게 피해가 가는 은행산업의 경우 인가에 인색하기 마련이다. 그런데 경제 발전을 위해 유치한 외국 FDI 기업이 공장의 운영 자금을 반드시 본국 은행으로부터 대출받기를 원한다면 입장이 달라진다.

전술한 대로 많은 한국 기업들이 베트남에 진출했다. 한국 기업은 금융관행 상이, 언어소통의 어려움, 한국에서 한국계 은행과의 기존 대출관계 등으로 인해 베트남 은행보다 한국 은행을 선호했다. 또한 베트남 은행은 수많은 한국 기업이 필요한 자금을 공급할 능력도 없었다. 한국 기업의 공장이 원활히 가동되어야 베트남인을 고용하고 GDP와 수출이 증가하는데 한국 기업은 한국 은행을 선호한다? 카메라의 배터리가 메이커 독자 규격이면 그 배터리도 함께 구매해야 한다. 그래서 그동안 중앙은행이 자국 경제 발전을 위해 한국계 은행의 인가에 비교적 덜 인색했었다.

그런데 인가가 쉬웠다는 것은 절대 아니다. 지점 1개 인가받는 데 보통 3~4년이 소요되었으며 여성의 날에 장미꽃 입에 물고 기타를 치고, 마라톤 마니아를 위해 함께 대회에 참가하는 등 대관 실무자님들의 무용담을 들으면 '이건 한국인만이 할 수 있는 작업'이라고 생각했다. 오랜 세월이 걸려도 한국 기업에의 원활한 자금 공급 등을 고려하여 결과적으로 인가하였다는 것이지 운전면허 발급하듯 요건만 충족되면 한국계 은행이라고 중앙은행이 자동으로 인가했다는 것은 아니다.

(2) 금융당국으로부터 인가를 받는 것이 가능하였음

당연한 말이지만 금융회사가 진출하려면 우선 그 국가에 진출할 수 있어야 한다. 즉 금융당국이 문을 열어 놓아야 한다. 진출방식은 크게 ① 신규인가, ② M&A를 통한 기존 라이센스 취득, ③ 지분투자가 있다.

동남아 은행 산업의 경우 회계장부의 신뢰 부족으로 어떤 부실이 숨겨져 있는지 모르기 때문에 외국계 은행들은 대개 완전히 깨끗하게 새로 시작하는 신규 인가 방식을 선호한다. 그런데 신규 은행 인가는 은행산업이 포화된 상황이라면 기존 은행 산업의 파이를 갉아먹어 부실은행의 원인이고, 은행은 평상시에는 이익이 나는 구조이기에 은행 라이센스는 상당한 금전적 가치가 있으므로 동남아 금융당국은 진입시 자국의 은행산업에 무언가 기여를 해야 한다고 생각한다. 그러기에 외국계 은행에게 신규 인·허가 대신 자국 내의 부실은행을 인수하기를 은근히, 또는 노골적으로, 또는 공식적으로 요구하기도 한다.

베트남에서는 신한은행, 우리은행이 지점을 3개 이상 설치할 수 있는 현지 법인을, 국민은행·기업은행·하나은행이 지점 2개를, 농협은행, 부산은행, 대구은행이 지점 1개를 인가받았다. 이외에 산업은행, 광주은행, 전북은행, 수출입은행이 사무소를 두고 있어 총 12개 은행이 진출해 있다. 진출한 현황만 보면 베트남 은행산업의 문이 한국계 은행에게 열려 있는 것처럼 보인다. 인가기간이 오래 걸렸을 뿐 몇 년 전에는 확실히 그랬다. 그러나 최근에 30cm쯤 틈만 남겨 놓고 문을 닫으려 하고 있다. 2022년 3월부터 외국계 은행은 신용평가등급 Aa3 이상(무디스 기준, Aa2 > Aa3 > A1)이어야 지점·법인 인가를 신청할 수 있다. 이 신용등급은 상당히 높은 신용등급이다. 2022년 한국의 국가신용등급이 Aa2이고, 일본의 국가신용등급이 A1이다. 일본의 국가신용등급보다 한 등급 높고, 한국의 국가신용등급보다 한 단계 낮은 신용등급을 요구한 것이다. 한국에서 국가가 법적으로 손실을 보전할 의무가 있는 산업은행, 기업은행, 수출입은행 등 3대 국책은행과 국민·하나·우리·신한·농협 등 5대 시중은행의 일부만이 이 등급 기준을 충족시킨다. 현재 베트남 4대 국영상업은행은 이보다 8단계 아래인 Ba2인 점을 감안하면 지나친 측면도 있다. 그렇지만 중앙은행 앞에서 베트남계 은행과 외국계 은행과의 동등한 대우를 요구할 수는 없는 노릇이다. 중앙은행이 은행 산업의 은행 숫자를 줄여야 하는데 문은 완전히 닫을 수는 없는 상황에서 웬만한 외국 은행은 진입하려고 시도하지도 말라는 신호를 보내는 것이기 때문이다.

그래도 지금 베트남의 은행 인가상황에 실망하지 말자. 다른 동남아시아 국가의 상황은 더 안 좋기 때문이다.

태국의 경우 한국계 은행은 현지 법인은 고사하고 지점도 없다. 2013년에 개소한 산업은행 방콕 사무소가 유일하다. 원래 태국에서 한국계 은행들이 인가를 받고 영업을 하고 있었지만 1997년 외환위기 당시 모두 철수했고 그 이후 태국 금융당국으로부터 신규 은행 인가를 못 받고 있다. 금융회사의 라이센스, 특히 은행의 라이센스는 함부로 포기하는 것이 아니다. 태국에는 한국계 금융회사가 단 4곳이 진출[1]해 있다. 라이센스를 쉽게 받을 수 없었겠지만 동남아시아에서 태국의 경제적 위상을 고려하면 적게 진출한 것이 아닌가 싶다.

인도네시아는 태국보다 상황이 좀 낫다. 인도네시아는 외국계 은행에게 신규 인가를 절대 주지 않고 부실은행을 M&A 방식으로 인수하여 진입하는 것만 허용한다. 즉 인도네시아에서 영업을 하려면 은행 시장에 금전적으로 기여하고 들어오라는 것이다. 외국계 은행들은 인도네시아 진출을 위해 부실 은행을 인수해야만 한다. 여기서 외국계 은행들의 운과 실력에 따라 희비가 엇갈린다. 유통기한이 지난 계란 한 판을 사는데 1~2개 상했으면 배탈이지만 절반 이상이 상했다면 식중독에 걸린다. 하나은행의 인도네시아

---

1 삼성생명(현지법인, 1997년 진출), KTB 투자증권(현지법인, 2008년 진출), 산업은행(사무소, 2013년 진출), KB 국민카드(현지법인, 2021년 진출).

은행 인수는 성공적인 사례로 평가받고 있지만 성공적이지 않은 한국계 은행의 인수 사례도 있다.

베트남 보험사의 경우 신한생명의 예외 사례가 있지만 최근에 신규 인가를 발급해 주지 않는다. 한화생명은 2008년 진출하였는데 초기여서 비교적 수월하게 진입했다. 신한생명은 2022년 영업을 개시하였는데 2016년 이후 5년 만에 처음 있는 신규 생보사 인가였다. 예외적인 사례로 보험당국이 신규 인가에 긍정적으로 변한 것은 아니다.

증권회사의 경우도 최근에 신규인가를 발급해 주지 않는다. 2008년에 수십 개의 라이센스가 대규모 발급되고 난 이후 거의 발급되지 않았다. 그래서 대부분의 한국계 증권회사들은 기존의 라이센스를 매입하고 진출했다. 파이낸스사도 같은 상황이다.

베트남에서 전 금융권에 걸쳐 신규 라이센스를 받기가 어려운 이유는 두 가지로 추측된다. 첫째 금융당국이 시장의 player 숫자가 부족하다고 생각하지 않기 때문이다. 둘째, 기존에 라이센스를 받은 사람들의 재산적 가치를 지켜 주기 위함이다. 신규 라이센스가 발급되지 않으므로 시장에 진입하고자 하는 증권회사는 사실상 영업을 하지 않는 유령증권회사라도 라이센스를 상당한 가격으로 매입할 수밖에 없다.

종합하면, 진출하고자 하는 국가의 인가 상황을 면밀히 분석한 후에야 진출계획을 수립하고 진출을 결정해야 한다. 인가에 너무 오랜 세월이 걸리거나, 부실은행을 인수하더라도 썩은 달걀을 고를 위험이 크거나 기존 라이센스 가격을 너무 비싸게 부른다면 진출 자체를 심각히 재고해야 한다. 한 대만계 은행은 베트남 은행 지점 인가를 10년 동안 추진했는데 거의 막바지 단계에서 갑자기 2022년 3월의 신용등급 제한 규정이 발표되었다. 이 은행은 애석하게도 신용등급이 미달하여 10년을 기다렸지만 짐 싸고 고국으로 돌아갔다는 슬픈 전설이 있다.

(3) 성장이 완료된 국가가 아니라 성장하고 있는 국가였음

경제성장이 시작되지 않았거나 정체된 국가보다는 저개발국에서 벗어나 고도성장을 구가하는 국가로 진출해야 한다. 구체적으로 말하면 Wolrd Bank 발표 하위 중소득국(Lower Middle Income Country)인데 상위 중소득국(Higher Middle Income Country[2])을 목표로 고성장을 거듭하는 국가가 적절하다. 이유는 다음과 같다. 첫째, 이런 국가는 공장을 유치하고 자금을 공급해야 하는 한편 선진금융기법을 도입하여 자국 금융회사의 경쟁력을 제고하려 하므로 외국 금융회사의 인가에 너그럽기 쉽다. 둘째, 경제성장에 편승하여 금융시장도 자동으로 성장하므로 파이가 커진다. 셋째, 금융회사는 이미지 사업이다. 소득이 성장하고 시장이 완숙된 뒤에 들어오면 안전하겠지만 초기부터 시장에 진입하여 주요 플레이어로 브랜드를 각인시키고 시장을 선점하는 것이 낫다.

베트남의 경우 한국 기업이 엄청나게 많이 진출하였기에 동반 진출 차원에서 중앙은행은 인가를 많이 발급해 주었다. 규모는 작지만 은행 숫자 100개(=현지법인＋외국계 은행의 지점) 중 11개(=한국계 현지법인 2개＋한국계 은행의 베트남 지점 9개)가 한국계 은행이다. 또한 한국 은행의 선진금융기법을 시장에 소개하여 자연스럽게 베트남 은행의 경쟁력을 제고하려는 이유도 있었다. 베트남은 근 20년 동안 연평균 6.33%의 고속 성장을 하고 소득도 같이 급성장하였으므로 한국 은행들도 자연스럽게 대출이 확대되고 당기순이익도 증가하였다. 물론 한국 은행들도 노력했겠지만 확대되는 시장과 찌그러드는 시장은 난이도가 천지 차이다.

---

2 월드뱅크 발표 FY2024년(2023.7.1.~2024.6.30.) 국가별 소득수준 GNI 분류 기준
　저소득국(Low Income Country): ~1,135$
　하위 중소득국(Lower Middle Income Country): 1,136$~4,465$
　상위 중소득국(Higher Middle Income Country): 4,466$~13,845$
　고소득국(High Income Country): 13,846$~

(4) 한국의 국가 이미지가 베트남에서 양호하였음

금융산업에서 이미지, 즉 근본적으로 신뢰란 그 어떤 것보다도 중요한 요소이다. "맡긴 예금을 돌려 받을 수 있나?, 약속대로 보험금을 지급할 것인가?, 펀드 수익률이 탁월한가?" 등의 물음에 의문이 들면 금융소비자는 그 금융회사에 돈을 건네지 않는다.

그런데 한국 금융회사의 이미지力은 어떠한가? 알다시피 삼성, 현대같이 전 세계가 다 아는 한국 금융회사는 없다. 그래서 미국, 유럽, 일본 등 선진국의 경우 한국 금융회사가 현지인을 대상으로 영업하는 소매금융으로 진출해서 성공하기 어렵다.

동남아시아에서도 현지인이 한국 금융회사의 이름을 처음 들어 보는 것은 마찬가지이다. 그런데 한국이라는 국가는 안다. 그것도 양호한 이미지로 기억한다. 금융회사의 이미지力이 떨어지면 국가의 이미지力에 기댈 수 있다. Swiss Re, Credit Swiss, Deuche Bank 등 여러 금융회사들이 국가 이름을 괜히 붙인 것이 아니다.

본 적도 들은 적도 없는 과자와 세탁세제가 촌스러운 한글 폰트의 제목을 달고 made in Korea인 척 베트남 마트 진열대에 다소곳이 앉아있는 것을 보았을 때 처음에 든 생각은 "누구냐 넌?"이었지만 나중에 든 생각은 "어? 여기는 한글 상품명만으로도 마케팅 효과가 있네"였다.

블랙핑크, BTS 등 K-Pop으로 대표되는 한류는 정말 국가 이미지를 높이는 거대한 힘으로 필자는 이들에게 주어야 할 상은 "가요대상"이 아니라 "수출진흥상"이라고 생각한다. 한류의 영향력은 정말 깊고 넓다. 어느 날 필자는 하노이 노이바이 공항에서 업무를 보고 있었다. 입국장 밖에서 두 줄로 도열한 수백명의 베트남 여고생, 여대생을 보고 옆의 동료에게 질문했다. "오늘 누가 들어오나요?", "위너의 송민호가 들어와요", "송민호가 누구예요?" (필자는 대한민국의 평범한 아재다. 보이그룹은 모른다.) 그 순간 본토 발음 들렸다고 수십명의 팬들이 생전 처음 보는 한국인인 필자를 향해 뒤돌아서서 "송민호!, 송민호!, 송민호!"를 연호하는데 그 맹렬한 기세에 당황하고 황당했다.

원마트의 한국산 딸기 판촉행사

그리고 베트남에는 다른 나라에는 없는 한류 최종 병기가 있었으니 박항서 감독님이다. 이 분의 베트남에서의 인기는 한국에서 히딩크 인기보다 훨씬 높다. K-Pop과 달리 이 분은 男, 女, 老, 少 베트남인 모두가 좋아한다. 은행 지점 개소식 행사에서 박항서 감독님과 기념사진을 찍으려고 진정 행복한 얼굴로 은행 여직원들은 물론 경비원, 운전기사 아저씨들도 몰려오는 것을 보고 '이 분이 한국의 이미지를 몇 단계 올렸구나' 하는 생각이 들었다. 박항서 감독님은 지금도 베트남에서 한국 기업 행사라면 마다하지 않고 참석해 주셔서 분위기를 한결 부드럽게 만들어 주신다.

신한은행, 우리은행 등은 베트남인이 들어 본 적도 없지만 한국의 은행인 것은 안다. 그리고 국가 이미지에 영향을 받아 호감도가 상승하며 은행의 경쟁력으로 작용한다.

일례로, 신한베트남은행, 우리은행 베트남의 경우 다른 베트남 은행보다 예금금리가 높지 않다. 한국계 FDI 기업이 금리가 높지 않더라도 자국의 은행에 예금을 맡기는 것이 가장 큰 이유이지만 외국계 그리고 한국계 은행이기 때문에 좀 더 안전할 것이라는 생각을 가진 일부 고액 자산가들이 예금을 맡기는 경우도 분명히 있다. 즉 양호한 국가 이미지는 다음과 같은 선순환을 일으킬 수 있다. ① 예금금리를 낮출 수 있고, ② 예금금리가 낮기에 대출금리를 낮출 수 있고, ③ 대출금리가 낮기에 우량 차주를 확보할 수 있고, ④ 우량차주를 확보하고 리스크를 효과적으로 관리하여 연체율을 낮출 수 있다.

　두 번째 예로 시설대출자금을 받으려는 어떤 베트남 스타트업 기업이 있었는데 이 업체는 향후 IPO도 계획되어 있어서 미래의 투자자들이 대출을 어떤 은행으로부터 받았는지도 체크할 것이라 생각했다. 그래서 외국계 특히 한국계 은행이 안정적이고 투명한 이미지가 있기 때문에 일부러 한국계 은행인 신한베트남은행으로 대출을 받았다.

(5) 베트남과 한국은 문화적으로 비슷했음

　문화적으로 가까우면 금융상품을 개발하기도 금융당국을 상대하기도 수월하다. 베트남은 한국과 같이 한자를 사용했고 과거제도를 시행했던 중앙집권형 유교국가이면서 도교와 불교의 영향도 받았다. 부모에 대한 효, 가족 중시, 자녀 교육열 등 사회 현상이 우리에게 낯설지 않다.

　예를 들면 베트남에서는 어린이 실손보험이 방카슈랑스 상품 중에서 잘 판매된다. 한국처럼 자녀에 대한 관심이 남다르기 때문이다. 차를 구입할 때도 한국처럼 카론 등 자동차 담보대출을 받아서 구입하는 성향이 강한다. 한국처럼 많은 사람이 주택은 사용개념이 아니라 소유개념으로 보고 있어 자기 주택 마련이 한 가정의 커다란 목표이다. 그래서 주택담보대출(모기지론)을 활용하여 주택을 구입한다. 이렇게 사회, 문화적으로 비슷하면 한국계 금융회사들은 별도의 상품개발 없이 한국의 상품을 도입해서 판매할 수 있고, 리스크 관리할 때도 한국에서 체크하는 포인트 위주로 관리할 수 있으니 수월한 영업이 가능하다.

(6) 금융감독당국 등과 원활히 문제를 해결할 수 있었음

개발도상국에서 외국 금융회사가 현지 금융당국 등과 원활한 협조 관계를 유지할 수 있느냐는 회사의 성장, 더 나아가서 존망을 좌우할 정도로 중요하다. 개발도상국에는 선진국 금융회사에게 생소한 독특한 규제가 많이 있다. 그리고 규제해석이 모호하여 당국이 재량을 행사할 만한 그레이 영역도 많다. 게다가 금융당국의 재량은 더 크다. 그런데 규제가 독특하더라도 감독당국과의 언로가 마련되어 있고 감독당국과 합리적으로 해결할 수 있는지는 국가마다 차이가 크다.

베트남은 증권위원회 위원장이 직접 한국계 증권회사의 애로사항을 청취하고, 중앙은행 총재가 한국 대사와 면담을 갖고, 국회 경제위원회의 법 담당 국회의원이 대사관으로부터 직접 법개정 의견을 청취하는 등 한국과의 언로가 열려져 있다. 시일이 소요되고 과정이 어려울 뿐 대개 문제를 해결해 왔다. 다음은 베트남의 한국 금융회사와 감독당국 등과의 문제해결 사례이다.

신용성장률 조정-중앙은행

중앙은행은 매년 모든 은행에 대해 직전연도 대출 총량을 기준으로 신용성장률을 각각 부여하고 은행들은 그 한도 내에서만 대출을 증가시킬 수 있다. 은행이 아무리 자본금이 많아도 직전연도 대출이 작으면 족쇄가 걸린다. 자본금이 많아도 대출을 증가시킬 수 없다? 선진국 금융회사는 도무지 적응하기 어려운 규제이다.

그러나 중앙은행도 경직적이지 않아서 처음 신용성장률을 부여한 후 개별 은행 요청하에 1~2회 추가로 부여해 준다. 이 때 기존 대출 부실률이 낮고 몇 가지 요건을 충족하면 조금 더 신용성장률을 받아 갈 수 있다. 롯데파이낸스같이 사업 초창기여서 직전 연도대출이 작은 경우에는 100% 가까이 신용성장률을 받기도 한다. 최종 신용성장률이 은행들이 원했던 수치와 괴리는 있지만 그래도 조정해 준다는 점을 높게 사고 싶다. 물론 이 과정도 평소에 중앙은행과 신뢰 관계가 탄탄히 쌓여야 수월하게 진행될 수 있다.

ANZ은행 M&A 승인-중앙은행

신한베트남은행 경영진들은 항상 지금의 신한베트남은행으로 성장케 한 퀀텀점프 포인트로 2017년 12월 ANZ은행의 리테일 부분을 인수한 것이라고 말한다. ANZ의 리테일 고객의 예금/대출, 8개 영업점, 인력, 시스템을 모두 인수하여 총자산 33억 달러, 26개 영업점, 고객 90만명, 임직원 1,400여명을 보유한 베트남 최대 외국계 은행이 되었다. 그런데 금융회사의 M&A 즉 대주주 변경은 어느 국가나 금융당국의 승인사항이다. 만약 중앙은행이 신한베트남은행의 성장이 베트남에게 마이너스가 된다고 판단했다면 ANZ와 신한베트남은행이 인수에 합의해도 이 M&A는 성사될 수 없었다. 평소에 신한베트남은행이 중앙은행의 신뢰를 얻었기 때문에 가능했다.

신용정보 확보-중앙은행 산하 국가신용정보센터(NCIC)

보증보험[3]은 보험계약자가 피보험자에게 채무불이행이나 의무불이행 등의 사유로 손해를 입힌 경우 그 손해를 보험회사가 대신 보상하는 보험으로 은행의 보증과 동일한 기능을 하며 본질이 여신 공여인 보험이다. 그러므로 보증보험인수 심사시 보험계약자의 현재 총대출금액과 과거 상환이력 등 신용정보가 필수적이다.

서울보증보험 하노이 지점(이하 서울보증)은 2014년 설립 이후부터 국가신용정보센터(National Credit Information Center, 이하 NCIC)에 서울보증의 신용

---

3 입찰보증(Bid bond), 계약 이행보증(Performance bond), 선급금 반환보증(Advance Payment bond), 하자보수보증(Maintenance bond), 대출 보증 등의 상품이 있다.

정보를 제공하고 다른 금융회사의 신용정보를 공유 받게 해달라고 끊임없이 요청했으나 10년 동안 NCIC는 거부했다. 다음과 같은 이유인 것으로 추측된다. NCIC는 ① 중앙은행 관리기관인 은행 및 여신전문기관에게만 신용정보를 제공하였고 재무부가 관리기관인 보험사, 증권사에게 제공한 전례가 없었다. ② 은행 등과는 상품이 상이한 보험회사와의 전산시스템 연결에 따른 추가전산개발이 부담스러웠다. ③ 베트남에서는 보증보험이 생소하여 본질적으로 대출과 같은 기능을 한다는 인식이 약했다.

이렇게 10년 동안 문을 두드리던 중, 2023.9.7. "한-베 마이데이터 워크숍(NCIC-한국신용정보원 공동 주최, 금융위원회 부위원장 축사)"에서 서울보증이 "보증보험 확대를 통한 신용확장 가능성"이란 발표를 하여 NCIC가 보증보험이 국가 경제의 원활한 활동을 촉진한다고 생각하게 되어 인식이 개선되었다. 그 후 9.13. 주베트남 한국 대사와 중앙은행 총재와의 면담에서 대사가 서울보증의 NCIC 신용정보 이용을 요청하였고 총재는 서울보증의 NCIC 신용정보 이용을 적극적으로 검토해 보겠다고 답변하였다. 그 직후인 9.18. NCIC는 신용정보망 가입을 위한 서류 심사를 시작하였고 일은 일사천리로 풀려 2024.3.18. 서울보증은 드디어 NCIC 신용정보를 활용할 수 있게 되었다.

증자위기 해소-국회 경제위원회

2022년 12월 사기 대출로 촉발된 자산기준 5위 은행 SCB의 뱅크런 사태로 인해 은행 및 파이낸스사에 대한 감독을 강화하라는 사회적 요구가 대두되었다. 2023년 10월, 국회가 중앙은행이 제출한 신용기관법 개정안을 심의하면서 '은행 및 파이낸스사의 누적손실금이 정관자본금의 15%를 초과하면 중앙은행이 조기간섭[4]한다'는 조항을 신설하려는 동향이 포착되었다. 중

---

4 중앙은행의 조기간섭(early intervention): 한국의 적기시정조치와 비슷한 조치로 중앙은행은 ① 정관 자본금 증자, 고유동성 자산 비율 증가, ② 운영관리비 삭감, 임원봉급 삭감, ③

앙은행의 '조기간섭'은 한국 금융위원회의 '적기시정조치'에 준하는 조치로서 금융회사에게는 치명적이다. 파이낸스사는 조기간섭을 피하기 위해 정관자본금의 15%를 초과하는 누적손실금의 약 6.7배를 증자할 수밖에 없었다.

베트남에는 롯데, 미래, 신한 등 3개 한국계 파이낸스사가 진출했다. 그런데 2023년 경기침체로 저신용 대출자의 채무상환 능력이 떨어졌고 불법 채권추심에 대한 사회적 비난으로 채권추심활동을 하지 못하여 연체율이 급상승하여 파이낸스사의 누적손실율이 치솟았다. 국회의 뜻대로 법안이 통과하면 롯데 파이낸스는 약 3,000억원, 미래 파이낸스는 약 500억원의 증자가 필요한 상황이었다. 특히 롯데 파이낸스는 Techcom 파이낸스를 인수한 후 2018년 영업을 시작한 사업초기라서 누적손실률이 더욱 높았다. 게다가 롯데 파이낸스가 2023년 말까지 투자한 금액이 약 1,800억원이었는데 그보다 훨씬 더 큰 약 3,000억원을 증자해야만 라이센스의 훼손을 막을 수 있는 기막힌 상황에 처해졌다. 그리고 2023년 9월 기준 BIS 비율은 약 32%여서 자본적정성에는 이상이 없었으니 더욱 안타까운 상황이었다.

대사관에 서한을 발송했지만 효과가 없어 다른 방책이 필요했다. 마침 주베트남 한국대사가 국회경제위원회 부위원장을 관저만찬에 초청하여 '대사관-국회경제위원회 간 협의체' 신설을 제안하였고 부위원장이 이를 받아들였다. 며칠 후 국회에서 경제위원회 부위원장, 법담당 국회의원 3명에게 대사 및 여러 주재관이 현안 사항을 설명하였다. 물론 메인 포인트는 신용기관법 개정안이었다.

필자는 ① 파이낸스사는 예금을 받을 수 없어 파산해도 베트남인에게 피

리스크 관리 강화, 임원교체 등을 요청할 수 있고, ① 배당 제한, 이익송금제한 등, ② 고위험 사업 제한, 대출 제한, ③ 법규위반 영업에 대한 영업정지, ④ 법규 위반 임직원 업무정지 등 제한사항을 부과할 수 있고, 경영개선 계획 제출 및 이행을 요구할 수 있다.
조기간섭으로도 상황이 개선되지 않으면 특별통제(Special Control)에 돌입하는데 중앙은행 관리하에 파산으로 갈 수도 있다.

해가 없고, ② 해외에서 상당 부분의 자금을 차입하므로 파산시 베트남 경제에 영향이 적고, ③ 저신용자에게 대출하므로 불경기에 부실률이 높아 2023년 12월 기준 11개 파이낸스사 중 적어도 5개사가 누적손실금이 정관자본금의 15%를 초과했다고 설명하였다. 무엇보다도 법 시행시 롯데 파이낸스가 자본금을 증자하지 않고 라이센스를 포기하게 되면 법개정만으로 약 1,800억원을 잃어버리게 되어 향후 외국인 투자에 나쁜 영향을 줄까 우려된다고 강조하였다.

1월 18일 베트남 국회에서 신용기관법 개정안을 통과시켰고 중앙은행의 조기간섭 요건 중 하나로 '누적손실금이 정관자본금의 15%를 초과하는 동시에 자본적정성 비율이 9% 이하일 경우'로 개정하였다. 한국계 파이낸스사들은 자본적정성을 이미 만족하고 있었으므로 증자압박에서 벗어나게 되었다.

종합하면 감독당국 등과 대화를 통한 합리적인 문제 해결이 가능한지도 체크해야 한다. 그런데 감독당국과의 건설적 관계 설정이 어렵다고 해서 진출을 포기하라는 말이 아니다. 진출여부 결정시 마이너스 포인트로 감안하고 대책을 세워서 진출하면 된다. 정부에서 감독당국 예산을 적게 주어서 알아서 금융회사에게 기관 운영비 일부를 조달한다는 소문이 있는 모 동남아 국가에서도 한국 금융회사는 진출해서 영업을 잘 하고 있다.

(7) 종합

지금까지 한국 금융회사가 성공적으로 안착한 원인을 베트남이라는 국가 측면에서 분석해 보았다. 한국 금융시장이 포화상태인 것이 어제 오늘의 일이 아니어서 한국 금융산업도 제조업처럼 해외로 진출해야 하고 실제 그렇게 하고 있다. 베트남에서의 성공을 거울삼아 제2, 제3의 베트남을 찾을 때 다음의 6개 사항을 체크해 보고 총점을 합산한 후 그 국가에 진입할지 결정을 내렸으면 한다.

① 한국 기업/교민이 많이 진출하여 최소 영업규모가 확보되는지?
② 합리적인 기간 내에, 수용가능한 비용 범위 내에서 인가를 받거나 M&A를 통해 라이센스를 획득할 수 있는지?
③ 고속성장 중인 국가인지? 성장이 정체된 국가는 아닌지?
④ 한국의 이미지가 양호하여 국가 이미지에 금융회사가 편승할 수 있는지?
⑤ 문화적으로 비슷하여 상품개발, 대관 업무가 수월한지?
⑥ 금융당국과 건전한 파트너 관계를 맺을 수 있는지?

한국계 금융회사 모범 진출사례(개별 금융회사의 성공 원인)

개별 금융회사의 성공원인은 실제 모범 진출사례를 소개하면서 설명하는 것이 효율적이다. 여기서는 46개 한국계 금융회사 중 은행 3건, 보험 2건, 금융투자 1건 등 총 6개의 모범사례를 소개한다. 단 두 개 있는 현지 법인은행인 신한은행과 우리은행, 지분투자 성공사례로 유명한 하나은행의 BIDV 투자, 5위권 증권회사인 미래에셋증권 베트남, 베트남의 1등 자동차 보험회사를 지향하는 DB손보, 한국계 생명보험회사 중 가장 큰 한화생명 베트남의 사례이다.

(1) 신한은행-신한베트남은행

외국에서 거주해 본 경험이 있는 사람은 안다. 한국계 현지법인 은행이 한 개 있으면 굉장히 삶이 편해진다. 그런데 베트남에는 신한은행, 우리은행의 현지 법인이 두 개나 있다. 게다가 신한베트남은행은 베트남의 많은 한국계 금융회사 중 가장 성공한 케이스이다. 범위를 ASEAN 국가로 넓혀보면 국민은행의 캄보디아 프라삭은행, 하나은행의 인도네시아 하나은행과 더불어 한국계 은행의 대표적인 현지법인 성공사례이다.

신한베트남은행은 여러 가지 측면에서 베트남에 진출한 9개 외국계 현지법인 은행 중 1위라고 할 수 있다. 2023년 말 기준 특징은 다음과 같다.

첫째, 대형은행은 아니나 수익성이 좋다. 2023년 말 기준 총자산은 74.2억 달러이고, 당기순이익 1.85억 달러(약 2천5백억원)이다. 총자산은 베트남 은행 자산의 약 1.2%, 약 20위권 규모이지만 수익성이 높아 당기순이익은 15위권 규모이다. 2023년 ROA는 2.67%로, 베트남 은행 평균 ROA 1.85% 보다 월등히 높다. 당기순이익 2천5백억원이라면 감이 잘 안 오는데, 신한

신한베트남은행 바이크런 CSR 행사[5]

지주 산하 자회사, 손자회사 모두를 합쳐서 이들 중 5~6위라고 한다. 신한베트남은행은 신한지주의 손자회사인데 웬만한 자회사보다 수익규모가 높다.

둘째, 베트남 개인과 기업들을 대상으로 하는 영업비중이 높다. 해외에서 현지 개인과 기업들을 대상으로 한국계 은행이 영업하는 것이 쉽지 않은데 신한은행의 성과는 고무적이다.

① 개인과 기업 고객수에서 한국계보다 베트남계 비율이 월등히 높다. 2023년 말 기준 개인과 기업 고객수는 292만명이다. 기업고객 4.4만개 중 베트남계 기업수 3.1만개, 한국계 기업은 1만개이다. 개인 고객은 대부분 베트남 고객이다.

---

5 2015년부터 실시된 신한베트남 주요 CSR활동으로 베트남 외곽 및 미개발지역을 중심으로 통학거리가 멀어 어려움을 겪는 현지학생들에게 자전거를 직접 구입하여, 나눠주는 사업으로 현재까지 1,000여명 이상의 학생들에게 전달되었다.

② 대출, 예금 면에서 개인 비중이 높다. 지점 형태로 진출한 한국계 은행은 주로 한국계 기업에게 대출하고 예금 받으므로 개인 비중이 낮다. 법인 형태의 신한베트남은행은 아니다. 2023년 총 대출 32억 8천9백만 달러 중 개인대출이 64.3%(21억 1천6백만 달러), 기업대출 35.7%(11억 7천3백만 달러)이다. 총 예수금 56억 1천3백만 달러 중 개인 예금이 25.5%(14억 3천3백만 달러), 기업 예금이 74.5%(41억 8천만 달러)이다. 등록교민 숫자가 약 17만명이므로 개인고객수 약 287만명의 신한베트남은행이 대출, 예금에서 개인 비중이 높다는 것은 베트남 개인의 비중이 높다는 뜻이다.

③ 기업대출에서 베트남 기업 비중이 높다. 지점 형태로 진출한 한국계 은행은 영업력이 떨어지기에 한국의 본점과 기존 영업 관계가 있으면서 베트남에 진출한 한국계 기업에게 대출해 주는 경향이 있다. 그런데 신한베트남은행은 기업대출 중 베트남 기업이 54%, 한국기업이 41%이다.

셋째, 자산 건전성이 좋다. 2023년 기준 대출자산의 연체율은 1.29%이고 부실채권(NPL) 비율은 1.06%로 베트남 현지은행과 비교시 매우 낮은 수준을 유지하고 있다. 베트남 은행 평균 연체율 13.5%, 부실채권 4.95%와는 비교가 안 된다. 이유는 베트남 진출 30년 넘게 영업을 하면서 축적된 경험을 바탕으로 신용평가 모델을 고도화했으며 낮은 금리를 장점으로 우량 고객을 선제적으로 유치하여 연체로 인한 대손 비용을 최소화하는 전략을 추구하고 있기 때문이다.

넷째, 현지 임직원이 역할이 크다. 2023년 말 기준 51개의 영업점(29개 지점＋22개 출장소)을 보유하고 임직원은 2,252명이다. 임직원 중 한국인 주재원은 48명뿐이다. 전체 51개 영업점 중 14개 영업점만이 한국인 지점장이고, 나머지 37개 영업점이 베트남인 지점장으로 구성되어 있다. 본부 부서 부장들도 대부분 베트남인 본부장, 부장으로 구성되어 있다.

다섯째, 한국의 신한은행 못지않은 다양한 영업 활동을 하고 있다. 주요 개인 상품으로는 모기지론, 카론, 개인 신용대출 등 대출 상품이 있으며, 기업상품은 한국에서 서비스하고 있는 모든 기업 상품이 론칭되어 있다. 그 밖에 신용카드, 방카슈랑스 영업, 외환 및 파생상품(환율 및 금리 리스크 헷징) 영업, 주식 및 펀드 투자업무 및 투자자산 수탁 서비스도 수행하고 있다. 그리고 베트남 고액 자산가의 자산 관리 및 유학송금을 담당하는 PWM (Private Wealth Management) 사업도 활발하게 진행하고 있다.

그리고 2021년 업계 최초로 비대면 실명확인 서비스(eKYC: electronic Know Your Customer)를 도입하여 비대면 채널을 통한 계좌 개설을 도입하였으며, 2022년 베트남 시중은행 최초 100% 비대면 Full 대출 상품을 선보였으며, 2024년 베트남 1위 Pay사와 제3자 EKYC 계좌 신규 프로세스를 구축하는 등 베트남에서 디지털 선도 은행 역할을 하고 있다.

신한금융지주는 신한베트남은행 이외에도 신한베트남파이낸스(카드), 신한투자증권 베트남, 신한라이프가 진출하여 한국에서처럼 방카슈랑스 등 업권간 협업도 확대하고 있다.

연 혁

신한베트남은행은 1992년 12월 한국과 베트남이 수교되자마자 1993년 8월 호치민에 대표사무소를 개소하고 1995년 6월 호치민 지점을 개점하였다. 신한베트남은행에게는 크게 세 번의 도약 포인트가 있었다.

첫째, 2009년 11월 16일 신한베트남은행이 현지 법인으로 전환했다. 베트남 중앙은행은 외국 법인 은행에게는 지점을 두 개까지만 인가해 주므로 더 크게 성장하려면 법인 전환은 필수적이었다.

둘째, 2011년 11월 신한베트남은행이 신한비나은행(구 조흥비나은행[6])과

---

6 1993년 2월 Vietcombank 50%, 제일은행 40%, 대우증권 10%의 합작 투자로 '퍼스트비나은행'이 설립되었다. 2000년 8월 조흥은행이 제일은행 보유지분 40%를 인수하여 '조흥비나은

합병하였다. 조흥은행-신한은행 통합으로 2006년 신한비나은행 지분 50%를 이미 확보하였는데 Vietcombank 보유 지분 50%는 인수하기 어려웠다. 그런데 비나신조선 경영파탄으로 인한 경제불안 속에 Vietcombank가 자회사 정리를 위해 동 지분을 신한은행에게 매각하게 되어 2011년 11월 11일 신한은행은 100%의 지분을 확보하였다. 이로써 신한은행이 100% 지분을 확보한 신한베트남은행과 신한비나은행을 11월 28일 합병하게 되었다. 이로 인해 법인설립 초기부터 신한베트남은행은 손쉽게 규모를 키울 수 있었고 2015년 말에는 14개의 영업점을 보유하게 된다.

셋째, 2017년 12월 ANZ은행의 리테일 부분을 P&A(Purchase of Assets & Assumption of Liabilities) 방식으로 인수했다. 리테일 고객의 예금/대출, 8개 영업점, 인력, 시스템을 모두 인수하였고 예금보유 고객은 전년대비 32% 증가했다. 이로써 신한베트남은행은 총자산 33억 달러, 26개 영업점, 고객 90만명, 임직원 1,400여명을 보유한 베트남 최대 외국계 은행이 되었다.

성공 요인

첫째로 고객을 현지화했고 경영진을 현지화했다. 2010년대에 들어서면 베트남에 진출하는 한국 기업보다 베트남 현지 기업체수가 폭증하고 있었기에 더 성장하려면 현지기업과 현지인으로 고객을 넓혀야 했다. 그러기 위해서는 본부장, 영업점장 등 주요 직책을 한국 주재원들이 맡았던 관행에서 탈피해서 경험과 지식과 능력이 있는 베트남 인재들에게 활용해야 했다. 경영진을 현지화함으로써 베트남 인재들에게 동기를 부여하는 한편, 은행 입장에서는 인건비 절감 효과도 있었다. 2014년 12월 An Dong 지점장에 최초로 현지인을 임명한 이래 이제 현지인 영업점장이 한국인보다 더 많다.

둘째로 앞의 연혁 부분에서 설명했듯이 신한베트남은행에게는 시의적절

행'으로 명칭을 변경하고 2001년 11월 대우증권 보유지분 10%도 인수한다. 이후 신한은행-조흥은행 통합으로 2006년 4월 '신한비나은행'으로 명칭이 변경되었다.

한 두 번의 M&A가 있었고 이 두 법인의 영업점과 고객을 흡수하여 손쉽고 신속하게 성장할 수 있었다.

셋째로 베트남에 특화된 유능한 한국인 인재가 많았다. 2009년부터 현지 법인으로 전환해서 그런지 신한베트남은행에는 2번째, 3번째 베트남에 파견 근무를 해 총 근무 경력이 10년에 육박하는 주재원들이 많다. 현 신한베트남은행장부터가 2024년 기준 베트남 근무경력이 14년이다. 이들은 베트남 상황에 밝고 넓은 베트남 현지 인맥망을 보유하고 있다. 이들의 업무능력에 대해서는 대사관 재정경제금융관으로 근무하면서 여러 번 감탄했다. 아마 이들이 가장 큰 성공 원인일 것이다. 이들이 없었으면 첫 번째, 두 번째 성공요인도 없었을테니까. 이런 현지 특화형 인재들은 단기간에 확충되지 않기 때문에 앞으로 신한베트남은행의 큰 강점이 될 것이다.

(2) 하나은행-BIDV 지분 투자

하나은행이 BIDV(Bank for Investment and Development of Vietnam)에 지분을 투자한 사례는 현지법인 설립이 아니라 지분투자여서 신한베트남은행보다 덜 알려져 있다. 그러나 현재까지는 성공적이라고 평가받는 충분히 주목할 만한 사례이다.

현황 및 연혁

1억의 인구, 6%대의 고성장, 젊은 인구, 낮은 은행침투율로 인해 누구나 베트남 은행시장의 높은 성장 잠재력은 인정한다. 그런데 2019년경 하나은행 입장에서 보면 기존의 하노이, 호치민 두 개 지점으로는 성장의 한계에 부딪쳤고 베트남 내 부실은행 문제로 외국계 신규지점인가도 어려운 상황에서 신규법인 인가는 거의 불가능하였다. 반면 4대 국영상업은행인 BIDV

BIDV 본사 전경

는 자기자본 확충을 위한 전략적 파트너가 필요했고 하나은행은 전략적 제휴를 통한 중장기 수익원을 확보하고 시너지 효과를 낼 수 있는 현지의 우량 파트너 은행이 필요했다. BIDV는 베트남 증권시장에서 시총 2~3위를 다투는 대형은행으로 1,085개의 영업점, 27,000여명의 임직원, 약 19백만 명의 고객을 보유하고 있다.

하나은행은 2019년 11월 BIDV에 1조 444억원을 투자하여 지분 15%를 보유한 2대 주주[7]가 되었다. 1주당 23,735VND로 투자하였고 2023년 말 주가는 43,400 VND으로 82.85% 상승하였다. 거의 대부분이 미실현 평가이익이지만 지분법 평가이익, 배당금 등 총 6,817억의 투자이익이 하나은행에 발생한 것으로 평가된다.

---

7 1대 주주는 중앙은행으로 지분율 80.99%.

성공 요인

첫째로 하나은행은 자금뿐만 아니라 경영기술도 전수하여 BIDV 자체의 가치를 제고하려고 하였다. 지분투자를 하자마자 하나은행은 12명으로 구성된 BIDV-하나은행 시너지 추진단을 BIDV에 파견하였다.

이들은 하나은행 명함이 아니라 BIDV 명함을 들고 이사회 이사 및 부행장직을 수행하면서 BIDV에 상주하였다. 그리고 ① 영업시너지(한국계 FDI 기업 연계 영업), ② IT&DT(차세대시스템 구축, 비대면거래 확대), ③ 리스크 관리(여신관리 및 산업전망), ④ 리테일 강화(개인여신 자동심사/승인, PB 비즈니스, 해외송금), ⑤ 프로세스 혁신(여신심사 절차 개선, 업무자동화, 그룹웨어 구축), ⑥ 기업문화개선 및 인재양성 등 6대 분야에 걸쳐 기술지원을 하였다. 이러한 적극적인 기술지원 활동이 BIDV의 경쟁력과 기업가치를 크게 제고했음은 말할 것도 없다.

둘째로, 파트너 은행 선택을 잘했다. BIDV는 베트남의 Leading Bank(자산기준 약 12.5% 점유)이자 국영상업은행이다. 국영상업은행은 권위주의적이고 의사결정이 느리다는 단점도 있지만 국가 재산이므로 감사원 감사도 받아서 투명성이 높다는 장점도 있다. 그리고 무엇보다 Leading Bank이므로 시장을 선도할 수 있고 시장지배력도 있다.

시사점

하나은행의 BIDV 투자 사례는 지금까지 분명히 성공작이다. 그런데 한편으로 대부분 미실현 이익이어서 여러 내외변수에 영향을 받고 국제경기변동에 취약한 개발도상국의 특성상 투자의 성공여부는 장기적으로 판단해야 할 것으로 사료된다.

베트남 현지에서는 이 성공사례에 고무되어 베트남에 진출하고 싶으나 현지법인까지는 운영할 자신이 없는 한국계 금융회사들이 지분투자 방안도 적극적으로 검토해 보기 시작했다. 그리고 개발도상국에서 도저히 인가받기 어려운 경우에도 참고해 볼 만하다.

당장 하나금융지주 내의 하나증권이 이를 벤치마크하여 두 번째 성공사례를 만들려 하고 있다. 2022년 9월, 하나증권은 BIDV의 자회사인 BSC 증권에 약 1,616억원을 투자하여 지분 35%를 인수하고 기술지원 담당 부사장 등 3명을 파견하였다. 이후 주가는 2022년 인수단가 37,963 VND에서 2023년 말 주가는 47,500VND로 25.12% 상승하였다.

외국계 은행의 베트남 대형은행에 대한 투자 현황

참고로 Vietcombank에 2011년 9월 일본계 Mizuho가 15%의 지분을 투자했고, VietinBank에 2012년 12월 일본계 MUFG가 19.73%의 지분을 투자했다. 4대 국영상업은행 중 3개가 한국과 일본의 은행으로부터 지분을 투자받아 자본을 확충한 셈이다. 그리고 AGRIBANK 하나가 남았다. 4대 국영상업은행은 아니지만 VP Bank에 2023년 10월 일본계 SMBC가 15%의 지분을 투자했다.

현재 외국계 현지법인 은행은 한국계 2개(신한, 우리), 말레이시아계 3개(CIMB, Hong Leong, Public Bank), 싱가포르계 1개(UOB), 영국계 2개(SC, HSBC), 호주계 1개(ANZ)이다. 일본계 현지법인 은행은 없다. 한국계 은행은 대개 100% 경영권을 확보하는 것을 선호하지만 일본계 은행은 그렇지 않아 지분 투자 유형으로 많이 진출한다고 한다.

(3) DB손해보험-PTI, VNI, BSH

DB손해보험의 베트남 진출은 아직 완성형이 아니라 진행형이다. 그래서 성공을 논하는 것은 아직 이르다. 하지만 오랜 기간에 걸쳐 상당히 대규모로 차분히 베트남 진출을 추진해 왔고 성공할 것이라 예상되기에 소개한다. 그리고 100% 지분을 보유한 현지법인 설립 형태도 아니고, 소수지분 투자 형태도 아니다. 전혀 유형이 다른 여러 건의 다수지분 투자형태이므로 소개 할 가치가 있다.

현황 및 연혁

한국 경제의 성장률이 둔화되고 보험사들간의 경쟁이 심화되어 국내에서 는 보험산업의 성장이 저하됨에 따라 DB손보는 성장잠재력이 높은 동남아 시장 진출을 추진하게 된다.

먼저 2015년 베트남 PTI(Post Telecommunication Insurance) 보험사 지분 37.3%를 인수하였다. 소수지분 투자가 아니라 37.3%라는 다수지분투자이 기 때문에 DB손보의 주재원은 PTI 보험사의 본점에서 베트남 직원들과 함 께 근무하면서 보험 전문가로서 전략 수립이나 주요한 의사결정 등 실제 경 영에 참여하였다. 2017년부터는 양사간 공동 PMO(Project Management Office)를 구성하여 채널, 보상, RM, 재보험 등 다양한 영역에 걸쳐 사업경

BSH 광고

쟁력을 강화해 왔다. 또한 DB손보가 한국계 보험사이므로 PTI는 신한/우리은행, 미래에셋증권, 롯데 파이낸스 등 한국계 금융회사와 협력하여 방카슈랑스, 온라인 등 판매채널을 다각화할 수 있었다. 이런 DB손보의 노력에 힘입어 PTI를 인수한 2015년부터 2021년까지 베트남 손해보험 시장은 수입보험료 기준 매년 약 10.3%씩 성장한 반면 PTI는 매년 약 15.5% 수준으로 성장하였다.

PTI 인수 8년 후 한 단계 더 성장하기 위해 DB손보는 2023년 2월 매출(수입보험료) 10위인 VNI(Vietnam National aviation Insurance)의 지분 75%를 인수하는 계약을 체결하였고, 6월, 9위인 BSH의 지분 75%를 인수하는 계약을 체결하였다. DB손보가 두 회사의 지배주주가 되는 건이므로 약간의 독과점 이슈가 있었지만 두 건 모두 2023년 12월 베트남 보험관리감독청을 거쳐 재무부의 승인을 받았다.

2022년 1위 보험사 PVI의 시장점유율이 14.4%, 2위 Bao Viet이 14.1%, 3위 PTI가 9.0%, 4위 Bao Minh이 7.8%이다. DB손보가 절대 지분을 가지고 있는 VNI와 BSH의 합산 점유율은 8.4%이고 2대 주주인 PTI 점유율이 9.0%임을 감안하면, 2023년의 M&A 두 건으로 앞으로 DB손보가 베트남 손보시장의 메인 플레이어로서 활동하게 될 것이다.

DB손보의 베트남 손해보험사 지분 투자 개황

(단위: VND, 매출규모 기준: 2022년)

회사명	지분 취득 시기	지분율	매출 규모(M/S, 순위)
PTI	2015년	37.3%	6조 2,660억(9.0%, 3위)
VNI	2023년 2월	75.0%	2조 8,123억(4.0%, 10위)
BSH	2023년 6월	75.0%	3조 610억(4.4%, 8위)

향후 사업 추진 방향

DB손보는 한국에서의 보험영업 노하우를 바탕으로 차별화된 자동차보험, 화재보험, 건강보험 상품 및 서비스를 개발하여 베트남 1등 보험사를 목표로 하고 있다.

예를 들면 베트남에서는 자동차 사고 정보가 보험사간에 공유되지 않아 사고가 발생해도 보험사를 옮기면 보험요율이 오르지 않는다. DB손보는 운전자의 위험에 따라 자동차 보험요율을 차별화할 예정이다. 또한 직영 수리공장을 운영하여 수리비를 낮출 것이다. 그리고 DB손보가 한국에서 강점이 있는 운전자보험 상품을 자동차보험과 결합하여 판매할 계획이다. DB손보는 인구 1억의 베트남이 경제가 성장하면서 교통수단이 지금의 오토바이에서 자동차로 바뀔 것으로 예측하고 이에 대비하고 있다.

이외에 개인별 필요에 맞춘 건강보험을 개발하고 위험관리 컨설팅이 가능한 화재보험을 도입한다. 그리고 최근 방카슈랑스 불완전 판매로 인해 보험사에 대한 신뢰가 훼손되었는데, DB손보는 불완전 판매를 근절하고 소비자 보호를 강화하여 보험사의 브랜드를 차별화해 나갈 예정이다.

(4) 미래에셋증권-미래에셋증권 베트남

미래에셋 증권은 한국계 증권회사 중 가장 먼저 대규모로 증자하고 대규모로 영업하였다. 현재 한국계 증권회사 중 가장 크고 증권회사 순위는 5위 정도이므로 어느 정도 시장에 안착했다고 할 수 있다. 참고로 미래에셋은 신한금융지주와 마찬가지로 증권, 자산운용, 파이낸스, 생명보험 등 다양한 계열사들이 동반 진출하여 금융지주식 영업을 하고 있다.

현 황

미래에셋증권은 10개 지점을 설치하고 직원 약 500여명을 보유한다. 2023년 자기자본 약 9.7조동(한화 5천억원)으로 대략 5위 정도 상위권을 점유한다. Top 3와 격차는 있지만 그래도 한국계 증권사가 외국에서 Top 5에 들어간다는 점이 주목할 만하다.

연 혁

미래에셋증권은 2007년 12월 자본금 3,000억동(약 165억원)으로 설립되었으나 그 때는 49%의 지분만을 보유하였다. 그런데 한국계 금융회사들은 100% 지분 또는 경영권 확보를 위한 절대 지분을 보유하려는 성향이 있다. 그러면 그 후에 추가 증자를 해서 덩치를 키우고 본격적으로 사업을 펼친다. 미래에셋증권에게 100% 지분을 보유한 2016년은 제2의 창업년도이다. 2016년부터 2021년까지 총 4차례 증자하고 영업을 확장하기 시작하였다.

전 략

미래에셋증권은 베트남 증권시장에서 개인고객 시장 즉 리테일 시장이 급격하게 발전하기 시작하자 리테일 고객을 유치하기 위한 다양한 전략을 수립하였다.

먼저 타 증권사 대비 직원이 적고 인지도도 낮기 때문에 'Digitalization을 통한Mass 고객 선점 전략'을 수립하고 추진했다. 이를 위해 서류 없이 전자 서명을 통해 100% 온라인으로 증권계좌를 개설할 수 있는 시스템을 2022년 베트남 증권사 최초로 도입하였다. 그리고 고객이 편리하게 거래하고 유용한 정보를 실시간으로 제공 받도록 거래시스템에 역량을 집중했다, 미래에셋은 HTS(Home Trading System), WTS(Web Trading System), MTS(Mobile

미래에셋증권 베트남 MTS

Trading System)를 모두 자체 개발 및 관리하고 있다. 특히 MTS는 베트남 최고 수준이라고 한다.

또한 온라인 컨텐츠 강화에 전사적인 노력을 기울였다. 베트남 증권사 최초로 자체 방송 스튜디오를 설치하여 Master Academy, Mastalk 등 고객에게 유용한 정보를 제공하는 다양한 컨텐츠를 자체 제작하여 제공하였다. 베트남에는 주식 거래 경험이 없는 사람들이 많다. 그래서 이들을 교육시키고 거래에 필요한 정보를 공급해야 하는데 미래에셋증권은 아예 자체 스튜디오를 설치하였다. 지금은 웬만한 규모의 한국계 증권사들은 작은 방송국 수준의 자체 방송스튜디오를 보유하고 있음을 보면 이 전략이 효과가 있었음이 확인된다.

그리고 외국계 증권사는 언제라도 본국으로 돌아갈 것이라는 편견을 해소하기 위해 증자를 지속하여 대규모 자본금을 확충하였고 지점도 호치민, 하노이, 하이퐁, 다낭, 껀터 등 베트남 5대 도시와 붕따우에 지점을 마련하였다.

이러한 노력의 결실로 현재는 주요 현지 증권사와 경쟁할 수 있을 정도로 성장했다. 그러나, 여전히 대중적인 인지도는 현지 증권사보다는 열위에 있어서 인지도 제고가 필요하다.

(5) 우리은행-우리은행 베트남

우리은행 베트남은 신한베트남은행과 함께 단 2개 있는 한국계 현지 법인 은행 중 하나이다. 2016년 인가를 받고 2017년에 설립되었다. 베트남 같은 개발도상국에서 은행은 아직 시장이 만개하지 않은 증권, 보험과는 격이 다르다. 또한 지점 인가도 어려운 현 상황에서 현지 법인 인가를 보유한 우리은행의 의미는 현지 교민, 기업인, 한국인에게 남다르다. 우리은행 베트남 사례를 소개하지 않을 수 없다.

현 황

2023년 말 기준 우리은행 베트남의 총 자산은 27.4억불, 당기순이익은 0.46억불(한화 약 610억원), 영업점은 23개(16개＋출장소 7개), 고객수 51만 5천명, 임직원 750여명이다. 자산 중 기업여신은 9.03억불, 베트남 현지인 대상 리테일 여신 4.22억불로 현지법인 은행답게 베트남 현지인 상대의 영업도 강화하고 있다. 7년 동안 M&A 한 번 없이 꾸준히 자체 동력만으로 성장해 온 결과로는 준수하다.

사실 M&A는 단기간에 외형을 성장시킬 수 있지만 자칫 부실은행을 인수하면 독이 든 사과를 비싼 돈 주고 사 먹은 꼴이 난다. 특히 회계장부의 정합성을 확신하기 어려운 개발도상국에서는 M&A에 확신이 없다면 피하는 것이 좋다. 글로벌 은행들이 현지 은행 인수 형태보다 신규 인가 방식을 선호하는 데에는 다 이유가 있다.

연 혁

우리은행 베트남은 1997년 하노이 지점을, 2006년 호치민 지점을 개설하였다. 여기까지는 국내의 다른 은행과 행보가 같으나 이후 베트남 금융시장

우리은행 베트남 스타레이크지점 전경

의 성장을 확신하여 2013년 현지법인 설립을 신청하고 2016년 법인인가를 획득하였다.

우리은행의 인가 시점을 보면 법인설립 결정은 '신의 한수'라고 할 수 있다. 2017년 싱가포르 UOB의 현지법인 인가를 마지막으로 더 이상의 현지법인 인가는 없다. 지점인가로 넓혀 봐도 2021년 태국 Kasikorn의 호치민 지점인가가 마지막이다. 중앙은행은 외국계 은행은 물론 자국계에게도 은행시장의 문을 닫고 있다. 현재 외국계 현지법인 은행은 한국 2개, 말레이시아 3개, 싱가포르 1개, 영국 2개, 호주 1개로 국가별로 보통 1~2개 인가해 주는 관행이 있다. 2016년 인가를 놓치고 다른 한국계 은행이 법인인가를 받았다면 우리은행이 세 번째 한국계 현지법인 은행으로서 베트남에 진입할 수 있었는지 의문이다.

법인인가 이후 자본금을 꾸준히 증자하면서 신규 지점과 출장소를 부지런히 개점하면서 규모를 키워나갔고 신용카드 영업, 파생상품 영업, 자동차 대출 등 영업범위도 넓혀 나가고 있다.

계 획

우리은행 베트남은 2026년까지 고객수 1백만명, 리테일 여신 10억불, 영업수익 2억불, 당기순이익 1억불을 달성한다는 단기 목표를 세웠다. 이를 위해 우리은행 베트남은 2024년에도 6개 영업점(지점 3개＋출장소 3개)을 추가로 개설하여 총 29개 영업점을 보유할 것이다. 이렇게 계속 영업망을 확장하면 2026년도 목표도 달성하지 않을까 생각된다.

(6) 한화생명-한화생명 베트남

한화생명은 2008년 6월 국내 생명보험사 최초로 베트남 법인 인가를 받았다. 2016년도에 공식적으로 보험료 수입 1조VND를 돌파하면서 당기 손익분기점에 도달했다. 다만, 2017년도부터 저금리와 보험계약부채 산출이율 제도 변경으로 2018년도까지 적자를 기록하였다. 이후 2019년부터 2023년까지 5년 연속 흑자를 유지하였고 지난해 누적적자를 모두 해소하였다. 2023년 수입보험료는 4.3조VND로 업권 11위이다. 2023년 당기순이익은 3,604만 달러(약 480억원)이다. 지점 120개에 직원은 580명으로 전국 영업망을 확보하였다. 한화생명의 베트남 시장점유율은 2.5%로 10~18%를 차지하는 5대 보험사 Bao Viet Life, Manulife, Prudential, Daiichi, AIA와 비교할 만한 수준은 아니다. 그래도 한국계 중에서 유일하게 10위권을 유지하고 장기간 흑자를 유지하면서 견실하게 영업하고 있다.

한국계 생명보험사 중 가장 큰 한화생명이 베트남의 5대 생명보험사 중 하나는 아니다. 그러나 5대 보험사처럼 시장을 석권하려면 본사 차원의 리스크가 클 정도로 거대 자본을 투자해야 했었기 때문에 지금처럼 적정규모로 진출하여 수익성이 있는 내실 있는 회사로 키운 것도 충분히 해외 진출 모범 사례라고 할 수 있다. 연간 당기순이익 약 480억원은 작은 숫자가 아니다.

종합: 금융회사의 해외 진출 전략 방안

　지금까지 한국계 금융회사의 성공원인을 베트남 국가 측면과 개별 금융회사의 전략 측면에서 알아보았다. 그러면 이를 기반으로 특정 금융회사의 해외 진출 전략을 세워보자. 그런데 이 진출전략은 앞의 성공 원인이 많은 한국계 금융회사가 소매금융 영업을 하고 있는 베트남에서 도출된 것이므로 소매금융(Retail Finance) 진출시 보다 부합하는 진출전략임을 밝혀 둔다.

(1) 진출국가 선택 전략

　우선 진출국가를 선택해야 하는데 아래와 같이 필자가 중요하다고 생각하는 조건을 아래와 같이 번호순으로 나열했고 가중치를 부여해 보았다. 모든 조건에서 만점을 받는 국가를 찾기는 쉽지 않을 것이다. 그래서 조건별로 점수를 매기고 합산 점수가 높은 국가로 진출하기를 권한다.

① (20%) 한국 기업/교민이 많이 진출하여 최소 영업규모가 확보되는지?
　∵ 한국 기업/교민이 많으면 가장 취약한 초기 진출 시기에 뿌리를 내릴 수 있는 교두보를 확보할 수 있다.
② (20%) 합리적인 기간 내에, 그리고 수용가능한 비용 범위 내에서 인가를 받거나 M&A를 통해 라이센스를 획득할 수 있는지?
　∵ 라이센스를 못 받는 국가라면 아무리 다른 항목의 점수가 좋아도 해외진출 논의 자체가 시간낭비이다.
③ (20%) 고속성장 중인 국가인지? 성장이 정체된 국가는 아닌지?
　∵ 국가가 고속성장해야 금융시장의 파이가 커져서 영업하기 수월해진다. 블루오션에 비해 금융시장이 포화에 다다른 레드오션은 영업

난이도가 극악이다.

④ (20%) 한국의 이미지가 양호하여 국가 이미지에 금융회사가 편승할 수 있는지?

∵ 국가 이미지가 믿음을 주지 못하면 금융회사는 존립하기 어렵다.

⑤ (10%) 문화적으로 비슷하여 상품개발, 대관 업무가 수월한지?

∵ 신규 개발할 필요 없이 한국에서 판매하던 자사에 익숙한 상품을 출시할 수 있어 리스크 관리에 유리하고 감독당국과의 관계 구축이 수월하다.

⑥ (10%) 금융당국과 건전한 파트너 관계를 맺을 수 있는지?

∵ 개발도상국의 독특한 규제를 합리적인 시간과 노력을 들여 해결하지 못하면 작게는 회사의 성장 크게는 회사의 존립이 위험해진다.

이러한 기준에 따르면 아무래도 ASEAN 국가를 비롯해서 한국과 가까운 아시아 국가가 진출하기 유리하다. 그래서 지금까지 베트남, 인도네시아, 싱가포르, 미얀마, 캄보디아에 한국계 금융회사가 많이 진출했다. 그런데 참 아쉬운 국가는 미얀마이다. 한국 금융회사들은 미얀마가 제2의 베트남이 될 것으로 예상해서 선제적으로 진출하는 중이었는데 쿠데타가 발생해서 준내전 상태로 돌입해버릴 줄을 누가 예측했을까?

(2) 진입방식 선택 전략

진입방식은 정답이 존재하지 않는다. 신규인가는 가능한지, 우리 회사가 진입해서 기존 player보다 경쟁력이 있는지, 경영권을 행사하는 것이 유리한지 지분투자 후 자본이득을 얻는 것이 유리한지, 어느 정도까지 자금을 투입할 수 있는지 등을 종합적으로 고려해서 결정해야 한다.

신규인가

한국 금융회사들은 주로 신규인가 방식을 선호한다. 개발도상국의 재무제표의 신뢰성이 떨어지는 것이 가장 큰 이유이다. 즉 얼마나 부실이 숨겨져 있는지 모르기 때문이다. 시장에서 계란 한 판을 사는데 가게 주인이 몇 개는 썩어 있을 수도 있다고 말하면 사겠는가? 기존 인력을 승계할 필요 없이 우량한 인력만 새로 선발하여 자기들만의 금융회사 문화를 이식한 회사를 새로 시작할 수 있는 것도 이유이다. 신한은행, 우리은행, 한화생명, 신한생명이 이 방식으로 베트남 시장에 진출하였다.

그런데 앞서 말했듯이 금융회사의 신규 라이센스는 시험만 합격하면 발급되는 운전면허증이 아니다. 라이센스 발급 여부는 현지 금융당국의 재량이다. 발전초기의 개발도상국이라면 금융시장도 포화상태가 아니고 선진금융기법도 받아들이고 싶으니 신규인가가 비교적 수월하다. 그렇지만 발전이 어느 정도 진행된 국가라면 금융당국은 자국 금융회사를 육성하고 싶은 마음에 외국계 금융회사를 경계하고 시장에 적정 player 숫자를 유지시켜야 하므로 신규인가가 어려워진다. 덤으로 기존 시장 진입자들도 신규 진입에 대해 견제하여 반대의 목소리를 낸다.

라이센스 매입

금융당국이 신규 라이센스를 거부하면 기존 금융회사의 주주로부터 매입하는 수밖에 없다. 물론 라이센스를 매입해도 대부분의 금융업종의 경우 금융당국이 승인해야 유효하다. 금융당국 입장에서 신규 라이센스를 거부하고 기존 금융회사를 인수하도록 종용하는 이유는 크게 두 가지이다.

첫째, 부실은행을 처리하고 싶어서이다. 부실은행은 부실여신 등으로 인해 대개 자본이 부실하거나 자본잠식상태이므로 예금자나 채권자의 손실 없이 정상화되려면 추가 자본 투입이 필요하다. 금융당국은 국가예산을 투입하고 싶지는 않으므로 시장에 신규진입하는 혜택을 입는 외국계 금융회사가 이 부분을 부담하기를 바란다. 예를 들면 인도네시아의 경우 외국계가 은행시장에 진입하려면 신규 인가를 받을 수 없고 산적한 부실은행 중 하나를 선택하여 라이센스를 매입해야 한다. 물론 이 과정에서 썩은 계란이 있는 은행을 선택하면 수천억원에서 조 단위의 손실이 발생할 수 있다. 우리 금융회사들의 해외 금융회사 인수 사례를 보면 손해를 본 경우도 어렵지 않게 발견할 수 있다.

둘째, 기존에 라이센스를 보유한 자국민의 재산을 보호해 주고 싶어서이다. 금융회사가 사실상 영업하지 않는 좀비 금융회사라 해도 신규 라이센스가 발급되지 않으면 신규 진입자는 상당한 가격을 지불하고 좀비 회사를 매입한다. 그리고 좀비 금융회사의 대주주는 대개 그 국가의 유력자일 확률이 높다. 금융당국은 이 유력자의 재산가치를 보장한다는 측면에서도 신규 허가에 까다롭다. 예를 들면 베트남 증권시장에 후발 주자로 시장에 진입한 한국계 증권사들은 대부분 기존 증권사를 인수하는 방식으로 진입했다.

그런데 기존 금융회사를 인수하는 것이 꼭 나쁜 것은 아니다. 금융회사가 우량하거나 영업망 등에서 강점이 있으면 인수를 백안시할 필요는 없다. 예를 들면 베트남 손해보험사 중 보험 물건을 출재하는 회사가 아예 자체 보험사를 설립하는 캡티브 보험사인 경우가 많다. 이런 회사를 인수하면 강력한 영업망도 같이 인수하게 된다. 전술한 DB손보가 신규회사를 설립하기보다 3개 손보사의 지분을 인수하게 된 이유 중의 하나이다.

지분투자: 비경영권 지분 투자

한국계 금융회사는 대개 경영권을 행사할 수 있을 정도의 지분을 확보하는 방식으로 진출하고 싶어 한다. 한국 금융회사의 뜻대로 현지에서 금융회사를 경영하고 싶기 때문이다. 그런데 그 국가가 발전할 것은 확실한데 현지인을 대상으로 현지에서 법인을 운영하기에는 무리라는 판단이 들면 어떻게 해야 할까? 다시 말하지만 현지에서 현지인을 상대로 리테일 금융을 하는 것은 쉬운 일이 아니다.

이 경우 비경영권 지분(소수지분) 투자에 들어간다. 하나금융의 BIDV 15% 지분 투자가 그 예인데 일본계 금융회사들이 이 방법을 많이 사용한다. Mizuho, MUFG, SMBC가 Vietcombank, VietinBank, VP Bank에 각각 15%, 19.73%, 15%의 지분을 투자했다. 하나은행의 BIDV 투자 성공사례를 보면 이 방법도 괜찮다고 생각한다. 비경영권 지분 투자는 경영권을 외국계에 넘겨주는 것도 아니고 신주매출의 경우 오히려 자본이 확충되기 때문에 금융당국도 승인에 그렇게 까다롭지 않다. 게다가 금융위기로 투자한 금융회사가 어려워지면 신규자금 투입을 조건으로 경영권 지분을 확보하는 것을 금융당국이 용인할 수도 있다.

다만 이 방식은 특성상 중장기 투자가 되어 이익이 발생해도 장부상의 지분법 이익에 그칠 것이며 Exit Plan이 성공해야 진정한 최종적인 이익이 된다는 단점이 있다. 혹시라도 해당 국가에서 금융위기라도 발생하면 금융회사 주식의 가치는 어떻게 되겠는가?

(3) 경영전략 선택

진출국가와 진입방식을 선택했다면 이제 경영전략을 선택할 차례이다. 아래의 다양한 경영전략은 3. 한국계 기관의 진출사례에서 나왔던 것들을 정리한 것이다. 그런데 은행, 보험, 증권, 자산운용 등 금융회사마다 영업양태가 다르고 개별 금융회사마다 처한 상황이 다르기 때문에 아래의 전략이 언제나 효과가 있다고 할 수는 없다. 개별 금융회사의 상황에 맞게 선택해서 사용하면 된다.

현지 인재의 적극적 활용

신한베트남은행의 성공원인 중 하나가 CEO, 본부장, 영업점장 등 주요 직책에 베트남 인재들을 활용한 것이다. 현지에도 한국인 못지않은 전문가들이 있다. 특히 현지인들을 대상으로 리테일 영업을 하는 금융회사들이라면 현지인의 도움 없이는 성공할 수 없다.

견고한 판매채널 구축

금융업종별로 차이는 있지만 금융업도 제조업처럼 판로가 중요하다. 언어도 문화도 금융관습도 다른 외국에서는 탄탄한 판매채널의 중요성이 더 강조된다. 예를 들면 DB손보는 기존에 구축된 영업망을 활용하기 위해 신규 손해보험사를 설립하기보다 기존 보험사의 경영권 지분을 확보하였다. 증권회사들은 소비자와 직접 접촉하는 영업망이라고 할 수 있는 MTS 개발에 사활을 건다. 신한생명은 신한베트남은행의 방카슈랑스 채널을 활용할 수 있기 때문에 신한생명베트남의 설립을 결정할 수 있었다.

수익원 다변화

외국 특히 개발도상국에서 외국계 금융회사는 현지 금융회사보다 수익구조가 안정적이어야 한다. 규제나 환경의 변화에 따라 특정 수익원이 위협받았을 때 현지 네트워크가 풍부한 현지 금융회사보다 기민하게 대응하지 못할 수 있기 때문이다. 그러므로 한 가지 수익원에 크게 의존하는 것은 바람직하지 않고 다변화 노력을 해야 한다.

예를 들면 베트남의 규제로 인해 지금의 베트남 증권회사는 주식담보대출에 의존하지만 그래도 미래에셋, 한국투자증권 같은 회사는 ETF 주간사나 주식 커버드 워런트(Covered Warrant)를 발행하여 관련 수수료 수익을 얻는 등 수익원 다변화 노력을 계속한다.

M&A를 활용하여 부족한 부분을 보충

외국에서는 한국에서 없던 규제, 현지 네트워크 부족 등으로 인해 자체 성장만으로 규모의 경제 달성, 판매채널 확보, 핵심역량 확보에 어려움을 겪을 수 있다. 이 때 조건만 맞다면 M&A를 고려해 볼 수 있다.

신한은행베트남 분들은 가장 큰 터닝 포인트로 2017년 12월 ANZ은행의 리테일 부분 인수를 꼽는다. 빠른 경제발전 속에서 확대되는 은행 시장에서 파이를 확보하려면 신속히 성장해야 되는데 연간 신용성장률 제한, 연간 영업점(지점+출장소) 개설수 제한 등의 규제로 인해 자체 성장만으로는 신속히 성장할 수 없었다. 이 상황에서 부족했던 리테일 부분을 ANZ에서 매입해서 퀀텀 점프를 할 수 있었다. 호주계 은행인 ANZ의 재무제표의 신뢰성이 높았고 중앙은행에서 M&A를 승인해 주었던 것도 성공적인 M&A의 원인이다. 이렇듯 매물이 괜찮고 재무제표가 신뢰성이 있으면 M&A도 적극적으로 고려해 볼 만하다.

지분투자를 했으면 경영지원단을 파견하여 주주가치를 끌어 올림

경영권 확보 지분은 아닐지라도 대규모 지분투자를 했으면 누워서 감 떨어지기를 기다리지 말고 경영을 적극적으로 지원하여 주주가치를 끌어 올려야 한다. 국내에서는 당연한 말이지만 외국의 금융회사에 지분투자를 했을 경우 언어, 문화, 현지근무 등의 어려움 때문에 재무적 투자자에 안주하는 경우가 있다. 외국이라고 그렇게 해서는 좋은 결과를 기대하기 어렵다.

하나은행은 2019년 11월 1조 444억원을 투자하여 지분 15%를 보유한 BIDV에 12명의 '시너지 추진단'을 상주시켜 기술지원을 하며 적극적으로 주주가치를 끌어 올렸다. 하나증권도 2022년 9월 1,161억원을 투자하여 지분 35%를 보유한 BIDV의 증권 자회사인 BSC에 3명의 기술지원 담당 부사장 등 3명을 파견하였다.

한국 본사와의 연계 경영

영업면에서 동종의 금융업을 영위하는 한국의 본사와 판매채널 등을 공유하여 시너지 효과를 낼 수도 있다. 양국 간의 경제적, 인적 교류가 한국과 베트남처럼 두터울 경우 이 효과는 더 증폭된다.

베트남은 유학을 빙자한 불법체류를 막기 위해 한국으로 유학가려는 학생들에게 1만 달러의 유학경비를 '유학경비 예치계좌'에 예치하도록 하고 있다. 이 계좌는 한국 은행 계좌와 연동되어 유학간 후 6개월 후부터 예금을 찾을 수 있다. 즉 신한은행베트남에 '유학경비 예치계좌'를 개설하면 한국에서는 신한은행 계좌를 이용하게 되어 자연스럽게 신한은행의 고객이 된다.

삼성화재, 현대해상, KB는 각각 PJICO, VBI, UIC에 20%, 25%, 3%의 지분을 투자하였다. 이들 보험사는 주가상승에 따른 이득도 있겠지만 손해보험 물건 수재시 한국 본사와의 연계 영업을 통해 수익도 올린다.

▲ 하노이 군역사박물관 내의 깃발탑

베트남에서 사업을 하려 하거나 주재원으로 부임하려는 분들은 베트남어에 대해 한 번씩은 고민하게 된다. "베트남어를 배워야 하나? 메이저 언어도 아닌데? 통역을 사용할 수 있고, 배우기도 쉽지 않다는데…."

맞다. 베트남어 어렵다. 그리고 베트남어 통역이나 영어로 무리 없이 업무를 진행할 수 있다. 그런데 한 나라의 언어를 알면 사고방식, 문화를 잘 이해할 수 있고 그 나라에 대해 친밀감과 애정이 느껴진다. 내가 베트남어를 조금이라도 하면 저쪽도 나에 대해 긍정적인 감정을 가진다. 하다못해 식당 주인들이나 가게 주인들도 태도가 급변한다. (물론 그 다음부터 베트남어로 대화가 이어져 곤혹스럽기는 하다.)

하지만 배우는 데 시간과 노력이 많이 소요되므로 베트남어를 배우라고 강권하지는 못하겠다. 어떤 선배 주재관은 이런 말을 했다. "베트남어를 안 배우려면 아예 배우지 마라. 다만 배우려고 결정했다면 부임 초기에 빨리 바로 시작하라." 배울지 안 배울지는 다음 '베트남어의 특징'을 읽어보고 결정하도록 하자.

1. 베트남어의 특징

문법이 간단하다: 단어의 변형 없이 여러 문장 구조에 사용 가능

문법이 한국어보다 간단하다. 한국어는 문장 속의 다양한 위치에서 어미가 현란하게 변한다. '새로운'을 예로 들면 수식어일 때는 '새로운 자동차'지만 서술어일 때는 '자동차가 새롭다'이다. 베트남어는 두 가지 경우 모두 새롭다는 의미의 'mới'를 변형없이 사용하여 'Xe mới'로 표현한다. 변형도 간단하다. 한국어는 현재진행형으로 바꾸려면 '가다'를 '가고 있다.'로 변형해야 한다. 베트남어는 동사 앞에 'đang'를 붙이면 끝이다. 즉 'đang đến'이다. 미래형은 'sẽ', 과거형은 'đã'를 앞에 붙이면 되며 심지어 안 붙여도 대화의 상황에 따라 과거/미래의 뜻을 나타낼 수 있다.

그리고 한국어처럼 '은/는', "이/가", "을/를" 등 조사의 선택을 고민할 필요도 없다. 주격 조사나 목적격 조사가 없기 때문이다.

한국어와 비슷한 단어가 많다

베트남어도 한국어와 같이 한자어 기반이므로 비슷한 단어가 상당히 많다.

동의＝동 이(Đồng ý), 동감＝동 깜(Đồng cảm), 해산물＝하이 산(Hải sản), 기숙사＝끼 뚝 싸(Kí túc xá), 안전＝안 또안(An toàn), 은행＝응언 항(Ngân hàng), 보험＝바오 히엠(Bảo hiểm), 증권＝쯩 코안(Chứng khoán) 등.

베트남어 학습이 어느 정도 진전되면 유추해서 단어를 짐작해 볼 수도 있다. 예를 들면 완전＝호안 또안(Hoàn toàn)이고, 성공＝타잉 꽁(Thành công)이니 완성＝호안 타잉(Hoàn thành)이다. 서양인들도 베트남어를 어려워하기 때문에 그나마 단어가 비슷하다는 점에서 우리를 부러워하기도 한다.

통합 2인칭 대명사 'You'가 없다

베트남이 유교 질서(삼강오륜)에 근본을 둔 국가라는 것은 2인칭 대명사와 1인칭 대명사를 분석해 보면 바로 알 수 있다.

베트남어에는 모든 경우에 사용할 수 있는 통합 2인칭 대명사 '너(You)'라는 단어가 없다. 대신 나와 상대방과의 관계를 따져서 다양한 2인칭 대명사가 사용된다. 상대방의 위치가 나보다 낮으면 엠(em, 남·여동생), 꼰(Con, 자식 및 자식뻘), 짜우(Cháu, 조카), 같으면 반, 꺼우(bạn, cậu 친구), 높으면 옹(Ông, 할아버지), 바(Bà, 할머니), 박(Bác, 큰아버지/큰어머니), 쭈(Chú, 삼촌),

꼬(Cô, 아주머니), 아잉(anh, 형/오빠), 찌(Chị, 누나/언니)라고 부른다.

이 다양한 2인칭 대명사는, 또이(Tôi, 나)라는 통합 1인칭 대명사가 있지만, 나와 상대방의 관계에 따라 다양한 1인칭 대명사로도 사용된다. 아니, 또이(Tôi, 나)보다 더 많이 사용된다. 예를 들면 상대방이 내가 엠(em, 동생)이라고 부를 수 있는 관계이면 나는 상대방에게 아잉(anh, 형/오빠)이 된다. 그러면 나의 1인칭 대명사는 Anh이 된다. "내가 너에게 말한다."는 뜻의 베트남어 "아잉 노이 엠 응에(Anh nói em nghe)"은 한국어로 직역하면 "형이 동생에게 말하는데~"로 직역될 수 있겠다.

한국처럼 어느 정도 친밀감이 있어야 쓰이는 "형이~, 오빠가~"와 같은 느낌이 아니라 단순히 1인칭·2인칭 대명사를 사용하는 것이므로 저 베트남어 문장에 한국어 문장과 같은 살가운 느낌이 담긴 것은 아니다. 단지 유교 질서가 녹아 있는 어원이 그렇다는 것이다.

단, 모든 국가와 모든 문화권에서 그렇듯이 여성에 대한 2인칭 대명사는 웬만하면 '엠(em, 동생)'을 사용하는 것이 이득이다. 실제보다 나이가 적게 들어 보인다는데 어떤 여성이 싫어하겠는가? 나보다 나이가 확실히 많아 보이면 찌(Chị, 누나/언니)를 사용하는 것이 좋다. 그리고 꼬(Cô, 아주머니)는 Chị보다는 많이 사용되지 않고 거리감이 느껴지기 때문에 가능한 찌(Chị, 누나/언니)를 사용하는 것을 권장한다.

성조(聲調)가 6개나 있다

베트남어에는 앞에서 언급한 모든 장점을 일거에 날려 버리는 악마가 있으니 성조(聲調)다. 중국어에는 높낮이에 따라 성조가 4개가 있고 중국어 학습에 상당한 진입장벽이다. 그런데 베트남어에는 성조가 6개나 있다. 그것도 중국어 성조같이 단순히 올라가고 내려가는 성조도 있지만 내려갔다 올라가고, 중간에 여러 번 꺾이고, 갑자기 떨어지는 등 중국어 성조는 양반으로 보이는 성조도 있다.

한국인들은 베트남어 읽기는 어느 정도 빠르게 향상이 되더라도 말하기와 듣기에서 성조의 벽에 부딪히는 경우가 대부분이다. 같은 발음이라도 성조가 다르면 완전히 다른 단어이다. 마의 경우 6개의 성조에 따라 마귀, 볼, 그러나, 무덤, 말, 모(벼 모) 등 6개의 의미가 있다. 보면 알겠지만 일상생활에서 많이 쓰이는 단어들인데 높낮이에 따라 의미가 확확 바뀌어 버리니 배우는 입장에서는 죽을 맛이다. 그리고 강의 들으면서 이해했던 성조의 개념과 실제로 들리는 베트남인들의 성조는 상당히 달랐다. 이건 정말 베트남인들과 부대끼면서 감을 잡는 수밖에는 없다.

그러면 성조는 왜 생겨난 것일까? 필자가 생각하기로 발음이 비슷한 한자어를 구별하기 위해서 발생된 것이다. 예를 들면 한자 馬(마)와 魔(마)는 한국의 한자 발음은 '마'로 동일하다. 그러나 일상생활에서는 '마귀'와 '말'이라는 단어를 많이 사용한다. 그런데 일상생활에서 '마귀'와 '말'이란 단어 없이 '마'만 사용해야 된다면? 성조로 구별할 수밖에 없다.

베트남어는 후치(後置) 수식이다

베트남어는 형용사가 명사 뒤에 위치하는 후치 수식 구조이다. 예를 들면 '베트남 사회주의 공화국'은 'Nước Cộng hòa xã hội chủ nghĩa Việt Nam'이다. 직역하면 '국-공화-사회주의-베트남'이므로 정확히 한국말 어순의 반대임을 알 수 있다. 그러면 "한국어는 전치 수식 구조인데 엄청 헷갈리지 않나?"라고 생각되어 지레 겁을 먹는 사람도 있다.

그런데 실전에서 말하다 보면 그리 헷갈리지 않는다. 일단 익숙해지면 뇌구조가 베트남어로 말할 때는 후치 수식 구조로 자동 전환된다. 그리고 명사 하나에 수식어가 여러 개가 있을 경우 헷갈리는 어순도 내 머릿속에 떠오르는 한국말 어순을 정확히 거꾸로 해주면 된다. 후치 수식 구조라고 난이도가 하나 더 올라가는 것은 아니니 겁먹을 필요 없다.

지역에 따라 발음이 다르다

베트남은 남북간의 거리만 보면 거대 국가이다. 하노이에서 호치민까지 철도선 거리는 1,726km이다. 경부고속도로가 422.5km이니 서울−부산 고속도로 거리의 4배이다. 게다가 북남 고속도로도 아직 완공되지 않았으니 하노이와 호치민 베트남어가 약간 다를 수밖에 없다. 다만 심각하게 다른 것은 아니고 특정 알파벳의 발음이 다른 정도이다. "R"을 하노이에서는 "즈~(Z발음과 비슷)"로 발음하고 호치민에서는 "ㄹ"로 발음하는 정도이다. 심각한 정도의 차이는 아니다.

오히려 심각한 것은 지방 사투리이다. 신기한 것은 하노이식으로 베트남어를 배운 외국인 입장에서 먼 남부 호치민보다 가까운 중부 지방의 다낭, 후에에서 의사소통에 지장이 많다는 것이다. 호치민에서는 어느 정도 서바이벌 베트남어가 가능했지만 다낭, 후에, 냐짱 등 중부도시에서는 택시 기사에게 행선지만 간신히 말할 뿐 그 이외의 대화는 불가능했다. 한국에서도 제주도 방언은 한국인도 알아듣기가 힘든 것처럼 베트남 중부 지방의 방언은 베트남 현지인도 이해하기에 어려움이 많다고 한다.

---

2. 베트남어 학습법

입국 전 초급 베트남어는 배우고 올 것

성조에도 불구하고 베트남어를 배우기로 결심한 분들은 베트남에 오기 전에 초급 베트남어(알파벳 읽기, 성조의 개념, 기초 단어, 기초 문장) 정도는 공부하고 오는 것이 좋다. 기본적으로 어느 정도 시간이 소요되는 과정이라 시간을 절약할 수 있고 한국에서나 베트남에서나 비슷한 수준의 성과를 낼 수 있다.

시간이 남으면 중급 과정으로 넘어가도 좋으나 이 과정은 베트남 사람들과 실제로 대화하면서 배우는 것이 더 효과적이다. 베트남 사람들이 실제로 많이 사용하는 표현이 따로 있고 다양한 사람들의 성조를 들으면 더 감이 잘 잡히기 때문이다.

대면 수업 VS 원격 수업

베트남에 오면 '대면 개인 방문 수업'을 할 것인지 '원격 개인 화상 수업'을 할 것인지를 결정해야 한다. 대면 수업이 발음이나 성조를 배운다는 측면에서 원격 수업보다 월등히 효과적이다. 원격 수업은 미묘한 발음이나 성조의 차이가 잘 안 들린다. 사실 원격 수업은 대면 수업이 불가능했던 코로나19 시기에나 사용하던 방법이다. 시간을 꾸준히 낼 수만 있다면 대면 수업을 택해야 한다.

그런데 시간이 없다면 언제 어디서든 가능한 '원격 수업'이 보완재가 될 수 있다. 선생님이 아르바이트하는 한국어 학과 대학생이라면 학생들을 위해 스케줄을 자유롭게 조정해 주기 때문에 내가 원하는 장소와 시간에 수업을 들을 수 있다.

교재 VS 비교재 수업

반드시 일선 서점에서 판매하는 베트남어 교재로 수업을 진행해야 한다. 선생님이 만들어서 그날그날 쪽대본 형식으로 교재를 배포하는 학습방식은 본인이 복습하면서 체계를 잡기 어려워 개념이 잡히지 않는다. 공부는 예습보다 복습이 중요하다.

그리고 될 수 있으면 교재 내용을 많이 녹음한 mp3 파일을 같이 제공해 주는 교재를 사야 한다. 베트남어 발음은 한국인이 한국어 발음체계를 기본으로 머릿속으로 만들어낸 상상속의 발음과 많이 다르기 때문에 mp3 파일로 같이 들어 봐야 한다.

무작정 들으면 표현이 기억된다

교재에서 제공한 mp3 파일을 구간 반복 기능을 사용하여 무작정 배경음악처럼 재생해 놓는다. 단어, 문장, 회화 단위로 재생할 수 있는데 내 경험으로는 회화 단위가 가장 효과가 좋다. 맥락이 있는 문장을 두 사람이 주고받기 때문에 보다 더 잘 기억이 된다. 배경음악처럼 듣다 보면 특정 단어나 표현이 귀에 꽂혀 기억하게 된다. 다음날 일상생활에서 회화와 비슷한 상황에서 그 표현을 단어만 교체해서 사용하면 나의 표현이 되고 이후로는 계속 사용하게 된다. 사실 자주 쓰는 표현 몇 개만 능숙해져도 베트남 생활이 엄청 편해진다.

성조에 너무 신경쓰지 말자

학습 초기 단계에 베트남 사람과 회화할 때는 성조에 신경 쓰지 말자. 여력이 되면 성조를 정확히 지켜 주는 것이 좋지만 성인 기억력에 한계가 있기 때문에 잘 안 된다. 그런데 성조를 모른다고 그 단어를 안 쓰면 실력이 향상되지 않는다. 그리고 성조를 무시하고 그냥 평서형으로 말해도 베트남 사람들은 문맥상 어떤 단어인지 짐작할 수 있기에 의사소통에는 지장이 없다. 그리고 간단한 한 음절이지만 사용이 많은 단어들(예. bạn(친구, 너), bán(팔다), bàn(테이블))은 내가 의미를 구별하려고 필요에 따라 성조를 넣어 발음하게 된다.

그리고 처음에는 성조를 말하는 입뿐만 아니라 듣는 귀도 없어서 문제이다. 여섯 가지 성조가 과연 어떤 것인지 설명을 들어도 감이 잘 안 온다. 그래도 고민하지 말자. 가끔 베트남 사람들과 회화하다 보면 불현듯 '아~ 이 성조는 이런 가락으로 발음하는구나', '성조는 높낮이뿐만 아니라 장단(長短)도 포함하는 개념이구나'하고 그 성조가 또렷이 인식이 되는 경우가 있다. 그러면 그 가락대로 내가 회화시에 발음해 주면 그 성조를 터득하게 된다. 모든 것은 실전이 해결해 준다.

참고문헌

1. 베트남 10,000일의 전쟁, 마이클 매클리어 지음 / 유경찬 옮김, 을유문화사, 2002.8.
2. KIF(한국금융연구원) 금융조사보고서 2019-01, 베트남의 금융개혁과 금융시스템, 이병윤·박해식, 2019.12.
3. 신한베트남은행 30년사, 신한베트남은행, 2023.8.
4. 新남방·新북방 주요국 자본시장 편람, 한국예탁결제원, 2020.9.
5. 베트남 역사문화기행, 유일상, 하나로애드컴, 2021.8.
6. 한·베 수교 30년사, 한·베 수교 30년사 편찬위원회, 해요미디어, 2022.12.
7. 베트남 개황, 외교부, 2023.6.
8. 2021 베트남의 파워엘리트, Kotra, 2021.8.

이제는 필수과목 베트남, 경제와 금융지도

2024년 6월 10일 초판 인쇄
2024년 6월 20일 초판 1쇄발행
2024년 10월 20일 초판 2쇄발행

저 자 윤 상 기
발행인 배 효 선

발행처 도서출판 **法 文 社**

주 소 10881 경기도 파주시 회동길 37-29
등 록 1957년 12월 12일 / 제2-76호(윤)
전 화 (031)955-6500~6 Fax (031)955-6525
e-mail(영업): bms@bobmunsa.co.kr
        (편집): edit66@bobmunsa.co.kr
홈페이지 http://www.bobmunsa.co.kr

조 판 (주) 성 지 이 디 피

정가 25,000원   ISBN 978-89-18-91522-7